日本人力资源管理理论与实践

〔日〕幸田浩文 著

徐哲根 译

2015年·北京

日本の人材マネジメント論の理論と事例@幸田浩文

图书在版编目(CIP)数据

日本人力资源管理理论与实践/(日)幸田浩文著；徐哲根译.—北京：商务印书馆，2015
ISBN 978-7-100-11047-1

Ⅰ.①日… Ⅱ.①幸…②徐… Ⅲ.①人力资源管理－研究－日本 Ⅳ.①F249.313.1

中国版本图书馆 CIP 数据核字(2015)第 018444 号

所有权利保留。
未经许可，不得以任何方式使用。

日本人力资源管理理论与实践
〔日〕幸田浩文 著
徐哲根 译

商 务 印 书 馆 出 版
(北京王府井大街36号 邮政编码 100710)
商 务 印 书 馆 发 行
北 京 冠 中 印 刷 厂 印 刷
ISBN 978-7-100-11047-1

2015 年 4 月第 1 版　　开本 880×1230　1/32
2015 年 4 月北京第 1 次印刷　印张 12⅝
定价：32.00 元

序言

本书全面系统地论述了日本人力资源管理理论与实践,包括理论部分和实践部分。在理论部分中,首先用五章的篇幅阐述日本人力资源管理理论的基本内容;然后,在附录中考察了零售业、制造业、纺织业和食品制造业等领域里能够培育出众多代表日本的世界级企业的江户时代近江商人的经营管理思想,通过比较20世纪80年代后期泡沫经济期和当前的日本女性劳动者就业意识及女性管理者职业生涯发展的变化,考察女性进入社会的状况。在实践部分中,通过大、中、小企业和外资企业的例子,分析和探讨了日本企业的人力资源管理实践。

引言"日本工资及人事待遇制度的历史演变——年功主义与成果、绩效主义的冲突"分析了从第二次世界大战后至今日本工资及人事待遇制度的历史演变过程,阐述了年功主义与成果、绩效主义的冲突。

第一章"有效利用'人'的组织战略"在说明管理"人"的必要性

和重要性的同时,解说了日本从劳务管理理念到人才管理理念的转换过程,以及新人事部门的作用和今后的方向。

第二章"员工与工作组织"简明扼要地介绍了从科学管理时代、少品种大量生产时代、多品种少量生产时代至新生产系统和新作业体系的探索时代等各阶段的演变过程,并分析了各时代生产和作业体系的特征。

第三章"员工与工作的匹配"阐述了企业为了员工能力与职务相一致而实施的员工教育与能力开发理论与方法。

第四章"工作条件"以日本劳资关系法规为中心,系统地说明了就业规则的意义、内容以及工资体系与各种工资类型,并介绍了20世纪90年代以后日本工资制度的变化。

第五章"舒适职场的创建"从法律的视角解说了创建舒适职场必需的劳动安全管理及劳动卫生管理。

附录1"日本泡沫期后女性劳动者和管理者的就业意识及职业生涯发展变化的考察"分析了从泡沫经济崩溃后至今日本女性劳动者的就业意识及女性管理者职业生涯发展的变化。

附录2"从'近江商人'看日本式CSR促进经营力——以家训'三方得利'为中心"通过分析日本近畿地区特别是近江地区的文献和资料,考察了近江商人的企业管理、商业活动和商业模式。

案例1"JR东日本公司技术经营人才的录用及培育过程——基于问卷调查结果"通过对JR东日本公司的问卷调查结果,考察了人才培养的状况,尤其是重点分析了MOT(技术经营)人才的培育过程。

案例2"快餐业非正规员工的人力资源管理——以快餐店非时工和兼职工为例"以著名快餐店为例,分析了快餐业非正规员工人才管理的现状。

案例3"泡沫经济期工资和人事待遇制度改革的考察——从属人、年功主义到日本式能力主义"考察了日本地方老字号企业引进能力主义工资及人事待遇制度的背景和过程。

案例4"日本外资企业女性的就业意识——基于香奈儿(股份有限公司)的访谈调查"根据香奈儿(股份有限公司)的访谈调查,考察了女性劳动者意识的变化。

案例5"东京圆顶酒店人事制度、人才培育和教育训练"以东京圆顶酒店为例,分析了人事制度以及人才教育的特征,并提出了应采取的未来人才战略。

担任本书翻译的是青岛大学的徐哲根老师。我是通过我的学生日本东洋大学院在籍博士生宫下弘和的介绍,于2007年春天在青岛认识徐老师的。徐老师曾留学于日本岩手大学,在该大学取得博士学位后一直从事人力资源管理的教学和研究工作,是一位熟悉中国和日本人力资源管理的学者。我想翻译并出版拙著《日本人力资源管理理论与实践》是一项难度很大的工作,在此对翻译本书的徐老师表示衷心的感谢。

自古以来,日本在文化、思想和学问等方面受到中国的很大影响,但在企业经营及人力资源管理理论和实践方面两国却有很大的不同。通过本书在中国的出版,希望更多的中国读者了解日本企业在经济高速成长期繁荣和在"失去的十年"里低迷的背景和原因,这将对中国企业未来的发展有所裨益。

幸田浩文
2014年12月于东京

目　录

第一部分　理论篇……1

引言　日本工资及人事待遇制度的历史演变
　　——年功主义与成果、绩效主义的冲突……3

　问题的提出……3

　二战结束时的工资制度……4

　职务工资的历史演变……6

　职能工资的历史演变……14

　日本式能力主义的实质……19

　年功主义与成果、绩效主义的冲突……21

　展望……24

第一章　有效利用"人"的组织战略……27

　管理"人"的必要性和重要性……27

　日本劳务管理的内容、目的和对象……28

　日本劳务管理理论的历史演变……31

　美国劳务管理理论的历史演变……35

日本的人力资源管理概念 …………40
新人事部门的职能 …………43
展望 …………48

第二章 员工与工作组织 …………52
生产系统与作业体系的演变 …………52
职务设计理论与方法 …………57
未来生产与作业体系的再造 …………63
组织中的领导力与激励 …………67
组织中的沟通 …………69
领导力和激励机制 …………72
领导理论 …………74
激励理论 …………75

第三章 员工与工作的匹配 …………80
日本企业的雇佣、录用和退职 …………80
人员配置与能力评价 …………81
员工的教育训练和能力开发 …………82
录用管理和退职管理 …………83
日本式雇佣惯例与劳动力市场的关系 …………87
人事考核的意义和方法 …………98
专门职制度和职能资格制度 …………102
OJT 与 Off-JT …………106
能力开发管理 …………111
人才管理中的能力概念 …………115

多样化人才与技术经营人才的培育 ……………119

第四章　工作条件 ……………126

　　就业规则的含义与内容 ……………126

　　就业规则与劳资关系法规的关系 ……………129

　　劳动时间管理 ……………137

　　工资体系与工资类型 ……………142

　　"工作工资"的意义和内容 ……………150

　　奖金、退职金和优先认股权 ……………153

　　工资上涨与生产率的关系 ……………157

　　泡沫经济崩溃后的工资 ……………159

　　日本的工会与劳资关系 ……………162

　　集体谈判与劳资协议制 ……………167

　　日本劳资关系的稳定机制 ……………170

第五章　舒适职场的创建 ……………174

　　职场环境 ……………174

　　劳动安全管理与劳动卫生管理 ……………175

　　办公室环境与办公室效率 ……………183

　　办公自动化对雇佣和劳动的影响 ……………186

　　办公室的安全卫生管理 ……………190

　　以人为中心的办公室环境 ……………194

　　从不满意的办公室环境到舒适的职场环境 ……………196

　　日本企业的福利厚生 ……………198

　　福利厚生的意义和内容 ……………203

从企业福祉到企业厚生 …………205

日本的新福利厚生措施 …………206

附录1　日本泡沫期后女性劳动者和管理者的就业意识及职业生涯发展变化的考察 …………212

前言 …………212

企业的"劳动者女性化" …………213

女性工作意识和企业的态度 …………219

女性就业意识与职业生涯发展 …………224

女性职业生涯发展的障碍和促进因素 …………230

结语：女性职业生涯发展的进一步考察 …………234

附录2　从"近江商人"看日本式CSR促进经营力
　　　　——以家训"三方得利"为中心 …………243

前言 …………243

近江商人的特征 …………245

近江商人的企业经营 …………248

近江商人的"诸国产物周转" …………253

强制性资本积累和"帐合法" …………255

近江商人的组织能力 …………259

结语：近江商人的CSR经营 …………261

第二部分　实践篇 …………265

案例1　JR东日本公司技术经营人才的录用及培育过程
　　　　——基于问卷调查结果 …………267

研究目的与构成 ………… 267

JR东日本公司员工构成的特点 ………… 268

JR东日本公司人事管理制度的现状 ………… 273

JR东日本公司的技术经营人才的确保和培育 ………… 277

思考题 ………… 282

读一读 ………… 283

案例2　快餐业非正规员工的人力资源管理

　　　——以快餐店非全时工和兼职工为例 ………… 284

研究目的与构成 ………… 284

A公司非全时工和兼职工的人事、工作和

　工资管理现状 ………… 285

A公司问卷调查结果 ………… 298

非全时工和兼职工劳动的相关术语及统计资料 ………… 305

思考题 ………… 312

案例3　泡沫经济期工资和人事待遇制度改革的考察

　　　——从属人、年功主义到日本式能力主义 ………… 313

研究目的与构成 ………… 313

企业概况 ………… 314

人事待遇制度改革的准备阶段——实施职务分析和

　访谈调查 ………… 316

职务分析、访谈调查的结果 ………… 317

引进职能工资的步骤 ………… 320

能力主义工资体系运用上的注意事项 ………… 321

工资成本估算的要求 …………328

工资成本估算的结果 …………330

思考题 …………338

读一读 …………340

案例 4　日本外资企业女性的就业意识
　　　　——基于香奈儿（股份有限公司）的访谈调查 …………342

研究目的与构成 …………342

大学生就职情况 …………343

外资企业的状况 …………346

香奈儿公司访谈调查 …………354

思考题 …………364

读一读 …………364

案例 5　东京圆顶酒店人事制度、人才培育和教育训练 …………365

研究目的与构成 …………365

企业概况 …………366

酒店业的规模 …………368

经营理念与组织图 …………369

经营业绩与营业资料 …………371

教育制度 …………372

人事制度 …………376

结论 …………379

思考题 …………387

读一读 …………387

译后记 …………388

第一部分

理论篇

引言
日本工资及人事待遇制度的历史演变
——年功主义与成果、绩效主义的冲突

问题的提出

第二次世界大战后,日本经济几度起落。企业经营在萧条时期重视企业文化,而繁荣时期追求企业体系的合理性。换言之,如果企业经营状况不好,则通过精神激励使员工更加努力、积极进取;如果企业经营状况良好,则开始探索新的制度或构筑新的体系,以便进一步提高绩效。

日本企业工资及人事待遇制度虽然受到美国的影响,但通过相关理念的整合,创造出许多具有日本特色的理念,如年功主义、属人主义、能力主义、成果主义和绩效主义等。众所周知,年功主义重视年龄、学历、工龄等个人属性,能力主义则不仅重视通过成果、绩效评价的显在能力,而且还重视可能取得成果、绩效的潜在能力,而成果、绩效主义只凭借结果来确定人事待遇和工资。

二战结束后,日本企业先是用以年功主义理念为基础定期加薪的年功工资、属人工资制度取代了二战结束时实行的以生活费为基础的工资体系;随着经济高速发展,又用以职务和能力为基础的职务工资和职能工资制度取代了年功工资和属人工资制度。泡沫经济崩溃后,与年薪制一同还实行了成果、绩效工资制度,但却受到了人们的质疑。

本章通过对战后60年间以不同理念为基础产生的工资、人事待遇制度的历史考察(见引言-表1),分析年功主义、能力主义和成果主义、绩效主义等相互对立的概念,探索通过日本工资及人事待遇制度提升企业竞争力的途径。

二战结束时的工资制度

二战结束时,日本国民经济的正常秩序遭到了严重破坏,出现了诸多社会问题。如战时经济体制向和平经济体制转变,军工产业停产导致失业人数增加,复员军人大量退役,运输系统遭到毁灭性破坏,流通环节中断,粮食不足等。在这种状况下,人们不得不过着"竹笋生活"或"洋葱生活"[1]。

二战结束后不久,政府废除了《战时工资统管令》、《公司会计统管令》等一系列统管法令。劳动者根据1945年12月颁布的《工

---

[1] 生活像竹笋或洋葱一层一层剥皮一样,将身边的衣物或家当一点一点卖出养家糊口过日子。——译者注

引言-表1　职务工资、职能工资与战后劳务管理的历史演变（1945—1980年）

年份	1945	1950	1955	1960	1965	1970	1975	1980
职务工资的历史演变	萌芽、研究期 I	试验初期 II	日本式修正期 III 反应期 适应期	停滞期 IV	全盛期 V （再引进期）	转换期 VI		衰退期 VII
职能工资的历史演变	电产型工资体系中的职能工资能力工资		职务工资修正后形成的职能工资（20世纪50年代前期） 作为职务资格制度过渡形态的职能工资（20世纪50年代后期） 实行资格制度手段的职能工资（20世纪60年代后期）				进入低成长期后探索新的工资体系（1975）	
战后工资体系（制度）的演变	• 美国劳动咨询委员会提出日本企业职务工资化方案（1946年） • 工会运动的结果产生电产型工资体系（1946年）		日经联提出企业引进职务工资企业引进定期加薪制（1954年）	日经联提议进职务工资制（1960年）三大钢铁公司引进职务工资制（1962年）	企业开始引进职能工资制（1970年）			
日经联（日本经营者团体联盟的简称）的活动情况	确立经营权阶段（I）	自主权恢复阶段（II）		完善经营体制阶段（III）	改善经营体制阶段（IV）	向能力主义劳务管理的转换期 能力主义劳务管理的发展期	开拓新经济方式阶段（VI）	
战后劳务管理的演变	年功式劳务管理的萌芽期	年功式劳务管理的形成期		年功式劳务管理的变革期 年功式劳务管理的再形成期		能力主义劳务管理的变革阶段（V）		具有灵活性的年功式劳务管理的探索期

资料来源：
1. 幸田浩文「戦後日本における労務合理化の史的展開（1）―職務給のいわゆる日本的修正過程を中心として―」『経営論集』第56号, 2002年, 79-93頁。
2. 幸田浩文「戦後日本における賃金体系合理化の史的展開（2）―職能給の形成過程にみる職能概念と類型化―」『経営論集』第59号, 2003年, 29-41頁。
3. 日経連『1978年版／賃金交渉の手引き』日本経営者団体連盟弘報部, 1978年, 103-105頁。
4. 日経連『日経連30年の歩み』日本経営者団体連盟出版社, 1978年, 28頁。
5. 中山三郎『戦後経営、労務のハイライト』日本経営者団体連盟出版社, 1978年, 126頁。

会法》正式成立工会的同时,为了解决恶性通货膨胀引起的物价上涨等问题,向经营者要求增加工资。为此,经营者通过增加各种津贴或新设津贴类型,向劳动者支付能够解决温饱问题的"生活工资"。战时,工资是以统管方式制定的,它由两部分构成:一部分是根据学历、经验、年龄、技能设定的以初薪为基础的基本工资和能力工资;另一部分是加班工资、家属津贴和特殊作业津贴等。其中,各种津贴所占的比重较大。当时,虽然废除了战时统管法令,但是由于恶性通货膨胀致使企业提高工资的压力增加,经营者以增加各种津贴额或新设津贴形式提高了工资。所以,这一时期,在全国普遍出现了虽工资没有大幅上涨,但津贴种类却增加了数十种的现象。

如上所述,战败致使恶性通货膨胀蔓延,失业者数量急剧增加,实际工资水平下降。在这种形势下,劳动者通过激烈的工会运动要求经营者实施无差别的、统一的"生活工资"制度。

职务工资的历史演变

萌芽、研究期(1946—1948年)

第二次世界大战前,日本就有类似于职务工资的工资类型,但直到战争结束后才开始正式采用职务工资制。因此,对于20世纪40年代后期从美国引进的职务工资制在日本式经营模式下发生怎样的变化进行研究很有意义。

战后，被人们吹捧为最合理、最理想的基本工资形式即职务工资制，很快被职务工资制与属人工资制妥协的产物——职能工资制所取代。并且，引进职务工资制的企业也以职能工资制形式采用，实际上职务工资制变成含有属人要素的工资形式。

1946年7月，GHQ(盟军总司令部)邀请美国劳动咨询委员会考察了日本的劳动状况，并提出了工资制度改革方案。这一方案要求工资的制定不应以性别、年龄等属人要素为基础，而应以职务所需的任务和责任为基础。同时，也提出了引进职务工资制所必需的具体要点，如职务分析、职务评价、职务说明书等。同年8月，日本政府依据这一方案的要求，制定了政府官厅职员工资制度改革的实施要点，并确定职阶制为未来工资改革的方向。

1947年，大藏省一些年轻官员开始对职务工资制进行研究，并把一部分政府官厅作为职务调查的试点。当时，政府部门对国铁(国营铁路)的研究进展较快，甚至还进行了职务评价。另一方面，很多民营企业，如东京急行、王子制纸、新理研工业、井华矿业，也都引进了职阶制。

当时，在GHQ的命令下，工人运动被禁止，公务员及公共企业体的争议权也被禁止。在这种背景下，劳动者为了确保工会的自主性和排除共产党派系活动，建立了民主化同盟，确立了其主导地位。劳动者对工资制度也有了新的认识：工资水平的决定不应以背离现实的理论生活费用为基础，而应以实际生活费用为基础；工资应根据劳动质量和劳动生产率进行分配。随着劳动者意识的变化，他们也逐渐接受了引进职阶工资制或效率工资制的做法。

试验初期(1948—1950年)

战后不久,随着工会组织的迅猛发展和民主化运动的兴起,劳动者不仅要求提高工资,而且很自然地要求废除职工身份制和差别制。对此,经营方为了建立能够替代职工身份制的新秩序和体制,抵制当时占支配地位的生活工资体系——电产型工资体系(后述),并构建了侧重于生活工资的新的合理化体系,推进了职阶职务工资制的引进。

1948年,引进职务工资制的民营企业还比较少见,只有日绊和日本油脂分别采用了职务工资制和职阶工资制。但是,十条制纸于1949年引进了职务工资制,并进行职务分析,通过"点数法"实施职务工资制;三菱电机于1950年引进了并存型职阶制,开始推行新效率工资制。

政府方面,自1947年10月21日起施行《国家公务员法》,并于1948年4月19日在国铁公务员中首次采用了职阶职务工资制。其间,虽然遭到日本官公厅工会(由国家公务员、地方公务员和公共企业职工组成的工会)的抵制,但随着工资法令和工资体系的逐步完善,到1950年5月15日时,最终确立了公务员职阶制。

日本式修正期(1950—1955年)

1951年9月8日,日本政府正式签署了《对日和平条约》和《日美安全保障条约》,从此日本恢复了独立国地位。同年12月,日经联(日本经营者团体联盟的简称)发表了《工资体系合理化》方案。该方案主张将劳动等价原则和同工同酬原则作为工资体系合理化、简单化和工资决定的基准，同时还提供了实施职阶职务工资制所必需的参考资料。这一时期，虽然引进职务工资制的方向未变，但没有像试验初期那样的热情。

原因有二：其一，从1948年至1950年，诸多企业一同引进的职务工资制在日本"水土不服"；其二，朝鲜战争特殊产品需求的增加使企业纷纷扩大生产规模，导致企业重新审视效率工资制。结果，从1950年至1952年，采用职务工资制的企业数量急剧减少。但是，即使是在这种引进职务工资制的低潮中，人们也不断地探索了职务分析、职务评价工作的精细化，职务工资制与年功工资制的融合，以及与能力工资制的共存等问题。

大概是在1952年和1953年，日本国内兴起了把美国式职务工资制修正为适合日本企业职务分类的研究。其目的是，在职务工资制实施过程中尽可能避免资历差距的急剧缩小，以便适应日本企业的职务分类。这说明从美国引进的职务工资制在日本企业被重新评价和修正。

停滞期（1955—1960年）

从1953年至1954年，随着生产率提高运动的兴起，人们开始关注定期加薪制。出现这一现象的原因有二：其一，由于职务工资在日本"水土不服"，人们希望一种合理的工资制度能替代它；其二，为了避免劳资双方在每年定期进行的工资上涨斗争中消耗太多的精力，急需建立每年提高劳动者工资的制度。

经营方为了尽快适应经济形势的变化，提升国际竞争力，抛弃了旧的工资上涨方式,采用了新的定期加薪制。经营方之所以采用新的定期加薪制,是因为1955年的数量景气(Mengen Konjunktur)①和1956年的"高原"景气②、神武景气③等带来的生产率提高能够抵消工资上涨而增加的工资成本。但是,1957年的经济萧条又使企业寻找与定期加薪制不同的工资上涨制度,以便控制工资支付总额。

此时,人们对职务工资制的赞同和反对各半,像东京电力、九州电力、同和矿业、资生堂、昭和电工、日本轻金属等大型企业,正是在这一时期引进了具有年功、属人性质的职务工资制。即便如此,人们还是普遍认为,职务工资制是科学合理的工资制度,只是对于工资水平低的日本来说,引进这一制度为时尚早,但它还是未来要实施的理想的工资制度。

然而,由于之后工会对效率工资的反对以及受到技术革新的影响,职务工资制再次引起了人们的关注。经营方为了避免职务工资制的快速引进造成职场混乱以及招致员工的反对,这次工资改革的目标确定为渐进式职务工资化。

全盛期(再引进期)(20世纪60年代前期)

1960年,日经联在关东经营者协会设立了工资研究所,并于1961年推出《工资稳定论》,再次提倡"职务工资化论"。他们重新

---

① 数量景气是指,企业不依靠物价上涨,而通过生产和交易量的增加,销售更多的产品,使收益增加,经济繁荣。——译者注
② 高原景气是指保持高水平的景气。——译者注
③ 1955—1957年,日本出现了第一次经济发展高潮,日本人把这个神话般的繁荣称作神武景气(Jinmu boom)。——译者注

提出职务工资的契机是,1962年4月八幡制铁、富士制铁、日本钢管等三家旧钢铁企业正式引进了职务工资制。与1955年东京电力、九州电力引进职务工资制时被人们称作"电力时代"相对应,这一时期被人们称作"铁的时代",同时工资体系改革的目标确定为"同工同酬"。

1963年,政府试图普及职务工资制。同年10月,劳动省成立工资研究会,以提高劳动生产率和建立新工资制度为目的,开始了对年功序列工资制向职务工资制转换问题的研究。对于政府和经营方的"职务工资化论",各工会的反响却有所不同。

1963年,日本工会总评议会(简称总评)在工会运动方针中表示坚决反对的态度,并指出:"职务工资制取代年功工资制是必然趋势的宣传,可能增加低工资青年劳动者,导致职种间工资差距扩大。因此,我们要对职务工资制进行理论性的批驳和实际情况的分析,防止劳动者的工资状况继续恶化。"

全日本劳动总同盟(简称同盟)在1966年度《工资白皮书》中指出:"部分地、渐进地推进职务工资制的实施与我们的基本方针一致,所以我们是赞同的。"这说明,同盟对职务工资制的引进是表示赞同的。"为了实现同工同酬的目标,必须实施职务工资制。"

全国金属产业工会同盟在1962年10月发表的《完善不同年龄最低工资标准和体系》中表示,职能工资要具体化。综上所述,即使是在工会内部,也存在职务工资的反对论、赞成论和职能工资论等诸多分歧。

转换期（从 1965 年至第一次石油危机）

进入 1965 年后，除了职务工资制外，还出现了职能工资制、工种工资制等工资形式。或许是受 1965 年经济萧条的影响，很多企业为了解决管理岗位不足问题引进了职能资格制度，作为其配套措施同时引进了职能工资制。此外，以东芝、松下电器、三洋电机、早川电机等大型电机制造商为中心，引进了反映日本式职种和员工熟练程度的工种工资制或工作工资制，这也成了当时的热门话题。

1965 年上半年，青年劳动力不足带来了初薪的持续上涨，到 1967 年 4 月达到了历史最高水平。这时，越来越多的企业开始反省年功序列工资制，引进职务工资制或职能工资制的企业也多了起来。到 20 世纪 60 年代后期，终于掀起了重新审视日本式工资制的热潮。然而，此时对年功序列工资制的否定的目标，不是建立以职务为中心的工资制，而是倾向于建立以职能为中心的工资制。

1971 年的美元危机和 1973 年的石油危机使日本陷入了长期的经济低迷期。

由此，日本从 20 世纪 60 年代后期的"选择职务工资制还是职能工资制"时代，进入了职能工资制比职务工资制优越的所谓职能工资制时代。

衰退期（第一次石油危机后）

第一次石油危机后，日本经济进入了缓慢增长期，同时日本社会进入了老龄化社会。如果企业继续采用传统的年功工资制，就不可避免地增加工资成本，很有可能因巨额劳务费导致企业破产。在这种背景下，能力主义管理得到了人们的广泛认可，职能工资制受到了企业的青睐。也是在这一时期，一直提倡职务工资制的日经联也开始提议企业引进职能工资制。

自1975年后，职务工资制和职能工资制的关系越来越密切，职务工资制越来越多地进行了适合日本企业经营特色的修正，而职能工资制也更多地与职务工资制联系起来。

这一时期，曾经引进职务工资制的企业也开始转向引进职能工资制。很多企业的工资制度，虽名称是职务工资，但从实际操作看，已经是职能工资化。例如，1979年三洋电机和夏普两家公司的工资制度，由混合型转向并存型的职务工资制。此外，同年4月，丰年制油也引进了职能等级资格制度。

然而，东京电力和十条制纸等企业仍坚持采用职务工资体系。东京电力自1955年引进职务工资制以来一直采用此制度；而十条制纸自1949年8月引进职阶工资制以来，构建了日本式职务工资制，其具体模式备受关注。但是，两者都已不是美国式职务工资制。东京电力的职务工资制，从以职务工资设定为主要目的的职级制度转换为以个人能力开发为中心的职级制度；而十条制纸在实施职务工资制时，设置了职能型职务，基本工资也是根据职务或职务执行能力来确定。总之，日本企业采用的职务工资制与原本的职务工资制（美国式）不同，加入很多日本元素后逐渐构建了"日本式职务工资制"。

职能工资的历史演变

如上所述,1973年10月发生的第一次石油危机,使一直处于稳定的企业环境立刻陷入了非常严峻的状态。再加上老龄化社会到来的警钟、对工资体系的重新认识、企业福利方式以及工作人性化的恢复等,众多经济高速成长期迫切需要解决的问题纷纷出现。在这种背景下,人们认为,从以年功为中心的工资制向以职务为中心的工资制的转换已成为必然,真正引进职务工资制的时机已经成熟。这一时期,便产生了与职务有密切关联的新工资形式——职能工资制。

职能工资制是日本独创的工资形式,是起源于电产型工资体系工资项目中的能力工资。在日本,把职能工资制作为明确的工资形式采用始于20世纪50年代前期;这是在40年代后期从美国引进的职务工资制与日本的国情不相符的情况下,在原有的职务工资制中加入年功要素后产生的。但是,当时职能工资的概念还并不明确,之后在很长一段时期内也没有清晰地确定其内涵,到50年代后期还作为与生活工资、年功序列工资相对立的概念而使用,可以说,职能工资制是在非常广泛的含义上使用的。

总之,20世纪50年代后期的职能工资制还是与50年代前期一样以职务工资制的过渡形态而存在。然而,此后人们并没有将职能工资制认为是职务工资制的雏形,而是将其看作是适合日本经营环境且比职务工资制更优越的工资体系。这样,职能工资制经历了职务工资制的辅助性、预备性功能阶段后,正式进入了引进和实施阶段。

从电产型工资体系中的能力工资考察职能工资制(1947—1950 年)

虽然职能工资制工资体系出现于 1950 年左右,但其起源是 1946 年 11 月电产劳动者的 10 月攻势(1946 年秋季进行的工人运动)下形成的电产型工资体系。在电产型工资体系中的能力工资多多少少包含了职务工资、能力工资和效率工资。制定能力工资的具体方法是,先根据对个人的技术、能力、经验、学历等因素的综合考察后设定一定的基准,然后再参照这一基准计算工资。这一基准被称作能力工资的制定标准,由技能度(工作重要性、困难程度)与发挥度(责任感、执行力、亲和力、研究力、勤劳度)构成。这一能力工资是当时从美国引进的职务工资制与能力工资或效率工资混合而成的综合性概念。

职务工资修正后形成的职能工资制(20 世纪 50 年代前期)

从 1950 年至 1952 年,由于从美国引进的职务工资制不适合日本的经营环境,企业普遍实施了职务工资制修正后形成的职能工资制,即在职务工资制中加入日本特色的年功要素,且不需要进行职务分析和职务评价等步骤。这种包含年功的职务工资被称作年功型职务工资。这一时期,被赋予一定工资率幅度的职务工资,即范围职务工资也与年功型职务工资一样,都以职能工资这一术语来表述。也就是说,这些工资形式由于完全没有进行职务分析和职务评价,员工的职务又很模糊,且灵活利用了年功工资和职务工资的优点,因此都被称作职能工资制。

由此可见,职能工资制是在职务工资引进的前提条件,即职务分析和职务评价没有进行的状况下,作为实施职务工资制工资政策的临时性措施而采用的。但是,职能工资制即使是在1955年后也只被认为是职务工资制的初级形式或过渡形式。当然,职务工资制这一工资形式,也因为其引进的前提条件不具备且引致低工资等,实施前景变得很不明朗。这也是职能工资制产生的原因之一。

作为过渡形态的职能工资(20世纪50年代后期)

1954年,中央劳动委员会下发了建立定期加薪制度的文件,这时职务工资热也已经降温。当时,职务工资制被理解为含义非常广泛且替代年功序列工资制的工资制度,即职能工资制。50年代后期,职能工资制的含义也没有超过这一概念的范畴,但到1961年时,日经联从职能工资与职务工资的关系出发界定了职能工资的概念。他们认为,职能工资制是在不进行职务分析、职务评价时使用,且引进职务工资制的条件未成熟时被认可的工资形式,它在从旧工资形式向职务工资形式转换过程中发挥过渡的桥梁作用。

实行资格制度手段的职能工资(20世纪60年代)

1955年,花王香皂率先引进了职能资格制度,1961年时将这一制度与工资制度结合后开始实施职能工资制。五十铃汽车于1960年4月,伊势丹百货店于1962年也相继引进了职能工资制。

这一时期的职能工资可以分成内容上不同的两种形态，即20世纪50年代后期的职能工资制与1961年的职能工资制。前者是将职务工资与效率工资整合起来的工资制；而后者是在几乎不进行职务评价的情况下，先将职阶按大类划分，然后在不同职阶设定有差额的加薪额，并在各职阶内根据个人情况再确定加薪额，因此应被称为职阶能力工资制。

20世纪60年代后期，职务工资仿佛又重新被重视起来，但实际上引起人们关注的是职能工资制。因为只有引进职能工资制，才能推行60年代前期形成的职能资格制度，从而能够解决1965年经济不景气带来的管理岗位不足问题。如1962年钢铁三社以引进职务工资制为契机再次掀起了职务工资热，但没有像人们想象的那样持续很久，最终作为其解救方案在各企业实行了基于职能分类和资格制度的工资体系，即职能工资制。

职能工资的萌芽期（20世纪70年代前期至第一次石油危机）

1965年的不景气使职务工资热逐渐降温，取而代之的是职能等级资格制度。这一制度是在60年代前期为了缓解大学毕业生管理岗位不足而实施的。例如，当时机械、出版等大型企业引进了职务工资制，但中小企业却采用了职能工资制。同时，60年代后期，出版了许多以完善中小企业工资体系为目的的职务、职能工资指南。

然而，虽然职能工资制随着其实行的前提条件——职能等级资格制度的建立而迅速普及，但由于职务（内容）的不明确性和能力在客观评价中的困难等原因,迟迟未能得到人们的信赖。甚至有些人说风凉话,称其为"不务实的职能工资",可见职能工资的实施并非一帆风顺。但是,随着职能工资制实行的瓶颈,即与职务联系较差以及缺乏能力评价的基准等问题的逐步解决,1971年重新掀起了职能工资热。

作为资格制度功能之一的职能工资(第一次石油危机后)

1973年爆发的石油危机给日本经济带来了沉重的打击。日本经济的低迷,即将到来的老龄化社会的危机感,迫使企业对年功工资体系进行改革。尽管当时改革所需的加薪资金源不足,但企业为了实施能力主义管理,迫切需要建立能够统筹管理工资和人事的制度体系。为此,企业引进了能够对员工进行教育训练和能力开发的职能等级资格制度和职能工资制。但此时,职能工资制作为工资制度以提升员工能力、激发员工潜能等为目的而被积极地利用,而不是像过去那样只是为了解决岗位不足和晋升压力等问题而被消极地利用。职能工资不仅按职务执行能力的高低进行分类后反映在工资体系上,而且它还是职能等级资格制度的一个功能。例如,三菱铅笔和锺纺公司分别于1974年和1976年4月,采用了被称为职能等级制度的新工资体系。该工资体系的特点是,随着职级上升,能力工资(职能工资)比例也跟着提高。这是一种根据员工能力和能力开发确定待遇的以职能等级资格制度为基础的工资制度。

日本式能力主义的实质

过渡性

职能工资制是为了解决在年功工资制向职务工资制转换过程中出现的障碍因素而摸索出的工资制度,因此,首先要解释职能工资作为职务工资的过渡形式所具有的性质。

职能工资制并不是一开始就从积极意义上以年功工资制向职务工资制转换的过渡形式而出现的。企业在引进职务工资制的过程中,由于技术、经济等原因无法继续实施职务工资制的状况下,根据各自企业的特点加入日本元素对其进行修正后,就形成了包含年功要素的职务工资制,这就是职能工资制以职务工资制过渡形式出现的理由。职能工资制看似职务工资制与年功工资制的中间形态,但又因为作为职务工资制的替代形式以及使用上的方便而广泛采用,所以就给人们留下了职能工资制是职务工资制雏形的印象。

同能同酬性

职能工资的第二个性质是,它将以包含潜在能力在内的职务执行能力作为支付报酬的依据。职务工资制要求向担任同一职务的人支付同一工资,加薪也是在职务等级上升时才会发生。但职能工资制并不一定像职务工资一样遵循同一职务同一工资原则。即使是在上一级别职务中没有空职位,但只要拥有同等能力,就可以获得与上一级别职务同等的工资。职务工资是与职务有直接联系的工资形式,而职能工资则是与职务有间接联系的工资形式。可以说,职能工资是以实现"同一职务同一工资"的前提条件——"同一能力同一工资"为核心的工资形式。

属人性

既然职能工资以属人要素的能力为基础,就可以认为是属人工资形式。由于职能工资的工资结构中属人要素所占的比重较大,因此很容易在实践中引发一系列问题,如很有可能转变成年功工资形式,或职务与能力不一致等。众所周知,泡沫经济崩溃后,人们就因职能工资制的属人性而对其提出了质疑。

过度支付性

第四个性质是因上述属人性引起的过度支付性。这一性质被指为职能工资制的一大弊端。既然日本企业引进职能工资制的目的是为了解决能力结构与职务结构的不一致,如何克服这一弊端就将是职能工资制实践中人们最关心的问题。而克服这一弊端的唯一方法是通过能力发挥来提高劳动生产率。

人本性

最后,职能工资制相对于职务工资制更加尊重人性。既然职能工资制是属人工资形式,就具有更加人性化的特性。可以说,这一工资体系通过与人事管理职能的联动作用,能够开发、培养和提高能力,具有激励功能。从此,我们也可以窥见职能工资制的基本理念:使人与职务相匹配,给人赋予工作,并创造工作。

年功主义与成果、绩效主义的冲突

从日本工资制度的历史演变可以看出，其主要工资形式是职务工资制和职能工资制。经营方以抵制工会主导建立的工资体系——电产型体系为目的，试图采用职务工资制，但屡次引进屡次失败。在很长一段时期里，虽然反复尝试着推行这一制度，但也一直无法摆脱与属人工资（年功工资）的妥协，其结果孕育出属人工资制与职务工资制博弈的产物，即职能工资制。

职能工资制可以将日本式职阶制度和其辅助功能——资格制度联动运用。职能工资作为企业的一种工资形式，是以终身雇佣制为前提的。因此，职能工资制通过能力与待遇相适应的功能，在解决岗位不足方面将发挥积极的作用，但这也可能使该制度只停留在待遇功能方面。

工资体系在社会、经济因素的影响下不断地改变其形式。这种现象在20世纪60年代前半期日经联对职务工资形式的态度变化中表现得尤为突出。

石油危机对经济的影响也反映在工资体系中，如20世纪80年代前后在经营和劳务领域中也探索了适应经济低迷状况的新工资制度。80年代后，日本工资体系中的基本工资都是由两种工资形式构成，如生活工资＋能力工资、年龄工资＋职能工资、资历工资＋职能工资、属人工资＋职能工资、属人工资＋工种工资等。这表明日本式工资体系的重构一直是不间断地进行着的。80年代，日本企业虽然承受了潜在的过剩劳动力、员工高龄化、高学历化的压力,但劳资双方都坚定地支持了终身雇佣制。

在随后的经济高速成长期,企业吸收剩余劳动力,终于迎来了劳动力不足时代。但是随着泡沫经济的破灭,劳动力过剩的问题又凸显出来。为此,企业进行雇佣调整(裁员),把过剩劳动力快速且大量地向劳动力市场释放。对此,劳动者和工会虽表示强烈反对,但面对长期不景气和就业不稳定的状况下,他们不得不选择了放弃工资上涨而保障就业。在终身雇佣制、年功序列制等所谓日本式雇佣惯例逐渐崩溃的现在,以此为基础产生的职能工资制,其存在的理由也受到了人们的质疑。目前,虽然以逐步摒弃工资体系中年功要素为目的,开始了从潜在能力也作为评价对象的能力主义工资体系向只评价显在能力的成果、绩效主义工资体系的逐步转换,但成果、绩效主义工资体系的前景还是非常渺茫。

从20世纪80年代后期至1992年发生的泡沫经济破灭已经过去了十余年的时间。持续的经济低迷引发的螺旋式通货紧缩以及企业绩效的大幅下滑,对人事、劳务管理带来了较大的影响。企业在未能及时推出有效的人事待遇、工资政策的情况下,却以绩效下滑致使工资来源锐减为理由进行了雇佣调整和裁员,削减了大量员工。据日本经团联的调查,工资增长额(率)从泡沫经济破灭之后的1992年起一直下跌,到2004年其增长额和增长率分别下降至1992年的约四成和三成。劳资谈判中的工资要求额与妥协额也在逐年下降。在实行加薪制度的企业中,约有四成多的企业认为"加薪制度存在问题",并表示要增加加薪部分中"绩效、能力考核部分",而减少"年功部分"。

日本式经营与雇佣惯例的基础,即终身雇佣制、年功序列制和企业工会,曾被各国学者作为日本企业飞速发展的源泉而赢得了赞誉,但进入20世纪80年代后,其评价一落千丈。在年功主义、属人主义和能力主义相妥协中产生的日本式能力主义,就因为在其构成中包含潜在能力和年功等属人要素,最终被成果、绩效主义所取代。

据日本经济新闻的资料,成果主义这一称谓首次出现于泡沫经济崩溃之后的1992年。1997年的《劳动白皮书》指出,"最近,年功工资体系的改革处于缓慢进行中,……像正在引进的年薪制一样,工资决定中更多地考虑能力和绩效"。并且,未来的工资制度"更加重视能力、绩效主义,……构筑合理评价劳动者职务执行能力与绩效的机制是非常重要的"。由此可以推断像年薪制这样的能力绩效主义的发展前景。但是,在2000年的《劳动白皮书》中,"能力绩效主义"概念中删除了"能力"二字,就直接使用了只以显在能力为评价对象的"成果主义"和"绩效主义"概念。这意味着,随着平成萧条的持续,企业开始从成本角度考虑,重新审视包含潜在能力这一评价要素的日本式能力主义。

但是,经过所谓泡沫经济崩溃后"空白的十年",当日本经济中重现一丝新曙光时,人们开始对成果、绩效主义进行批判。这方面较有代表性的著作是高桥伸夫的《迷茫的成果主义——要复活日本式年功制》(日经BP社,2004年)。高桥在其著作中批判了成果、绩效主义,呼吁复活日本式年功制。他指出,"日本式人事体系的本质并不是向员工给予报偿,而是赋予工作内容。如果从工资激励的束缚中解脱出来,就能发现其真相。……要复活和重新构筑使员工生活富裕、赋予工作内容和乐趣的人事体系"。

展望

工资管理与其他各项管理职能有着密切的联系,且作为管理的一项职能起到非常重要的作用。因此,工资体系不能被简单地认为是单纯的工资分配规则。这是因为,工资管理通过能力评价(人事考核)制度深刻地影响着人事管理乃至教育训练、能力开发管理等。

职能工资制度既然是由日本式职阶制度和起辅助功能的资格制度所构成,资格制度受到关注也就不足为奇了。资格制度是向职务序列转换的过渡形式,这一特征决定了职能工资的性质。尽管职务工资制很容易实现工资合理化目标,企业却选择了职能工资制形式,这恰恰反映了日本工资体系的本质。

工资体系并不是自身改变其形式,而是在受到外在因素的影响后发生变化。因此,在当今年功序列制、终身雇佣制和企业工会等日本固有的雇佣惯例即将向其他形式转换或崩溃的时候,对于以经济高速成长期为背景产生的职能工资制,不能只将其评价为一时的、过渡性的工资形式,而有必要重新探讨其所具有的优势。如果将基于工资的激励功能的管理称作绩效、成果主义的话,那么将这种工资制度评价为泰勒主义的回归也是不无道理的。从过去的经验来看，在职务执行和职务满足（工作价值）之间直接加入工资，就孕育着较大的危险性。因此，摆在我们面前的课题是：不是开发单纯的工资分配技术，而是要构筑一个能够使人们获得尽可能多的职务满足的工作体系。

　　如果企业借鉴过去的经验构筑新的人事待遇和工资管理（追求系统的合理性）制度，就能够顺利渡过当今日本经济长期不景气带来的困境。因此，未来的人事待遇制度和工资管理，必须强化与组织利益的联系，反映企业经营战略和经营者意向。为此，企业必须采取能够充分发挥每个人能力的综合性措施，应建立能够最大限度发挥和开发显在能力、潜在能力的各种制度。只有通过新人事待遇和工资制度把创造新事物的想象力和创新力与将其变成现实的新技术进行整合，才能提升企业竞争力。总之，在上述诸理念的历史演变中，我们可以找到建立新制度的答案。

【参考文献】

芦村庸介『労働運動の話』日本経済新聞社、1974年。
掛谷力太郎『賃金制度の理論と実態』労働法学研究所、1953年。
金子美雄「現下賃金体系の問題点」『労働組合と賃金』日本労働協会、
　　1961年。
金子美雄「職務給雑感」『季刊・賃金研究5』日本賃金研究センター、1976年。
雇用振興協会編『高齢化時代の職務・職能給と年俸制』日本経営者団体連
　　盟弘報部、1980年。
幸田浩文「戦後日本にみる賃金体系合理化の史的展開(3)－職務給の特質と
　　問題点－」『経営論集』第61号、2003年、11-26頁。
高橋伸夫「虚妄の成果主義　日本的年功制復活のすすめ」日経BP社、

2004 年。

今里・中村・杉山・端田―共同研究「日本的能力主義と資格制度」『労務管理』第 219 号、労務管理研究会、1970 年。

佐間田『初任給と昇給制度』日本労働通信社、1959 年。

山田茂『職能給化の手順』日経連、1980 年。

森五郎「日本職階給制の実証的研究」『労働問題研究』第 46 号、1950 年、38-54 頁。

森五郎『基本給合理化の在り方/類型別総合化の研究』ダイヤモンド社、1963 年。

西宮輝明『職務給―考え方・進め方』中央経済社、1970 年。

総評・中立労連編『職務給/その理論と闘争』労働旬報社、1966 年。

藤井得三『賃金思想の転換』総合労働研究所、1978 年。

日経連『現下の賃金政策と賃金問題』日経連弘報部、1957 年。

日経連『職務給の研究』日経連弘報部、1955 年。

日経連『職務給の研究』日本経営者団体連盟弘報部、1955 年。

日経連『新職能資格制度』日経連弘報部、1980 年。

日経連『新段階の日本経済と賃金問題』日経連弘報部、1961 年。

日本経済新聞社編『変わる賃金体系』、日本経済新聞社、1980 年。

日本経団連労働政策本部編『日本経団連/賃金総覧/2005 年版』日本経団連、2005 年。

日本労働協会編『労務管理と賃金』日本労働協会、1961 年。

日立総合計画研究所「日本型労使関係の長期予測（1977 年）」のデルファイ調査、1977 年。

平野文彦編『人的資源管理論』税務経理協会、2003 年。

労働省編『労働白書/平成 9 年版』、1997 年。

労働政策研究培訓機構「成果主義と働くことの満足度―2004 年 JILPT『労働者の働く意欲と雇用管理のあり方に関する調査』の再集計による分析―」『労務研究』58(9)（通号 687）、日本労務研究会、2005 年、28-32 頁。

第一章
有效利用"人"的组织战略

管理"人"的必要性和重要性

无论什么样的企业,随着规模的扩大,为什么对人的管理越来越难?

一般来说,随着人数的增加,彼此间的思想沟通便自然而然地困难起来。如果彼此间难于沟通,就可能导致上司下达的指示、命令以及下属的报告内容,或者不能正确地传达,或者被曲解。这样就会导致人们士气低落,失去工作热情,甚至自作主张,各行其是。如果企业出现各种沟通障碍,就无法达到组织目标,经营会陷入僵局,个人的利益也会因此而受到损失。

因此,企业为了有效利用"人",确立和维持企业内部社会秩序,必须采取正确的管理措施。企业对人的管理措施称作劳务管理、人事管理或人事劳务管理。最近,日本从美国引进"人力资源管理"术语,取代了劳务管理和人事管理称谓,这是为了更加尊重企业经营资源之一的"人"的人性和保障待遇的公平性,在管理措施上更加重视"人"与企业经营战略之间的关系。

日本劳务管理的内容、目的和对象

劳务管理的内容

所谓劳务管理,是指制订员工的行动计划、组织员工等一系列活动。与此类似的术语有人事管理,它是指招聘、人员配置、人事调动、晋升、晋级、退职、教育训练、能力开发、安全卫生、人际关系等相关的一系列管理活动的总称。一般认为,目前在日本没有明确区分人事管理与劳务管理的概念,只是把劳务管理当作比人事管理所包含的内容更宽泛的术语来理解,但有时也将两者拼凑起来称作人事劳务管理,以此来表示两者的意思相同。

然而,过去是把劳务管理和人事管理用两种完全不同的概念来使用的。比如,在美国,与日本劳务管理类似的术语有人事管理、劳动力管理、员工关系管理等。另外,包含类似含义的术语还有劳资关系管理、劳动关系管理等。最近,表达此类内容时,还使用人力资源管理这一术语。

在日本,通常把员工的录用、配置、调动、晋升、晋级、退职等与人事相关的管理活动称作人事管理,而把劳动条件等与劳资关系相关的管理活动称作劳务管理,以此来区分人事管理和劳务管理。并且,第二次世界大战前,曾把以工厂劳动者(蓝领)为对象的管理称作劳务管理,而把以事务职、技术职(白领)劳动者为对象的管理称作人事管理。

目前,正如前文所述,一般不特别把劳务管理和人事管理区分开来使用,而把涵盖员工管理整个领域的管理活动统称为劳务管理或人事管理,或者将两者合并起来称作人事劳务管理。

劳务管理的目的

20世纪20年代被认为是劳务管理的形成期,当时劳务管理的主要目的是,通过劳动效率的提高,最大限度地增加产量,实现利润的增长。但是,随着对劳动者心理、生理研究的深入,劳务管理的目的从原来的仅仅为提高员工生产效率转变为让员工通过对组织的贡献获得最大的职务满足。也就是说,通过劳务管理,发挥每一个员工最大的能力,让他们能够从自己的工作中获得最大的满足,感受到作为组织中一员的自豪感。

纵观众多劳务管理学说,劳务管理的目的可以归纳为两个:一是劳动力的有效合理利用,二是经营体内社会秩序的确立与维持。

劳务管理的对象

劳务管理把与企业有雇佣关系的员工(人)作为其管理对象。而员工作为劳动力既具有生产要素的属性,作为劳动力拥有者又具有人格特征。并且,员工是能够发挥主观能动性的行为者,是在经济社会中生活的社会人。但是,由于员工在劳动力市场上充当着为获取佣金而出卖自己劳动力的工资劳动者的角色,因此在经济上与购买劳动力的雇主形成对立。因此,我们必须把员工理解为拥有下述:劳动力、发挥主观能动性的行为者、工资劳动者(三个特征的完整人格的存在)。

值得注意的是,只有把员工从劳动效率的视角考察时,才能将其当作劳务管理的对象。劳务管理的目的就是,长期维持和提高拥有上述三个特征的每一个员工乃至企业整体的劳动效率。

首先,看一下员工作为生产要素之一的劳动力意味着什么。雇主或者经营者之所以雇佣劳动者,是因为把员工当作同机械、材料一样的生产要素。为了获得劳动力这一生产要素,经营者必须招募、挑选、录用员工,而有效进行这一系列活动被称作录用管理。其次,雇主为了让被录用的员工完成自己所期望的工作,必须要对员工进行工作所需知识的教育和所需技能的训练,这一系列活动被称作教育训练管理。尽管员工通过教育训练,掌握了相关工作的知识和技能,但为了不失效率性,必须使其劳动能力与工作匹配,对劳动力进行合理的配置,这一过程被称作劳动力配置管理。此外,根据员工劳动能力的提高,就要进行与此相适应的工作调动、晋升等,即实施调动和晋升管理。上述这一系列管理活动,统称为劳动力管理。

另外,员工或者由于过度劳累会产生疲劳感,或者由于恶劣的工作环境发生疾病或遭遇灾害。因此,为了保护员工,就要进行劳动时间、安全卫生等劳动力维护管理。有时,人们把如上所述的员工录用、教育训练、配置、调动等劳动力管理与劳动时间、安全卫生等员工维护管理统称为广义的劳动力管理。

实际上,员工不仅是与机械、材料等并列的生产要素,而且是拥有人格的劳动力所有者。并且,员工既是发挥主观能动性的行为者,又是在经济社会中生活的社会人。所以,员工在人际交往中,会自然而然地表现出各种不同的感情和态度。因此,经营者为了有效、合理地利用作为劳动力的员工,就必须充分考虑人性和社会性。诸如企业报、提案制度、商议制度、座谈制度、意见处理制度等人际关系管理措施,都是为了提高员工的工作热情和实现劳资关系的和谐而采取的。

作为劳动力的员工,为了生活必须获得报酬。在劳动力市场中,劳动者就以工资为条件与劳动力购买者即雇主进行交换,这时劳动者就变成工资劳动者。因而,劳动者非常关心影响工资水平和工资额度的劳动条件。同时,由于劳动力的卖方与买方之间存在经济利益上的对立关系,经营者必须采取有效的措施,调整双方间的利益关系,实现和谐的劳资关系。总之,企业为了维护组织内的社会秩序,就要制定规章制度和集体合同等劳动合同制度,建立集体谈判、劳资协议、经营参与等劳资相互理解和合作的诸制度。

日本劳务管理理论的历史演变

劳务管理研究的四个领域

近代劳务管理理论吸收了经济学、管理学、心理学、社会学、人类文化学、法学、生产工学、劳动科学、行为科学等诸多学科的研究成果,其内容也变得相当复杂。从某种意义上说,劳务管理是一门跨学科的科学。

在日本,战前劳务管理方面的研究,着眼于科学管理和劳动科学领域;战争年代,在军国主义统治下,劳资关系理论的研究基本停滞。对劳务管理的系统研究,是在战后才真正开始的。劳务管理研究主要在以下四个领域进行,即人类工学、能力开发、行为科学和劳动经济学。

人类工学研究

人类工学研究又可分为科学管理、行为科学、劳动科学等三个领域。

- ➤ 科学管理研究:这一领域的研究可以追溯至泰勒的科学管理引进至日本的明治末期(19世纪末至20世纪初)。当时的研究课题是通过动作的科学化,即作业规范化、劳动时间标准化和排除无效率的动作来提高劳动生产率。
- ➤ 行为科学研究:这一领域研究的起源可以追溯至大正末期(20世纪20年代)。此时,主要从应用心理学角度,对疲劳的防止、作业训练、合适人才的选拔、效率的提高等方面进行了研究。但是,这些研究在组织对社会行为的影响和生产领域的适用性等方面显露出一定的局限性。所以,进入昭和时代(从1926年开始)后,又从社会心理学角度进行了研究,这推动了行为科学的发展。
- ➤ 劳动科学研究:这一领域的研究从大正末期开始进行,对后来的劳动医学和劳动心理学研究做出了一定的贡献。

能力开发研究

这一领域以个人能力和素质开发与提高生产率有密切关系为假设,欲从心理学、教育学视角阐明能力培养、禀赋的有效利用、协作态度的改善等内在机理。按研究内容又可分为职业指导和人职匹配、技能培养和职业能力教育、职业辅导和职业训练、相互理解和人际关系等四个领域。

> 职业指导和人职匹配:这方面的研究,从昭和初期的职业研究至职业心理学、社会心理学研究,其涉及的领域较广。从大正至昭和时期,在全国范围内开展的职业指导运动就是其最好的例子。此外,战前也进行了对录用考试、岗位调配,以及与晋升、晋级相关的职业性向测试和人事考核的研究。

> 技能培养和职业能力教育:这方面的研究成果以各种形式被有效地运用,如产业界实施的通过企业内训练培养见习生,各省厅进行的技术人员培养和管理人员培训等。

> 职业辅导和职业训练:劳动省制定了职业训练法,不仅实施了职业辅导,而且还培养了技术人员。同时,广泛开展了对培训师的培养和训练技术的开发。

> 相互理解和人际关系:通过人际关系研究,开发出在职场上协调人际关系的多种技术。

劳资关系研究

这方面的研究按类别可分为四个领域:制定劳资关系准则、劳动条件的改善、劳务管理的完善、经营权的明确化。

> 制定劳资关系准则:虽然劳动争议的历史悠久,但是劳动运动被社会广泛认可是从大正中期工会领导的有组织的运动开始的。当时并没有完善的调停劳资纠纷的各项程序和规则。二战后,特别是20世纪40年代后期,在工会正式诞生、劳资纠纷频繁发生的状况下,政府为了建立民主的劳资关系,在设立劳动省的同时,还颁布了劳动三法,即《劳动基准法》《工会法》《劳动关系调整法》。另外,经营者方面也为了维护职场秩序,积极参与制定了集体合同、就业规则等劳资关系准则。

> 劳动条件的改善:这一领域的研究是在20世纪50年代前期,即上一条制定劳资关系准则后开始的。

> 劳务管理的完善:20世纪50年代后期,随着劳资关系的稳定和产业秩序的恢复,经营方开始关心劳务管理的完善。

> 经营权的明确化:许多企业引进诸如员工参与经营、利润分享制、经营协商制、集体决策制等,并制定了构筑新劳资关系的各项制度。

劳动经济学研究

在社会政策、劳动问题、劳动经济学领域中,进行了工资、收入分配、劳资关系、雇佣制度、员工福祉、社会保障制度、社会政策等与员工生活息息相关的问题的研究。按类别可分为三个领域:工资基准的设定、合理的人工费问题、生活保障问题。

> 工资基准的设定:战后,工资是员工为生存而拼命获取的最

关心的东西。当时,也有了很多与此相关的研究成果。
> 合理的人工费问题:在 20 世纪 60 年代前后经济高速发展期,物价上涨致使工资增长,劳动力不足导致总人工费增加。为此,经营方提出了"生产率基准原理",即工资上涨的合理尺度应以生产率提高为基准。
> 生活保障问题:老龄化社会的到来越来越受到人们的高度关注。特别是员工退休后的生活保障问题,常常与延迟退休年龄联系起来进行研究。

美国劳务管理理论的历史演变

近代劳务管理理论时代

1910 年前后,美国出现了由各个部门联合设立的员工部(employee department)或福祉部(welfare department)等形式的人事管理部门。进入 20 世纪 20 年代后,它们被整合成人事部(personnel department)或劳动部(labor department)。当时,劳务管理与生产、销售、财务、安全、会计等管理一样,都属于生产要素管理,即可称为要素管理或部门管理。劳务管理的主要目的与其他生产要素管理一样,也是为了提高生产率和追求利润。因而,员工福祉活动也可以看作是实现上述目的的手段之一。

重视人事管理的劳务管理理论时代

20 世纪 20 年代,在劳务管理中大力提倡员工福祉,因此,这一时期被称为温情主义时代。温情主义隐含着所谓"幸福的员工才是高效率员工"的人际关系理论的观点。在劳务管理研究中,心理学、人类工学等研究方法被采用。例如,蒂德(O. Tead)从心理学视角研究劳动问题,斯科特(W. D. Scott)则试图把实验心理学的研究成果应用于产业领域中。在人类工学研究中,研究人员将员工看作像物资一样的生产要素,即假设人是与机械一样的物资,试图在人的生理机理中运用工学原理。这种观点,在劳务管理领域里著名学者蒂德和梅特卡夫(H. C. Metcalf)关于劳务管理的定义中可见一斑,即"所谓劳务管理,就是为了最大限度地提高生产率,通过员工的福祉,以及最少的努力和冲突,协调组织内人际关系的活动"。

20 世纪 30 年代,约德尔(D. Yorder)继承 20 年代斯科特、蒂德、梅特卡夫的思想,构筑了有效利用人力的劳动力管理(manpower management)理论体系。但是,这一理论也是以充分利用员工的生产能力为目的的,其本质与蒂德的思想基本一致。

重视人际关系的劳务管理理论时代

从 20 世纪 20 年代中期至 30 年代初,在芝加哥西方电气公司霍桑工厂进行的实验研究,揭开了以前被忽视的以作业组织内合作为中心的人际关系研究的序幕。皮格尔斯(P. Pigors)和迈尔斯(C. A. Myers)为首的研究者试图将人际关系论的研究成果应用于劳务管理中。他们认为,企业经营是对人的经营而不是对物的管理,经营管理与劳务管理是密不可分的,是同一个整体。另外,以闵斯特伯格(H. Munsterberg)为代表的研究人员试图将心理学应用于企业经营中,这是产业心理学研究的开端。于是,进入40年代后,心理学研究成果开始在劳务管理中应用。

重视行为科学的劳务管理理论时代

从20世纪50年代至60年代,人事管理部门为了提高劳动生产率,根据人际关系理论实施职工福祉措施的同时,努力提高员工的职务满足度。具体地说,如果管理者对下属采取民主型领导风格,员工的职务满足度就会提高,可以取得较好的绩效。但是,人们从很多研究中逐渐认识到,并非所有的根据人际关系理论实施的措施都能提高劳动生产率。也就是说,凭借人际关系学说,并不能解释高职务满足度与高生产率之间的相关关系。于是,研究人员开展了更富有技术性、创新性的行为科学研究,并把这些研究成果应用于劳务管理中。行为科学研究成果包括领导、动机、沟通、目标管理、组织开发(OD)、开放透明的系统和意外事件的应变能力等。行为科学是研究人的行为的综合性科学,其研究内容涉及跨越诸多学科的边缘性课题。

综上所述,劳务管理与其他学科一样,是多个领域研究成果的结晶。作为企业经营管理新职能的劳务管理,是在受到经济学、管理学、心理学、社会学、工学等学科的长期影响下,在众多学科错综复杂的交融中形成的。劳务管理的研究,首先在与其相近的各学科中进行,随后在生产工学、产业心理学、劳动医学领域中开展,再后来受到管理经济学、统计学、劳动法学、劳动社会学的影响,又在行为科学、情报科学、计算机科学、文化人类学领域中进行。

向重视内在因素的战略理论转变

20 世纪 80 年代中期,企业经营战略理论逐渐由重视企业在市场中确保持续竞争优势的外部环境战略理论向重视内在因素的战略理论转变。其代表性的理论有,资源基础论或企业资源论(Resource-Based View,RBV)。最初提出这一理论的巴尼(J. Barney)认为,企业要保持可持续竞争优势,其拥有的资产必须具备以下四个特性:价值性(valuable)、稀缺性(rarity)、难模仿性(inimitability)和不可替代性(non-substitutable)。这一观点对人才管理理论的影响较大,可以说它促进了以"人才管理决定企业可持续竞争优势"为基本理念的战略性人才管理理论的发展。

根据竞争优势源泉,可将上述理论的视角分为两种:一是人才管理措施及体系,二是人才本身。前者包括:①最佳实践理论(best practices approach),即管理措施有最佳的组合;②权变理论(contingency approach),即不同企业战略所需要的管理措施也是不同的;③配置理论(configurational approach),即追求人事措施的最佳组合。而后者包括人力资本理论,即通过教育培训的投资,增加人力资本的经济价值,从而提高劳动生产率。

可见,企业战略从以在市场地位和市场占有率方面占比较优势的市场或商品为中心,逐渐向以能力为中心转移。能力中心论认为,企业要想实现市场差异化并保持持续的市场优势,必须使企业内部资源具备异质性和非转移性。这是企业重视人才及人才所拥有的能力的战略,是重视组织、组织系统、组织气候和组织文化①等企业内在因素的战略。

战略人力资源管理的发展

在人力资源管理中,把难以效仿且不可替代的人才看作是有价值的、未开发的经营资源,而且能创造经济附加值。而在战略人力资源管理中,则把拥有能力素质的员工看作是企业特有的难以效仿的战略性资源,当作获取持续竞争优势的源泉。

企业通过员工所拥有的能力与组织系统、组织文化的有效整合,能够提升企业整体的竞争能力,获取持续的竞争优势,实现企业革新。这种企业所拥有的各种组织能力和优势,以及学习能力和潜在能力,统称为"(组织)能力(capability)"②。它具体指商品开发力、成本管理力、生产技术力等,而对其起基础支撑作用的就是人力资源管理。如果根没有深深地扎入地面支撑茎和花,没有通过茎(成果转化、沟通、信息系统等)将养分输送给花〔(组织)能力〕,就无法结出丰硕的果实(成果)。

---

① 战略人力资源管理理论认为,对人力资源和人的能力的发掘、培育、开发、发挥、管理产生影响的因素包括组织气候和组织文化。

② 这里,"(组织)能力"是指组织的潜在能力,而核心竞争力是指组织的显在能力。一般认为,两者都反映企业整体的、综合性的组织能力,但在定义上尚未明确区分。与那原(1998)对两者进行研究后指出,核心竞争力是指以产品开发能力为核心的组织能力,而"(组织)能力"是指以企业综合力为核心的组织能力。

日本的人力资源管理概念

人力资源管理概念的模糊性

一种观点认为,人力资源管理作为全新的理念比传统的人事劳务管理更加系统化,它通过与经营战略的联系,能够制定出适应企业环境的基本经营政策。

与此相反,另有一种观点认为,人力资源管理只是较新的术语而已,实质与传统的管理措施没有两样。纵观人力资源管理的各种观点,归纳如下:

第一种观点认为,人力资源管理与人事劳务管理或劳资关系管理在内容上并未有太大差异,只是称谓不同而已。

第二种观点认为,采用人力资源管理这一术语的理由是,重新审视传统人事的作用和人事部门的功能,以及对"人"的管理,以便更好地适应经营环境的变化。

第三种观点认为,人力资源管理着眼于投资理念,放弃成本观点,强调每一个员工的潜在能力,把人力看作资源。

第四种观点认为,人力资源管理与经营战略联系起来,强调即便跨越国界也能发挥作用的人力资源的战略性、国际性特点。

第五种观点认为,人力资源管理是完全不同于人事劳务管理的全新的理念,通过与经营战略的整合,有效开发、培育和利用人力资源,确保企业的竞争优势。

从以上多数研究者的观点可以看出,人力资源管理与人事劳务管理的最大区别是人事功能及战略同经营战略之间的整合程度。也就是说,人事功能与战略管理的整合程度越高,则越接近于人力资源管理;相反,人事功能与经营体内部的整合程度越高,则越接近于人事劳务管理。另外,很多人力资源管理的研究认为:通过人力资源管理能够实现高承诺、高品质、柔性工作的目的,能够实施基于特定基准的人才选拔政策,降低离职率,提高员工的忠诚度。

本书的人力资源管理体系将人力资源管理内容分为五部分,并在各章中介绍基本概念和基本理论。首先在第一章"有效利用'人'的组织战略"中,学习人力资源管理的定义及历史演变过程,正确理解人力资源管理的重要理念。在此基础上,学习人力资源管理的各章内容。

日本的人力资源管理概念

人力资源管理概念于20世纪50年代诞生于美国,70年代已广为普及,在西方国家的文献中已是大众化的术语。在日本,70年代就已经了解了这一思想,但到80年代中期时,才从美国引进人才管理理论。到了90年代,这一理论引起了人们的关注,其原因有如下几个方面:

第一,传统的人事劳务管理的局限性日益显现出来。随着人工费用的增加,企业引进了基于绩效、成果主义和个人主义的人事管理政策,这迫使企业加强人事劳务管理与经营战略的联系。

第二,随着各部门间协作的加强,迫切需要建立综合性的、有效的人才管理系统，以便孕育新组织文化，适应组织环境的变化。

第三，20世纪90年代初开始的平成萧条导致经营环境恶化。随着终身雇佣制和年功序列制的崩溃，企业不得不从外部劳动力市场调配人才，并且强烈地意识到有效开发和利用人才的必要性。

第四，人们呼吁基于社会正义的公平公正。人们强烈要求企业抛弃传统的年功主义、属人主义等不平等主义，消除职场、工作中的各种差别，创建给予员工公平、公正待遇的环境。

然而，人力资源管理实践却出现了迥然不同的结果：有些只是徒有其名，与传统人事劳务管理在其内容和方法上几乎一样；有些则把人力资源管理措施及系统与整个企业的经营战略紧密联系起来，并强调各部门间的协作。但是，无论是人事劳务管理还是人力资源管理，永远不变的共同理念是：企业只有通过对拥有资产、资本和财产属性的人才进行能力开发、培育和利用，才能提升企业竞争优势。人们用人力资源（人才）管理替代人事劳务管理的根本原因是，企业战略目标的实现和企业竞争优势提升的，不仅要依赖市场地位的获取，而且要更加重视人才。

从人力资源管理到人才管理论

最近，在日本很多人用"人才管理"①这一术语替代"人力资源管理"。"人才"这一概念强调这样一种意识，即人是与物（物质资

---

① 人力资源管理和人才管理英文都用"human resource management"来表示，因此也可以认为是同一内容，但其意思有微妙的差异。在实业界，从人是一种"财产"的观点出发，用"人才（财）"这一术语。另外，劳动经济学观点认为，劳动力价值是可以通过教育投资提升的，因此也有人把劳动力看作人力资本或人力资产。

源)不一样的资源,人具有其他经营资源难以替代的特性。此外,"人才"这一术语也强调了对人性的尊重。在实践中,"人才管理"泛指对员工的确保、培育和开发等所有管理活动。这一术语来源于20世纪60年代在美国诞生的人力资本理论,这一理论认为,通过教育培训和能力开发的投资,能够增加人们的知识或技术等"人力资本"存量。

日本于20世纪90年代后期才真正关注并引进了人力资源管理理念,当时因为人力资源管理特别重视员工能力的培养和开发,人们就称其为人才管理,而没有称其为人力资源管理。

下面,用人才管理的观点,分析培养和开发能够创造新价值的技术经营(management of technology,MOT)人才的新人才管理和新人事部门的职能。

新人事部门的职能

从"能做得到"到"能给予"的转换

企业一直由人事(管理)部门负责人才的教育训练和能力开发,人事劳务业务由人事(管理)专员负责。企业若要把MOT人才等战略性资源变成能创造新价值的MOT人才,人事(管理)部门必须从传统的运营部门转变成战略部门,充分发挥培养、开发、利用MOT人才、专业人才等战略性资源的新职能。

美国密歇根大学的戴维·尤里奇(Dave Ulrich)教授在研究新

人事部门的职能时，最先提出了"doable"和"deliverable"观点。英文"doable"的意思是事情"能做得到"，这是传统人事部门的职能，而英文"deliverable"是由表示"交付""给予"等的deliver和表示"能"的able组合起来的一个新词汇，这是新人事部门的职能。

传统的人事部门是基于"要做什么"、"能做什么"构筑人事政策和制度。人事部门以人事专家的身份确定企业要达到的目标，制定各种规则和制度，检查员工是否遵守和完成，并对员工进行评价。如果员工未能完成目标，可能会得到较低的评价或被扣分。

与此相比，新人事部门更重视所期待的成果，即明确所期待的成果，并确定这一成果能给予（deliverable）怎样的价值或效果。新人事部门的这一职能不局限于员工，也包含对企业外的人"能给予"什么样的价值。因此，新人事部门要制定与企业经营理念或企业战略紧密联系的人事战略，并付诸实施。

尤里奇的新人事部门的角色

尤里奇提出的关于新人事部门所期待的成果包括战略的实现，创建高效率的组织机构，提高员工的忠诚度和胜任力，实现组织变革。在此基础上，基于"能给予"的新人事部门的职能，他提出了新人事部门应扮演的四个角色：实现战略目标的战略伙伴（strategic partner）、组织再造的管理专家（顾问）（administrative expert）、满足员工需求的激励者（employee champion）、组织变革的推动者（change agent）。

企业中行使上述角色的人,就是被称作人才①管理专家的管理人员,他们负责人力资源管理的日常业务运营,推动战略目标的实现。因此,人才管理专家不仅要树立企业中心的理念,即通过人力资源管理与企业战略的联动来提高企业绩效,而且要树立人才中心的理念,即通过人才培育创造新价值。新人事部门的四个角色、日常业务运营与战略的实施以及人事部门的管理对象即人事管理的程序和人才管理三者间的关系如表1-1所示。

表1-1 新人才管理(人事部门)职能的定义

角色	职能(范围)	活动	成果(结果)
战略伙伴	战略性人才管理	人才和商务战略的整合:【组织诊断】	战略的实施
管理专家	企业基础性管理	组织再造:【服务的共享】	创建富有效率的基础管理体系
员工激励者	员工奉献管理	倾听员工的心声并对此做出反应:【向员工提供所需资源】	提高员工忠诚度,激发员工的潜在能力
变革推动者	变革管理	提出各种改革措施,进行变革管理:【确保变革的力量】	创建新组织

资料来源:Ulrich,1997(部分修改)。

战略伙伴:从长期的、战略的视角,对人才管理手段和系统进行管理;

---

① 在尤里奇的原著中,HR是"human resource"的略称。一般来说,把HR翻译为人力资源,但这里因前面所述的理由都统一为人才。虽说HR和人才是同义语,但前者是指企业整体人力资源,而后者是指从个体到整体,是作为较广义的概念来使用的。

管理专家：从日常的、运营的视角，构筑和管理与所期待的成果相联系的基础管理体系；

员工激励者：从日常的、运营的视角，采取措施提高员工的忠诚度，激发员工的潜能；

变革推动者：从长期的、战略的视角，实施组织再造，帮助员工接受变革，推动新组织的创建。

但是，日本企业的人事部门一直把其角色的侧重点放在管理专家方面。为了有效扮演其他三个新角色，应开发和培育人事（部门）专员的能力，使其真正成为具备人才管理能力的专家。

富有竞争力的人才管理与人事部门的未来方向

日本企业传统的人事部门的管理重点是制定并实施工资、人事、教育训练、能力开发等的评价和处理制度，以及维持职场秩序的规则等。但是，新人事部门不仅要树立传统意义上的企业理念，而且要在尤里奇"能给予"的观点的基础上，树立现代意义上的"人才"理念。按照这一"人才"理念，在人事部门扮演的角色中最具代表性的是"员工激励者"，即人事部门应了解员工的需求，并通过提供员工所需的资源来提高员工的忠诚度和能力。

那么，美国企业是否根据尤里奇"能给予"的理念进行了人才管理实践？根据杰克比（Jacoby, S.）的调查研究，由于美国重视"数量"标准的商业文化，因而涉及"质量"问题较多的人力资源专员不被重视，其地位和权限非常有限。同时，美国企业还没有构筑系统的人才管理理论体系，并且以员工在职时间短为理由对教育训练采取了消极的态度。总之,美国是一个人才管理专家难以成长的国家。对此,杰克比严厉地批评称,美国的经营者对业务的经营方法和财务战略方面掌握了较深的知识,但对人才管理战略几乎不了解。

然而,正如前文所述,基于资源论的战略人才管理,人们已经提出了新人事部门的未来方向。例如,贝特斯(Bates, S.)对未来人才管理专家的职能举出了如下几点:

> 首席人才财务责任者(CFO for HR)——评价人力资源的经济价值,分析 HR 工作的成本—收益;

> 企业顾问(internal consultant)——向直线管理者提出建议,促进员工能力的提升;

> 人才管理者(talent manager)——发掘、开发和保留优秀人才;

> 供应商管理者(vender manager)——监控供应商提供的产品和服务的质量和成本,并保持与供应商的良好关系;

> 自助服务的领导者(self-service leader)——与企业内外信息技术专家合作,建立自动化功能的 web 门户,向员工提供服务。

另外,人事部门的地位取决于能不能像财务管理部门一样发挥战略伙伴作用。目前,为了把人才、战略和绩效整合起来而设计和开发的"人才记分卡"逐步替代了传统的人事测评系统,并将成为测评员工创造的成果的人才管理新手段。

从尤里奇的员工激励者角色或贝特斯的未来人才管理专家的职能(当然,这些职能也可能不限于人事部门)中也可以看出,人事部门作为人才管理的职能部门,也应有其领导形象。这就是格林里夫(R. K. Greenleaf)所提倡的仆人式领导理论,即随从人员或仆人就是领导的观点。如果从尤里奇"能给予"的理念来考察,这一理论丰富了人事部门或人事专员对组织内外的人带给什么、对谁应怎么做等方面的内涵。

展望

随着企业战略从重视获取市场地位的外部战略向重视人才资源的内部战略转移,人才管理也迎来了更加强调以人为中心的时代。其特征可归纳为三点:
- ➢ 强调人才管理政策与经营战略、组织文化的连贯性和整合性;
- ➢ 以人才能力开发、培育和利用为目的的管理系统的设计和运营;
- ➢ 尊重人才的人性,保证待遇的公平性和公正性。

这种新人才管理,肩负着培育像技术经营人才这样的能创造新价值的 MOT 人才的任务。个人的能力可分为显在能力和潜在能力,企业通过提高潜在能力来增强组织能力的途径有三种:首先,职场上司通过职场内教育训练,进行所谓"面对面"的人与人的沟通;其次,组织对能力开发系统给予支持;最后,更重要的是通过个人学习和组织学习来开发自己。新人事部门为了通过人才培育提升个人及组织能力,必须把上述三种途径与企业愿景和战略联系起来,同时要完善人才管理的基础体系。所以,首当其冲的是企业将人事部门看作经营战略的伙伴，设置拥有与财务部门同等责任和权力的首席人力资源官（Chief Human Resource Officer）职位。同时，为了搞好人事部门的运营，要培育既能发挥人才管理专家职能，又甘愿做仆人领导和员工激励者的人事专员。只有充分发挥人事部门及人事专员的上述职能，才能顺利进行人才管理的革新，提升企业竞争力。

【参考文献】

Armstrong, M. A., Human Resource Management; Strategy & Action, Kogan Page Limited, 1992.

Armstrong, M. A., A Handbook of Personnel Management Practice, 5th (ed), Kogan Page Limited, 1995.

Barney, J. B., "Firm Resources and Sustained Competitive Advantage," *Journal of Management*, Vol. 17, No. 1, 1995, pp. 99-120.

Barney, J. B., Gaining and Sustaining Competitive Advantage, Second Ed., Prentice Hall, 1995. （岡田正大訳『企業戦略論－競争優位の構築と持続－（上）基本編』ダイヤモンド社、2003年。）

Bates, S., "Facing the Future: Human Resource Management is Changing," *HR Magazine*, 2002.

Becker, B. E., Huselid, M. A., and Ulrich, D (2001) *The HR Scorecard*; *Linking People, Strategy, and Performance*, Harvard Business School Press, 2001. （菊田良治訳『HRスコアカード』日経BP社、2002年。）

Becker, G. S., *Human Capital*, Columbia University Press, 1964.

Collis, D. J. and Montgomery, C. A., *Corporate Strategy: A Resource-Based Approach*, McGraw-Hill 2006. （根来龍之・蛭田啓・久保亮一訳『資源ベースの経営戦略論』東洋経済新報社、2004年。）

Greenleaf, R. K, Servant Leadership; Journey into the Nature of Legitimate Power & Greatness, Paulist Press, 1977.

Jacoby, S., *The Embedded Corporation*, Princeton University Press, 2005.（鈴木良治・伊藤健市・堀龍二訳『日本の人事部門・アメリカの人事部門―日米企業のコーポレート・ガバナンスと雇用関係―』東洋経済新報社、2005年。）

Pfeffer, J., *Competitive Advantage through People*, Boston: Harvard Business School Press, 1994.

Storey, J., *Development in the Management of Human Resource: An Analytical Review*, Blackwell Business, 1992.

Ulrich, D. and Brockbank, W., *The HR Value Proposition*, Harvard Business School Press, 1997.

Ulrich, D., *Human Resource Champions: The Next Agenda for Adding Value and Delivering Results*, Harvard Business School Press, 1997.（梅津祐良訳『MBAの人材戦略』日本能率協会マネジメントセンター、1997年。）

赤岡功・日置弘一郎『労務管理と人的資源管理の構図表』中央経済社、2005年。

淡路円治郎『経営労働における疎外と参加』中央経済社、1976年。

池田守男・金井壽宏『サーバント・リーダーシップ入門』かんき出版、2007年。

岩出博『アメリカ労務管理論史』三嶺書房、1989年。

岩出博『戦略的人的資源管理論の実相―アメリカSHRM論研究ノート―』泉文堂、2002年。

岩内亮一・梶原豊『現代の人的資源管理』学文社、2004年。

江口恒男『労務管理新論』早稲田大学出版部、1972年。

奥林康司『人事管理学説の研究』有斐閣、1975年。

金井寿宏・守島基博・髙橋潔『会社の元気は人事がつくる―企業変革を生み出すHRM』日本経団連出版、2002年。

車戸實編『現代経営学』八千代出版、1983年。

経済産業省経済産業政策局産業人材参事官室編『「人材マネジメントに関する研究会」報告書』経済産業省経済産業政策局産業人材参事官室、2006年。

経済産業省産業技術環境局大学連携推進課「効果的な技術経営人材育成に向けた『MOT教育ガイドライン』について」経済産業省産業技術環境局大学連携推進課、2006年。

幸田浩文「東日本旅客鉄道株式会社における技術経営(MOT)人材の採用ならびに育成過程の現状と課題」『経営力創成研究』第3号、東洋大学経営力創成研究センター、2005年、87-98頁。
島田晴雄『労働経済学のフロンティア』総合労働研究所、1981年。
高木晴夫監修『人的資源マネジメント戦略』有斐閣、2004年。
中小企業金融公庫総合研究所編『中小企業の技術経営(MOT)と人材教育』中小企業金融公庫総合研究所、2006年。
根本孝『ラーニング・シフト―アメリカ企業の教育革命―』同文舘、1998年。
野呂一郎『HRMとは何か―歴史・理論・実証からのアプローチ―』多賀出版、1999年。
花岡正夫『人的資源管理論』白桃書房、2003年。
平野文彦編『人的資源管理論』税務経理協会、2000年。
藤田誠「組織風土・文化と組織コミットメント:専門職業家の場合」『組織科学』第25巻第1号、白桃書房、1991年、78-92頁。
ボストン・コンサルティング・グループ『ケイパビリティ・マネジメント』プレジデント社、1994年。
松山一紀『経営戦略と人的資源管理』白桃書房、2005年。
藻利重隆『労務管理の経営学』千倉書房、1959年。
森五郎『人事・労務管理の知識』日本経済新聞社、1976年。
森五郎『労務管理』ダイヤモンド社、1965年。
森五郎『労務管理概論』泉文堂、1979年。
村上良三『人事マネジメントの理論と実践―人的資源管理入門―』学文社、2005年。
与那原建「組織能力をめぐる議論について―「コア・コンピタンス」論と「ケイパビリティ論の比較―」『経済研究』第55号、琉球大学、1998年、83-98頁。

第二章
员工与工作组织

生产系统与作业体系的演变

科学管理时代——泰勒制

19世纪后半叶,美国经济笼罩在极度恐慌与萧条中,再加上劳工运动的高涨、反垄断法的制定等,经济环境瞬息万变。在工厂里,作业组织不发达,指挥、命令的传达也不明确,作业效率和生产率的提高完全依赖于劳动者的主观意志。这一时期被称为放任管理(drifting management)时代。20世纪初,泰勒(F. W. Taylor)提出了作业标准化方法——科学管理(scientific management)。曾担任机械技师的泰勒试图用新的制度解决组织性的怠工现象和劳工运动问题。他为了实现生产组织的合理化,进行了作业方法的科学试验。泰勒的这一系列管理方法和管理思想被称作泰勒制(Taylorism)。

泰勒科学管理的目的是选拔和训练适合于工作组织的合格劳动者。然而，当时身为机械技师的泰勒着重寻找有效的工作组织形式和步骤。通过观察娴熟劳动者的作业方式，泰勒将作业分解成若干动作要素，并分组和规范化，最终设定作业任务。他用秒表记录下各动作要素所需的时间，想方设法消除劳动者的无效劳动。泰勒的这一系列研究叫作动作时间研究（motion and time study）。同时，泰勒还建立了计划部和职能工长制，并将其作为管理作业任务的制度。

少品种大批量生产时代——福特制与新福特制

福特（H. Ford）于1903年创立汽车公司，1908年生产出大众汽车——T型车，到1927年时其产量已达到了1,550万辆。他提倡所谓福特主义的经营理念，即企业不是追求利润，而是要承担为人们服务的社会责任。他通过产成品和零部件的规格化和标准化、操作的改善和标准化、作业场所的专业化，以及传送带运送的自动化和同期化，创建了流水作业的装配线。这种流水作业系统被称为大批量生产方式或福特体系。

当时，虽然产品需求大于供给，需要批量生产，但由于人力的局限性，无法生产大批量产品满足市场需求。这使得企业需要尽快开发用工具代替人的动作的一种简单的自动化生产模式，这样应运而生的就是能使标准化的零部件在传送带上装配的流水作业方式，以及使多个流水线最终合成的同步化系统（synchronized system）。这种自动化生产模式通过任务的细分化、作业的快速化和零部件的通用化,不仅显著提高了生产率,而且大幅降低了劳务费用。在同步化系统的基础上,由生产均衡化发展起来的就是后来成为丰田生产方式主体的准时生产(just in time system,JIT)系统。

20世纪50年代,人们并没有更多地关注以福特制为基础形成的生产方式和作业体系给劳动者精神和心理带来的影响。但是,进入60年代后,以北欧为中心的资本主义国家开始重视劳动人性化和产业民主化,并开发出新的生产方式和作业体系替代传送带式生产方式。于是就产生了新福特主义(Neo-Fordism),产业心理学的研究成果也被应用于劳务、劳资管理中,试图以此来解决福特制存在的问题。

多品种少批量生产时代——丰田制

20世纪50年代,在丰田装配工厂诞生了后来被称为精益生产方式(lean)的丰田生产方式。精益生产方式是无浪费生产系统的总称,它吸收手工业生产方式和大量生产方式的优点,克服了福特体系的缺陷。它不仅是实现低成本、生产多样化产品、零缺陷和零库存的生产方式,而且是一种对事物的看法,是一种思考方式和工作理念,因此也被称为丰田制。

丰田生产方式(见图2-1)以准时生产和自动化(automation with a human touch)为基础。这是20世纪70年代为了多车种混流生产线的运营而开发的管理方法,其目的是实现多品种小批量的大量生产和消除浪费。JIT是以降低成本为目的的管理方法,它是将所需物料按时、按量供给生产线的体系,由单一程序、看板方式、指示灯显示板、生产均衡化、流程式生产、成组技术等构成。特别是看板方式是实施JIT不可或缺的手段：为了防止超量生产，后道工序根据"看板"向前道工序取货，前道工序只生产后道工序所需的生产量。而自动化是指出现异常情况时，机器自动停止运转，生产线停止生产。也就是说，发生异常情况时，操作员只需按下停止按钮，机器和生产线就会停止，指示灯显示板灯亮，管理者、监督者可以立刻到现场解决问题（见图2-1）。

由此可见，丰田生产方式并不是大量生产和提高流水作业速度，而是通过缩短程序所需的时间创建了无间断的作业流程，其中充溢着杜绝浪费的思想。这里所说的浪费表现在超量生产、等待、搬运、加工、库存、操作、不良品等环节中。然而，由于该体系确立了生产线停止时的支援和指导系统，所以，有人称赞它加强了协同合作，增强了工作价值和对工作的自豪感，但也有人批判它过于重视作业流程，员工没有充裕时间，反而强化了劳动强度。

新生产系统和作业体系的探索时代——后福特主义

从20世纪70年代至80年代，随着微电子技术（micro electronics，ME）的迅猛发展，急需开发与市场需求相适应的生产系统，其目的是供给、生产、销售等环节的循环和新产品开发周期的更加快速化、效率化。当时受到80年代后半期经济复苏的影响，企业纷纷进行巨额设备投资，不断引进能够柔性地适应生产计划的大规模计算机控制系统。这种大规模自动化，一方面使工厂出现了无人化生产，另一方面也开始具备了向劳动者提供人性化劳动的条件。

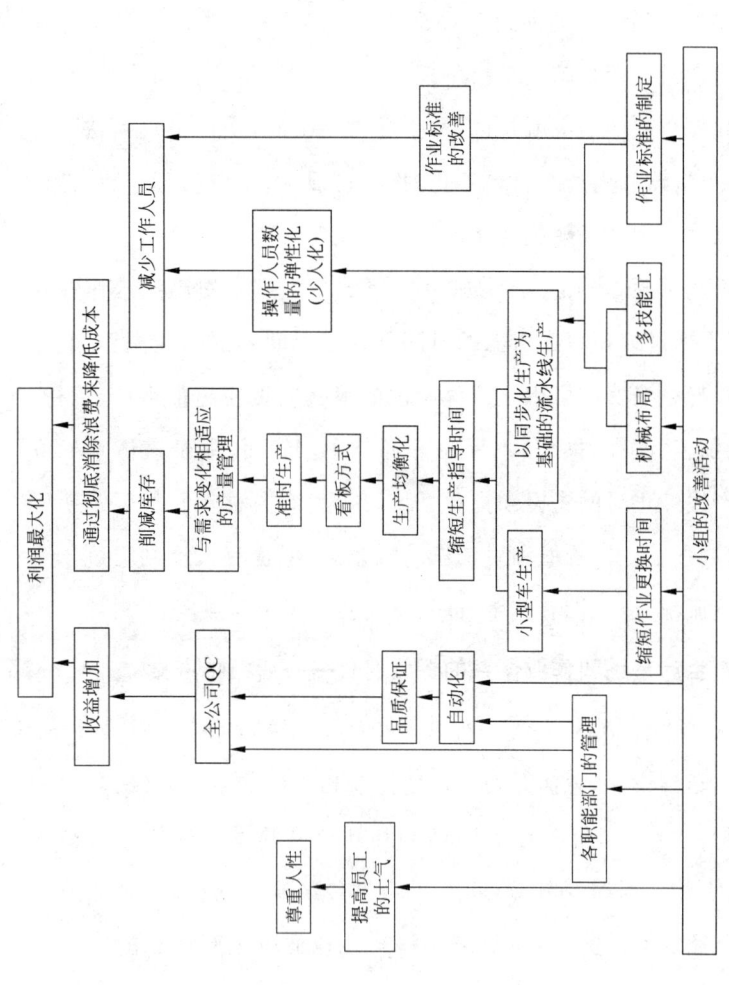

图 2-1 丰田生产方式概念图

资料来源：都留康编『生産システムの革新と進行――日本企業におけるセル生産方式の浸透』日本評論社，2001年，17頁。

与丰田生产方式相配套的质量管理小组（QC）和改善活动就是一个很好的例子。但是，之后出现的泡沫经济致使市场需求急剧下降，企业也不得不为了减少浪费而采取各种措施千方百计降低成本。90年代后，日本的所谓以JIT为主体的精益生产方式逐渐普及到欧美的各汽车生产企业中。

职务设计理论与方法

工作和作业的定义

一般来说，工作（work）是指有目的的活动，其含义非常广泛。与此类似的术语还有职务、职责、任务等。职务（job）是指分配给任职者个人的各项活动的组合；当该职务与另一职务联系起来时，就称为职位（position）；该职位上任职者应完成的工作内容和责任范围称为职责。也就是说，职务是任职者所要完成的任务的全部，也是任职者为实现组织目标而被赋予的任务和责任的集合。换句话说，任职者所要完成的被赋予的工作就是职务，当职务分配给组织中的个人时就成为职位。职位由多项任务（task）构成，对承担该工作的特定的任职者的一系列要求就是职责。职责（role）就是在组织特定位置上的任职者行为的集合。

根据组织结构图和业务分担规程等，将工作的主要内容相同且工作所需的知识、技能的种类及程度相似的职位归结在同一职务的过程称作职务编制。职务编制分为个别职务编制和联合职务编制。前者是指不按工作的困难程度、责任的大小来进行排序,而按工作的种类进行职务归类;后者是指在同一职种内按工作的种类、困难程度、责任的大小、职能、形态进行职务的等级排序。职务设计和再设计与职务编制不同,其目的是通过满足员工心理和精神的需求,激发动机,发挥任职者的能力,保持和提高士气。

作业(operation)一词,广义上是指按照一定的程序工作的过程,而狭义上是指包括加工、组装或制造、制作等生产劳动的整个过程。作业根据附加值是由人创造的还是机械创造的,可分为手工作业和机械作业。手工作业根据个人独立作业还是数人共同作业,又可分为个人作业和团队作业。团队作业又可分为,有数人为了达到共同的目的而在同一时间进行的联合作业和类似于传送带作业的流水作业。机械作业分为四种:①人力机械作业——以人力为动力的机械加工;②半自动机械作业——人力运送,机械加工;③自动机械作业——除了组装和取出产品外,其他作业由机械加工;④全自动作业——所有作业均由机械完成。作业体系是指在工厂等作业现场,按照一定的计划和标准进行生产活动的体系或组织。

职务设计和再设计

美国早在 20 世纪 40 年代,就产生了职务设计(job design)论或作业系统设计论。这一理论与社会—技术系统论一样,将组织看作开放的社会—技术系统,并试图通过两者的相互作用来设计职务和构建作业体系。英国的社会—技术系统论和美国的职务设计论,在研究影响工作绩效的人的因素和技术因素间的相互作用方面很相似,但在作业组织和工作以及与此相对应的研究对象方面有所不同,两者的最终目的更是大相径庭。社会—技术系统论的目的是,通过职务的重新组合,使职务更加富有自主权。即通过自主作业团队(autonomous work group),提高劳动生活质量(quality of working life,QWL),实现劳动人性化(humanization of work)和产业民主化(industrial democracy)。而职务设计论,虽然也涉及员工激励问题,但其主要目的是通过资源的有效利用来提高生产率。

戴维斯(L. E. Davis)认为,职务设计(job design)是"根据技术和组织的需求,并兼顾员工个人的需求,明确职务内容、职务履行方法以及与职务相关的各种关系的活动"。一般来说,有系统、有计划地设计新工作的活动称为职务设计;而为了激发员工更大的积极性和提高生产率而将完成工作任务的方法重新变更和修正的活动,则被称为职务再设计。

代表性的职务设计方法有:

> 职务扩大(job enlargement)——这是为了防止因职务内容单调和定型而出现的单调感、厌倦感,通过增加职务构成要素即任务的数目,扩大工作范围的方法。它将被细分化的由几个人负责的作业内容组合成一个人的工作,以便延长完成单位工作的时间,降低专门化程度。职务扩大化通过作业内容的变化,改变职务内容,减少反复性和单调性,从而提高作业效率,增加劳动者对工作的兴趣。这一方法因为增加了单个劳动者所承担的任务数量,所以也称为水平

职务增加（horizontal job loading）。

➢ 职务轮换（job ratation）——这是以基础教育和晋升计划为目的，让员工在短期内轮换担任若干不同部门职务的方法，因此，也称为职务转换、职务巡回、职务交替、职务历任制等。职务轮换作为经营管理者、专业人员、新员工等人才培育的方法，不仅使员工开阔眼界，掌握更多的知识和技能，而且还可以缓解员工因部门或职务的固定而带来的厌倦感，有利于克服因循守旧。

➢ 职务丰富（job enrichment）——与增加工作量的职务扩大不同，职务丰富是指在工作中赋予员工更多的责任、权利和自主权，进而达到改善工作质量的方法。职务丰富在职务的计划—实施—控制（Plan-Do-Control）三个方面赋予了员工更大的支配权，使职务更加人性化，让员工感到自己是工作的主人。因为职务丰富提升了职务的困难程度和复杂程度，所以又被称为垂直职务增加（vertical job loading）。另外，职务丰富也增加了任务的数量和种类，所以其中也包含职务扩大的内容。自主运营的生产方式或目标管理也是职务丰富化的类型之一。

➢ 作业简化（work simplification）——这是通过职务的分解和细致的分析，消除不必要的作业，重新设计更加高效的作业流程的过程。泰勒科学管理中的作业研究可以认为是作业简化的雏形。这是一种职务扩大化方式，它使操作人员通过参与自身职务的改善，达到激发工作积极性的目的。

社会—技术系统论与自主作业团队

从20世纪40年代后半叶至70年代,英国塔维斯特克人际关系研究所的艾默里(F. E. Emery)、特里斯特(E. L. Trist)和班福斯(K. W. Bamforth)等人实施了机械设备(技术系统)与作业组织(社会系统)相关性的调查,进行了在产业民主化中引进社会—技术系统的一系列实证研究。研究表明:①组织是与环境相互影响的社会—技术系统;②技术系统和社会系统虽相互影响,但各自独立;③不存在与特定技术相匹配的唯一最好的作业系统;④为了谋求组织整体效益的最大化,必须使两个系统同时达到最佳匹配;⑤自主作业团队作为作业组织发挥很重要的作用。特别是自主作业系统在生产率和职务满足方面都比以科学管理为基础的传统的作业系统更优越。自主作业团队的特征是:团队被赋予对任务主要部分负责的责任,目标由团队自行确定,团队可以根据各自的工作关系进行自我管理。

由此可见,所谓社会—技术系统论,就是将组织理解为技术系统和社会系统相互影响的复杂的综合体。这一理论弥补了当时英国流行一时的人际关系论的缺陷,即修正了"不用技术系统而只靠社会系统就能提高经济系统效率"的理论,社会—技术系统论也由此被人们所关注。后来,这一理论也成为产业民主化和劳动人性化的理论依据。但在现实中,同时追求技术系统的生产率提高和社会系统的人性化回归是困难的,因此往往偏向于其中的一面。尤其是,由于技术系统对社会系统的影响较大,如果根据技术要求构建组织,就可能出现社会系统问题,如单调而缺乏自主性的作业会对劳动者的身心健康带来不利影响。

传统的作业组织编制是先有了技术系统后再设计与之相适应的社会系统。随着技术系统的发展而形成的分工化、细分化的作业,使劳动越来越变得趋于体力型和单纯反复型。其结果是,劳动者失去自主性和人性化,反复从事有厌倦感的强迫性劳动。社会—技术系统论观点认为,当传统的作业组织再设计时,不是根据技术系统的变化来设计与之相适应的社会系统,而是根据社会系统和组织变化来对技术系统进行变革。这对于单调而非自主性作业问题的解决非常有效,这就是以产业民主化理论为基础的职务再造论或作业组织再造论。

劳动人性化与劳动生活质量

人们很早就开始关注人类失去自我带来的人性异化,即人在劳动中被疏远的问题。人们从不同的视角一直在探索如下问题的解决途径:如在泰勒和福特体系下单调而反复的单纯劳动使劳动者丧失人性、被劳动疏远的问题,在韦伯(M. Weber)提出的官僚制和组织合理化下的非人性化问题等。20 世纪 60 年代末,戴维斯(L. E. Dabis)首次提出劳动人性化概念,并以与劳动生活质量概念相同的含义被人们所关注。这一概念的基本理念是,要构建从心理和精神上能够给劳动者提供具有工作价值、自我实现、人性回归等丰富工作内容的组织。因此,上述职务设计方法在提高劳动生活质量方面一定会发挥积极作用。

瑞典的著名汽车制造商沃尔沃（Volvo）公司，从20世纪80年代初开始，在工厂实施了以提高生产率和劳动人性化为目的的独立生产体系和作业组织再造，这被称为沃尔沃制（Volvoism）。在工厂里，以降低离职率为目标，废除传送带后引进了新装配方式。由15人组成一个装配小组，用电气汽车在工厂内巡回的方式组装汽车，一台汽车的组装能够在40分钟内完成。之所以能够取得如此好的绩效是因为他们开发了能够替代传送带的技术，并引进了自主作业团队。可以说，这是在汽车企业中引进社会—技术系统而使劳动人性化的成果。这种依靠组装车间团队生产的所谓车库式生产方式类似于目前日本电气机器工厂积极引进的细胞式生产方式。这种生产方式，废除了传送带生产方式，由一个劳动者负责整个产品的组装。但是，这一方法也许在效率方面存在问题，该工厂90年代之后便停止使用了。

未来生产与作业体系的再造

团队理念——压力管理

20世纪80年代后半期，日本式生产系统的基本模型被国外所采用，在美国称作团队工作方式或全面质量管理（TQC）。这一团队概念（team concept）中不仅包含精益生产方式，而且还包含准时生产方式、团队生产、职务轮换、参与、雇佣保障、对泰勒制的否定、改善活动等内容。

在美国，引进团队工作方式最为著名的案例是由通用和丰田合资的企业——新联合汽车制造公司(NUMMI)。该公司通过向员工赋予自主决策权和承担责任权，不仅提高了工作积极性，而且还降低了成本。由于团队工作方式是在紧张状态下激发员工的工作动机，又被称为压力管理(management by stress, MBS)。的确，这一方式包含劳动生活质量、员工被赋予自主决策权等理念，但是团队成员"不断改善"的要求，使得作业进度无法得到控制。另外，当发生缺勤等违背团队规则的情况时，员工容易产生受到惩罚的恐惧心理，这种同事的压力致使员工更加被动地工作。因此，也有人批评说，这种工作方式不是人性化管理，而是又回归到泰勒制或者是比泰勒制更逊一筹的管理。当然，这也是精益生产方式或丰田生产方式潜在的有待解决的课题。

细胞式生产方式——自我完善型管理

从20世纪90年代末开始，以索尼、松下电器、NEC、三洋电机、欧姆龙、卡西欧等电气机器厂商为首，很多企业纷纷引进了细胞(cell)式生产方式。这是一种为了适应多品种少批量生产的需要，由少数多技能作业人员以组装工序为中心完成产品生产全过程的生产方式。它不使用传送带，由一个作业人员负责整个产品制作的全过程。细胞式生产方式很像在丰田生产方式中采用的小批量团队生产或U形生产线，如丰田九州宫田工厂为提高劳动生活质量和解决劳动力不足而引进的分割生产线。不过，丰田U形生产方式主要在汽车产业的机械加工和零部件组装现场中采用，而细胞式生产方式则多数在电器产业最后工序的组装现场中采用。

英文"cell"的意思为细胞或小房间,而在生产现场中是指一个作业人员能够圆满完成生产任务的最小单位。众多的工序在U字形的单个"细胞"内排列,物品的搬入和搬出相互邻接。细胞式生产方式有三种:流程分割生产方式、巡回生产方式和单人货摊式生产方式。传统的流水线生产方式有在制品生产过程中无法停止生产,因工序和流程的关系很难进行流水线的均衡生产,以及投资费用大等缺点;而细胞式生产方式则有降低不良品率,不生产在制品,快速应对生产计划的变化,以及投资少且容易改变设施或增加设施等优点。

细胞式生产方式不像流水线生产方式整齐划一地在生产线上配置人,而是根据人的特点设计生产系统。换句话说,在灵活性和效率性方面,生产更多地依赖于人。因而,单个作业人员被要求负责完成所有的制造工序,作业人员必须掌握多种技能。细胞式生产方式有如下优缺点:优点是,能够提升员工的工作价值,满足员工对责任感和成就感的需求,进而提高效率;缺点是,要支付较高的教育费用,工作易被以个人的方式进行,压力过大等。此外,值得注意的问题是,人力资源管理制度的变革跟不上这种生产方式的快速变革。在细胞式生产方式下,员工按自己的生产方式完成作业,因此对作业人员努力程度的考察和绩效评价比以前简单。所以,为了能够准确地把握个人技能的差异,就要建立与此相适应的人事待遇制度。

未来作业体系的方向

近年来,优于精益生产方式的模块式生产方式,被以精益生产方式为主要作业体系的汽车厂商所关注。企业引进模块式生产方式的初衷是,通过零部件的标准化来提高生产效率,降低生产成本。然而,人们在采用这种生产方式时发现:它既能定期改变劳动者的作业类型,又能根据进度采用适合自己的作业方式。因此,这一生产方式通过打破千篇一律的作业方式和减轻作业负担实现了劳动人性化。并且,这一系统又开发了利用信息通信技术和信息网络的生产体系。其一,从生产到销售的所有环节,建立了能够实现物资和时间零浪费的敏捷制造(agile manufacturing)系统;其二,建立了以产品寿命周期短期化和全球化为目的的光速商业(commeree at light speed,CALS)生产系统。这一新生产系统的建立是为了快速而灵活地适应市场需求的变化,所以人们不仅要有效利用这一技术系统,而且个人和团队还要有灵活性和多技能性。于是,就出现了能够满足这种重视团队成员灵活性和多技能性的管理方式,即项目管理(project management)。这是为了实现特定的目的而临时组建的系统性组织,今后其重要性将会越来越高。

此外,如上所述的所谓利用 IT 的新工作方式也开始普及。这种工作方式不受场所(公司、职场等)限制,在传统工作室之外以远程办公(telework)形式作业。它不仅可以消除长时间上下班的劳累,减轻工作压力,削减租用办公地点的费用,而且还能增强员工的自主决定权和自律性。另外,以创造雇佣和稳定就业为目的的工作分享制(workshare),也可能会成为与国民价值观多样化相适应的新的工作方式。

随着产业技术的发展,企业一直在追求更高的生产率和利润,这一方面促进了机械、设备、技术等的高效率化,但另一方面又导致了劳动的非人性化,使劳动者失去人性。对此,为了恢复人性化,人们通过各种努力尝试着劳动人性化或劳动生活质量方面的有效措施。在激烈的产业竞争中,今后产业社会面临的最大课题是:如何在提高生产率的同时,又能实现劳动人性化。

组织中的领导力与激励

职场中的人际关系

为了建立、维持和发展由不同的人组成的集体——组织,组织成员必须有共同的目标。同时,为了实现组织目标,员工要有协同工作的意识和热情,并且要相互沟通。上司为了激发下属的工作积极性,通常采用沟通手段,向下属传达企业的目标、工作方法、自我价值观等。但一般而言,职场流言蜚语会通过朋友和同事迅速传开,而上司的想法却难以顺利传达给下属。那么,为了进行有效的沟通,上司对下属应采取什么样的措施?

员工既是像机械和材料一样的生产要素,作为劳动力的所有者又具有人格,要发挥主观能动性。由于员工是在经济社会中生活的社会人,在人际关系中会表现出不同的感情和态度,因此,为了更有效地利用作为劳动力的员工,就必须认识其社会性和人性。如企业应采用企业报、建议制度、人事谈话、恳谈制度和意见处理制度等管理方法,提高员工的劳动积极性,达到劳资关系和谐的目的。这一系列管理措施被称作人际关系管理。

领导力的必要性

首先,管理者要成为下属认可的领导,获得一定的职位是非常重要的,但仅仅凭借其职位是无法充分发挥其领导力的。企业为了使管理者拥有领导力,必须实施强制力(让员工服从管理者的能力)、报酬力(向员工支付所需报酬的能力)、专业力(丰富的知识、技能)、正义力(必须遵守的规则、惯例)、感召力(上司的可信赖感、魅力)、情报力(有价值的信息)等多方面的教育和训练。

领导力理论主要有:着重研究领导者个性、品格的领导特质理论和根据领导者的个人行为方式对领导进行分类的领导行为理论。另外,还有一种理论认为,领导在不同的情景下需要不同的能力。

激励的必要性

在企业经营中,促使员工工作动机更加强烈,让他们做超越自我期望的事情被称为动机激发或激励,这是驱使员工进行特定行为的力量。

为此,企业或管理者必须向员工提供所期望的报酬,调动其工作热情,让员工积极主动地参与企业经营活动,树立为企业做贡献的态度。报酬既有像工资一样的经济的、外在的、物质的形式,也有像人际关系、晋升和成就感等非经济的、内在的、心理的形式。

激励理论主要有两种类型：一是内容型激励理论，它研究以什么为基础及根据什么才能激发人的动机；二是过程型激励理论，它研究通过怎样的过程或机制来激发人的行为。

组织中的沟通

正式组织和非正式组织

组织是指人们为实现共同的目标集聚起来组成一定的结构，实施共同行动的团队。在社会学上，这一团队根据有无目的和人际关系的状态分为两类：一种是由血缘、地缘等非正式关系组织起来的关系指向型团队（非正式组织），而另一种是为实现特定的目标而以正式的关系组织起来的目标指向型团队（正式组织）。

沟通的结构

那么，为什么正式组织和非正式组织中会出现信息传达速度和人们行为的差异？这是因为人们比起理性更重视感情，虽然上司期望下属依据正式组织确定的"效率逻辑"来行动，但下属却依据"感情逻辑"来行动。因此，管理者欲想与下属进行沟通，仅仅依靠正式的沟通手段或路径是远远不够的。另外，正式组织的变化也很难对非正式组织产生影响，这是因为沟通结构（见图 2-2）本身具有自律性和持续性。

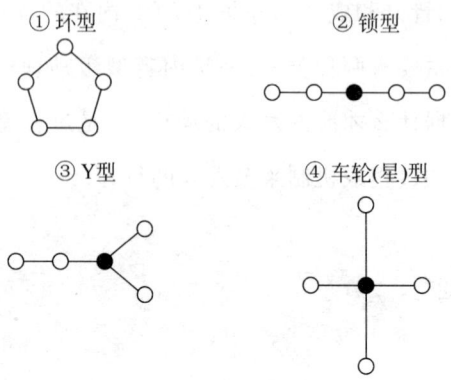

图 2-2 沟通结构图

组织、团队、个人间的冲突

组织由加入组织的目的、动机和价值观不同的人所组成。管理者为了实现组织目标必须让组织成员履行一定的职务。这时，组织、团队和个人之间就会因利害关系、感情的对立、思想及职能的分歧而产生各种冲突。

> 个人与个人——上司和下属或同事间，因对工作评价的差异和感情上的纠葛而产生的冲突；
> 个人与团队（职场）或组织（企业）——员工因对地位和待遇的不满而产生的冲突，或者因职场和企业所期待的职责与员工的需求及行为间的错位而产生的冲突；
> 团队与团队——因部门间的竞争和利益关系而产生的冲突；
> 团队内部——因派系间的竞争和利益关系而产生的冲突；
> 组织与组织——因企业间的竞争和利益关系而产生的冲突。

组织、团队和个人之间,有时因上述冲突会发生敌对行为(暴力和抗争)或不健康的行为(心理障碍和压力)。

解决冲突和提高士气的方法

为了解决上述冲突,企业和管理者首先要努力建立良好的人际关系;其次,要创造避免冲突发生的"气候",要通过积极的沟通方式解决冲突(见图 2-3)。如果做了以上努力仍然不能避免冲突的发生,就要通过以下人际关系处理方法来快速解决冲突,进而提高员工的士气和劳动热情,提高生产率。

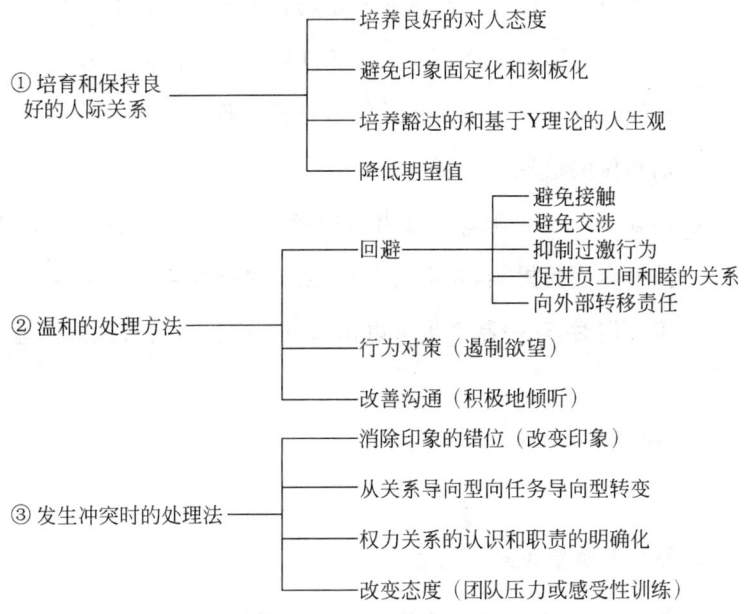

图 2-3 职场冲突的处理方法

资料来源:松本卓三・熊谷信顺『職業・人事心理学』ナカニシヤ出版,1972 年,134 页(森田一寿『経営の行動科学』福村出版,1984 年,部分修改)。

- 心理咨询——通过心理咨询师等专家面谈的方式,解决员工心理、精神上的烦恼和纠结。

- 诉苦处理制度——解决员工在工作上的不满和诉苦是管理者的职责,但当问题牵涉到上司的时候,为了避免混乱就要把问题交给站在公正立场的第三方机构来处理。

- 职场恳谈会——这是管理者和员工就职场中的问题进行全方位沟通的场所,其目的是让管理者和员工能够进行良好的思想疏通。

- 企业报——通过将与企业和职场相关的所有信息提供给员工,增强员工对组织的归属感和凝聚力。其内容从经营方针和人事变动等经营相关的信息到日程安排和冠婚葬祭等福利保健信息,范围很广。

- 提案制度——让员工提出与职场、企业和人际关系改善相关的合理化提案,并将其实施,以此来提高生产率和减少经费。同时,这一制度也可以作为员工主张自己看法的园地。

领导力和激励机制

领导力的源泉

首先,管理者在正式沟通结构中必须确保其领导地位,应有一定的职位,但仅仅如此并不能充分发挥其领导作用。为此,管理者必须拥有如下领导力:

> 强制力（鞭子或棍子）——通过威胁和威力让下属服从，即通过武力获得力量。
> 报酬力（糖）——通过给予下属所需的像金钱、地位等"糖"一样的报酬，使其听从安排。
> 专业力（本领）——掌握下属未知的知识或技能，使其听从指示。
> 正义力（道理）——当领导的行为与法律或惯例一致时，下属愿意接受领导的指示或命令。换句话说，让下属感觉领导讲得很有道理。
> 感召力（威望）——下属对自己所尊敬的上司的指示非常乐意接受，即上司的可信赖感和魅力。
> 情报力（主意或思想）——下属一般听从拥有有价值信息的上司的指示。在正式的沟通模式中，管理者能被认可其领导地位就是出于这一原因。

领导力的三要素

如果管理者拥有上述领导力，下属就一定能如其所愿地工作吗？这也不一定，因为这还要取决于领导力的大小。一般来说，领导力的大小取决于领导的能力、热情、品格，下属的能力、热情、品格、需求，以及下属和上司所处的职场环境和企业状况等。

因此，企业要培养管理者的领导能力，必须对其进行各种训练。比如，管理者可以通过管理方格训练，评价自己对下属和工作给予了多少关心。另外，为了了解下属和职场员工的心态可以进行面对面测试和感受性训练。同时,因为企业和职场面对的情景会对上司和下属的行为产生影响,所以管理者要通过讲习会或自我启发方式经常了解经济、社会和劳动环境的变化情况。

激励机制

激励的效果,可以通过下述方法来提高:①让员工相信完成工作就能获得高报酬(工资);②将员工自身的目标与企业或上司的目标协调起来。

因此,企业和管理者必须努力向员工提供所期望的报酬,提高其劳动积极性,让员工自觉参与企业经营活动,树立为企业做贡献的态度,并为员工创造发挥能力的平台。

领导理论

勒温的领导风格理论

勒温(K. Lewin)等人对员工在专制型、民主型、放任型等不同类型领导下的行为差异进行了考察。他的实验结果表明,领导者的不同领导风格会对团队的工作绩效、员工的满意度以及团队的凝聚力产生不同的影响。

利克特的领导四系统模型

密歇根大学的利克特(R. Likert)率领研究小组,利用统计调查和团队实验的方法,对领导力如何影响团队工作绩效进行了研究。

利克特通过研究提出了领导四系统模型,即把科学有效地管理组织的方法分成四类系统:专制权威型(系统1)、温和专制型(系统2)、协商型(系统3)、团队参与型(系统4)。

布莱克—莫顿的管理方格理论

布莱克(R. R. Blake)和莫顿(J. S. Mouton)通过绩效与人际关系的研究,开发了对所有层次的经营者和管理者都有效的管理框架,即管理方格图。它将领导力用一张方格图来表示,纵轴表示领导者对人的关心程度,横轴表示领导者对工作的关心程度。其中,基本的领导方式有:贫乏型(1·1型)、乡村俱乐部型(1·9型)、任务型(9·1型)、中庸之道型(5·5型)、团队型(9·9型)等。

菲德勒的领导权变理论

传统的领导力理论根据其研究的侧重点不同可分为将重点放在领导者个性、品格的领导特质理论和寻求特定领导行为模式的领导行为理论。而菲德勒(F. E. Fiedler)的领导权变理论认为,有效的领导应根据具体情景选择不同的领导方式。

激励理论

马斯洛的需求层次理论

马斯洛(A. H. Maslow)认为,人是一种每时每刻都有需求的动物,人的需求由低到高分别为:生理的需求、安全的需求、感情和归属的需求、尊重的需求和自我实现的需求。这五类需求有前后顺序之别,且有层次性。

另外,这种需求并不是一个层次的需求充分满足后才会出现下一个层次的需求,而是需求达到一定程度的满足时,就会转移到下一个层次的需求。由于需求按由低至高的顺序逐层次产生,因此人的需求并不是跨层次地突然出现的。

麦格雷戈的 X—Y 理论

麦格雷戈(D. McGregor)将传统组织论中关于指挥—命令系统的观点命名为 X 理论,并认为这种理论不能解释组织中人的行为。麦格雷戈并没有将人理解为 X 理论中的性恶说,而是依据马斯洛的需求层次理论,试图用性善说来解释人的行为,这就是 Y 理论。

Y 理论是将员工的需求和组织的目标协调起来的基本原则。Y 理论同时也是通过调整组织与员工的目标,使目标的实现更加有效率的管理原则。

赫茨伯格的双因素理论

赫茨伯格(F. Herzberg)通过实证研究证明:决定职务满足的因素(激励因素)有成就、认可、工作本身、责任、晋升等;决定职务不满足的因素(保健因素)有管理和监督的类型、人际关系、工作条件、待遇等。后者只能防止人们产生对职务的不满足感,而对于工作态度没有任何影响。然而,通过向员工提供激励因素,不仅可以增强员工的职务充实感,而且能够有效地利用员工,提高职务满足感。

综上,不同激励理论模型的对应关系见表 2-1。

表 2-1　不同激励理论模型的对应关系

马斯洛的需求层次理论	麦格雷戈的 X—Y 理论	赫茨伯格的双因素理论
〈高层次需求〉 自我实现的需求	〈Y 理论〉 • 只要采取适当的激励措施,员工就能自觉、创造性地工作。 • 必须重视自主性。	〈激励因素〉 • 成就、认可、工作本身、责任、晋升
尊重的需求		
感情和归属的需求		
安全的需求		
〈低层次需求〉 生理的需求	〈X 理论〉 • 人生来就有惰性。 • 管理必须用"糖果加鞭子"。	〈保健因素〉 • 企业的政策、监督、工资、人际关系、工作条件

【参考文献】

Berggren, C., *Alternatives to Lean Production: Work Organization in the Swedish Auto Industry* (Cornell International Industrial and Labor Relations Report, No 22), Ilr Pr, 1993. (丸山恵也・黒川文子訳『ボルボの経験―リーン生産方式のオルタナテブ』中央経済社、1997 年。)

Parker, M. and Jane, S., *Choosing Sides: Union and the Team Concept*, Labor Notes/South End Press, 1988. (戸塚秀夫監訳『アメリカ自動車工場の変貌「ストレスによる管理」と労働者』緑風出版、1988 年。)

Rush, H. M. F., *Job for Motivation*, The Conference Board Inc., 1971. (井上恒夫訳『能力発揮の職務設計』日本能率協会、1972 年。)

W. A. スピンクス『テレワーク世紀―働き方革命』日本労働研究機構、1998 年。

Womack, J. P., Jones, D. T., and Roos, D., *The Machine that Changed the*

World：The Story of Lean Production，HarperCollins，1991.（沢田博訳『リーン生産方式が世界の自動車産業をこう変える』経済界、1990年。）

赤岡功『作業組織再編成の新理論』千倉書房、1994年。

飯久保廣嗣編『ホワイトカラーのプロジェクト・マネジメント』生産性出版、2000年。

今村寛治『＜労働の人間化＞への視座—アメリカ・スウェーデンのQWL検証』ミネルヴァ書房、2002年。

大田信男他『コミュニケーション学入門』、大修館書店、1994年。

大野耐一『トヨタ生産方式—脱規模の経営をめざして』ダイヤモンド社、2002年。

経営学史学会編『経営学史事典』文眞堂、2002年。

斉藤勇『人間関係の分解図表』誠信書房、1994年。

佐武弘章『トヨタ生産方式の生成・発展・変容』東洋経済新報社、2001年。

正田亘『産業心理入門』総合労働研究所、1993年。

庄村長『「労働の人間化としての職務設計」の基礎—デイビス・グループの1950年代職務設計論の考察』『大原社会問題研究所雑誌』No.502,大原社会問題研究所、2000年。

鈴木良治『日本的生産システムと企業社会』北海道大学図表書刊行会、1994年。

ダイヤモンド社編『経営実務大百科』ダイヤモンド社、1980年。

都留康編『生産システムの革新と進化』日本評論社、2001年。

日経連事務局編『人事・労務用語辞典』日経連出版部、2001年。

日本生産管理学会編『トヨタ生産方式』日刊工業新聞社、2001年。

根本孝『ワークシェアリング—「オランダ・ウェイ」に学ぶ日本型雇用革命』ビジネス社、2002年。

ハーズバーグ，F.『仕事と人間性』（北野利信訳）東洋経済新報社、1968年。

フィードラー，F.E.『新しい管理者像の探究』（山田雄一訳）産能大出版部、1970年。

ブレーク，R.R.＝ムートン，J.S.『期待される管理者像』（上野一郎訳）産能大出版部、1969年。

二村敏子編『組織の中の人間行動—組織行動論のすすめ』有斐閣、1982年。

マグレガー，D.『リーダーシップ』（高橋達雄訳）産能大出版部、1974年。

マグレガー，D.『企業の人間的側面』（高橋達雄訳）産能大出版部、1970年。

マズロー, A. H.『人間性の心理学』（小口忠彦訳）産能大出版部、1971年。
松本卓三他『職業・人事心理学』ナカニシヤ出版、1992年。
リッカート, R.『経営の行動科学』（三隅二不二訳）ダイヤモンド社、1964年。
リッカート, R.『組織の行動科学』（三隅二不二訳）ダイヤモンド社、1968年。
若松義人・近藤哲夫『トヨタ式人間力―ものの見方・考え方と仕事の進め方』ダイヤモンド社、2002年。

第三章
员工与工作的匹配

日本企业的雇佣、录用和退职

对企业经营来说最重要的是拥有有能力的人才。因而,各部门各职种要依据经营计划制订完成一定任务所需人才的明确的人员计划。人员管理在员工的招聘、选拔、录用、配置、调动、晋升、解雇、退职等人事管理中发挥着重要作用。

日本企业一般采用统一录用应届毕业生制度,即招募即将完成各教学课程的毕业生,经过面试和笔试之后,春季(4月1日)集中录用。这种录用方式被称作定期录用,是日本最具代表性的雇佣制度之一。但是,近年来很多企业经常用非正规或临时用工方式替代正规用工方式,雇佣钟点工、兼职工、短期合同工、派遣工和自由职业者等。

企业为了及时补充因公司或个人原因被解雇、跳槽或死亡而导致的人员不足,为了满足向新领域发展或新设、增设工厂等扩大企业规模的需要，也采用临时录用或不定期录用等雇佣方式。此外，为了保证常年人才需要，还采用周年录用的雇佣方式。

退职管理主要包括处理劳动关系终止时的事项和与退休金（一次性养老金或企业年金）相关的事项。

员工离职有三种情况：一是因个人原因本人自动解除劳动合同的主动辞职；二是伴随着人员调整或规模缩小等公司经营状况变化而发生的劳动合同解除；三是就业规则规定的退休。

特别是在退休方面，经修改后的《高龄者雇佣安定法》规定：从2006年4月1日起，为确保高龄者就业的稳定，雇主有义务保障高龄者就业，保证高龄者至少工作至领取退休金的65岁。同时，在该法中也明确了促进高龄者再就业的具体措施，即为了应对快速发展的人口老龄化趋势，必须采取如下措施之一：①雇主要提高退休年龄；②实施继续雇佣制度；③废除退休年龄的规定。

人员配置与能力评价

为了提高工作效率，即使员工掌握了工作技能和知识，也必须使其劳动能力与工作内容相一致，实现人职匹配。同时，随着员工劳动能力的提高，必须调配至与之相对应的工作岗位。

将员工配置至合适的工作岗位，是企业有效利用人才的必不可少的前提条件。为此，管理者必须对员工的能力和职业性向做出合理且公正的评价。此时，不仅要评价员工的工作绩效，而且要评价工作态度和工作热情。

为了使每个员工的个性、能力与职务相匹配,让员工感到工作乐趣,实现更加有效地使用人才的目的,企业应通过人事考核收集所需的人事信息。人事考核不仅要用于员工的晋升、工资等人事待遇方面,而且也要用于评价员工能力、职业性向、工作热情方面,这样才能充分发挥人事考核在能力开发、培训及配置管理上的作用。

目前,企业广泛应用以职能资格为基础的职能资格制度,它作为以人事考核制度为中心的综合体系,不仅用于配置管理,而且还用在工资管理和能力开发管理中。

员工的教育训练和能力开发

企业教育训练是指,企业有组织、有计划地向应届大学毕业生或中途录用者进行企业所必需的技能和职务执行能力的教育和训练。教育是指知识的学习,而训练则是指技能的掌握。所以,掌握当前完成某项任务或工作所需能力的教育训练与培养未来完成任务或工作所需能力的能力开发,其目的和时间长短是不同的。

一般来说,以提高员工工作效率和劳动生产率为目的的教育训练有两种方法:OJT(职场内教育训练,是 on the job training 的简称)和 Off-JT(职场外教育训练,是 off the job training 的简称)。OJT 是指,在职场内的日常工作中,上司向下属对完成任务所必需的知识、技术和态度等有计划地进行指导的教育训练;而 Off-JT 是指,为了提高员工的综合能力,将接受教育训练的员工在一定时期内集中进行教育训练的方法,必要时也可以采用企业外讲习会或函授教育的方式。具体包括:按职阶水平实施的横向职业教育训练;按生产、销售、财务等职能实施的纵向职能(专业)教育训练;经营人员海外培训和新产品开发人员培训等按专题进行的教育,以及以职场为单位进行的训练等组织开发教育。

另外,还有一种是以胜任力(competency)作为评价和培育的标准而实施的人才开发方法。其中,胜任力是指持续保持高绩效的员工的行为特征或业务执行能力。

录用管理和退职管理

人员规划和管理

对于企业经营来说,最重要的莫过于确保获得有能力的人才。所以,企业根据短、中、长期经营计划,必须制订明确的人员规划,确保拥有能够完成一定任务的人员。为此,各组织和团队在日常工作中都要实施人员管理,确保获得并有效利用所需人员。人员管理在员工的招募、选拔、录用、配置、调动、晋升、解雇、退休等一系列雇佣管理中发挥着重要作用。这里,只讨论雇佣管理中的招募、录用和退职管理问题,至于调动、晋升和解雇等相关问题将在其他部分进行详细论述。

人员规划的步骤和内容

人员规划按以下步骤进行:①制订短期和长期的录用规划;

②明确所需人才的资格条件；③确定招募方法和开展招募活动；④运用合理的方法进行选拔。

> 制订录用规划：企业为了确保获得所需人才，在进行招募、选拔、录用等一系列活动之前，必须先制订人员规划。即根据企业生产和销售状况、设备规模、人工费用和人事构成的现状和今后的变化，以及劳动力市场和经济环境的变化趋势，制订短期和长期录用规划。

> 明确资格条件：根据用人组织和团队的人员情况计算总需求人数，明确录用职种、招募人数和资格（学历、经验）等。为了用最少的人力发挥最大的效力，要尽可能准确预测企业发展状况，不仅要在数量上计算好所需人数，而且要努力确保被录用人员与所需职位相匹配。为此，必须进行招募职位的职务分析。

> 招募行动的实施：明确第二年所需人才的资格条件之后，就要制订实际招募、选拔和录用的行动计划。人事部门的招聘专员要面向劳动力市场开始为招募人才进行广告和宣传。招募人才的方法有两种：一种是企业自己招募，如直接向求职者邮递介绍企业情况的小册子和杂志，或在报纸的广告招募栏上刊登招聘信息，抑或搜寻其他企业的优秀人才；二是通过第三方职业介绍来招募，如职业介绍所、人才银行和熟人等。

> 通过合理的方法进行选拔：当相对于需求人数有较多的应聘者时，一般通过审核材料缩减人数。然后，依次通过面

试、笔试、职业性向测试、体检、身份调查等步骤,确定录用名单。企业非常重视在面试中通过谈话方式获得的有关应聘者能力、态度、素质等方面的综合评价结果。在选拔过程中,必须采用公平且公正的方法和手段。目前,很多企业在大学或短期大学面向应届毕业生举办企业说明会并邀请学生访问企业时,就开始确定被录用名单,可以说选拔时间逐年提前。

所需员工数的计算方法

下面说明实际制订人员规划时使用的所需员工数的计算方法。有两种计算方法:一是在了解业务流程和工作内容的基础上,通过工作量和作业时间的关系,用累积法计算所需人员数;另一种是根据人工费计算所需人数。通过上述方法能否准确地计算所需人数,一方面与是否设定明确的管理基准有关,另一方面也与经营者愿意采用哪一种管理基准有关。

> 以附加价值为基准的计算方法:先根据附加价值额和劳动分配率计算合理的人工费,然后除以平均每人人工费算出所需员工数。

X 年后平均每人人工费=当前平均每人人工费×(1+预期平均增长率)^x

总员工数=(附加价值额×劳动分配率)÷平均每人人工费

=(销售额×附加价值率×劳动分配率)

÷平均每人人工费

X年后所需员工数＝(目标销售额×附加价值率

　　　　　　　×劳动分配率)÷当前平均每人人工费

　　　　　　　×(1＋预期平均增长率)^x

> 以销售额人工费率为基准的计算方法：这是一种在销售额与附加价值间的关系(附加价值率)和附加价值与人工费间的关系(劳动分配率)不变的状况下，以销售额与人工费的关系(销售额人工费率)为基准计算所需总员工数的方法。

销售额人工费率

＝人工费÷销售额

＝附加价值÷销售额×人工费÷附加价值

＝附加价值率×劳动分配率

最高总员工数＝目标销售额÷[当前平均每人销售额×(1＋预期人工费增长率)^x]

X年后所需员工数 ＝(目标销售额×销售额人工费率)

　　　　　　　÷[当前平均每人人工费

　　　　　　　×(1＋预期平均增长率)^x]

退休管理和退休制

所谓退休制，是指当员工到就业规则和劳动合同规定的一定年龄时，雇主和员工间签订的劳动合同自动终止而退休的制度。在日本，很多企业采用职工到一定年龄时必须退休的无条件退休制。

退休制除了无条件退休制外，还有如下类型：

> 员工选择退休制——这是员工到一定年龄时，可以任意选

择继续工作还是退休的制度。例如,当员工到某一年龄段时,如果决定退休,就可以领取增额退休金。

> 雇主选择退休制——这是雇主当员工到一定年龄时让其退休的制度,但雇主对想继续留用的员工亲自挑选,并续签劳动合同后继续雇佣。

> 选择标准退休制——即使员工没有达到就业规则和劳动合同所规定的退休年龄,但如果员工愿意提前退休,则仍然被认为工作到法定的退休年龄,这时员工退休时可以领取一次性退休金或退休年金。

> 管理层退休制——到一定年龄的管理者,虽然不满退休年龄,但雇主让其离开管理岗位。这一制度是为了解决管理岗位不足和人事困境问题。

在终身雇佣制和年功制下,员工随着年龄的增长,其职位上的地位也跟着提高,当然工资也会上涨。由于退休金数额与以年功工资为基础的基本工资和工作时间密切相关,所以企业为了减轻工资上涨的压力,便采用上述后三种制度,即在法定退休年龄前,就向员工发放增额退休金让其退休。

日本式雇佣惯例与劳动力市场的关系

老龄化对劳动力市场的影响

图 3-1 表示日本式雇佣惯例与劳动力市场的关系。首先,图中

的正金字塔形象地说明了如下内容：①随着职位的上升，岗位越来越少；②底部（录用入口处）对劳动力市场是开放的，这一方面便于企业统一录用大量应届毕业生，但另一方面又使中途录用者进入企业的路径变窄；③以与终身雇佣制相匹配的年功（晋升、工资）制为基础。也就是说，随着年龄、工作年数的增加，员工将通过竞争向三角形的上部一步步晋升（伴随着加薪）。

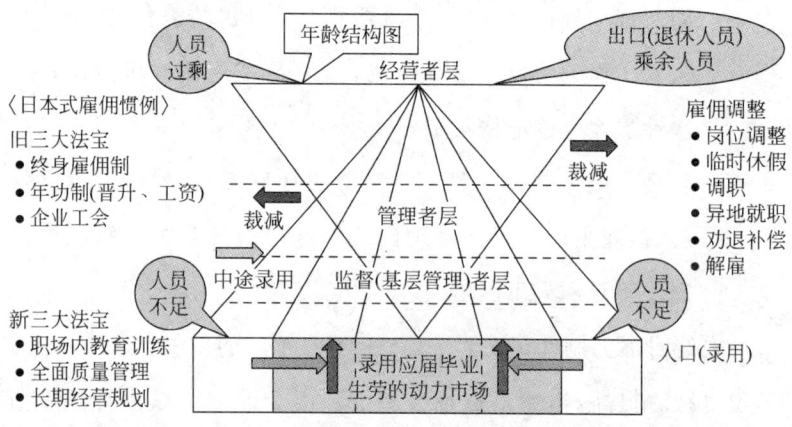

图 3-1　日本式雇佣惯例与劳动力市场的关系

其次，图中的倒金字塔形象地表示了企业内员工的年龄结构，随着员工年龄的增长，企业内员工数逐渐增多。正金字塔下方的长方形表示由大学生、高中生构成的劳动力市场。这部分劳动力通过统一录用应届毕业生的方式进入企业，形成了正金字塔的底部。录用规模随着企业景气和绩效的变动或者扩大或者缩小。如果企业的录用人数（求人数）比学校毕业的人数（求职数）多，则有效求人倍率（求人数÷求职人数）大于1，这种状态被称作卖方市场。反之,如果有效求人倍率小于1,则被称作买方市场。

下面通过上述正金字塔形和倒金字塔形的组合图形来考察日本式雇佣惯例与劳动力市场的关系。

每年新劳动力从底部进入企业成为新员工。他们按照终身雇佣制和年功序列制的惯例,在保障其员工身份的同时向更高层次的职位晋升。但是,随着职位的提升,员工可以就位的职位数逐渐减少。这意味着同期进入企业的员工中未能晋升者就会被排挤出金字塔外,即被解雇。但是,终身雇佣制的惯例是不解雇员工,企业不需要的劳动力将会成为剩余人员,并留在企业。如果经济景气,企业绩效好或规模扩大,则这部分剩余人员将会被吸收在金字塔内,此时因雇佣惯例导致的高龄化问题就不会显现出来。但是,一旦经济不景气,企业效益下滑或规模缩小,则被吸收在金字塔内的员工就会变成剩余人员。

通常,企业会通过下列五个阶段的雇佣调整,将剩余人员释放到金字塔外。

> 第1阶段:限制加班,缩短劳动时间;
> 第2阶段:裁减兼职工、临时工和季节工;
> 第3阶段:停止录用新员工和中途录用;
> 第4阶段:自家待业、停职待命、暂时休假、临时停业、交替休息、休息半月、内部调动、向合作企业调职,已婚者、退职者停职等;
> 第5阶段:招募退休意向者(早期退休制度)、转职、劝退、人员调整和点名解雇。

劳动力状况和就业形式

2006年7—9月,日本15岁以上人口(见图3-2)中就业者和完全失业者之和,即劳动力人口达到了6,700万人;15岁以上人口中劳动力人口所占的比例,即劳动力参与率为60.8%;同年1—11月,女性劳动力参与率为60.9%,这一数据是1968年有效统计数据公布以来的最高值。特别是,30—35岁的劳动力参与率比2000年、2004年分别上升了5.5个百分点和1.2个百分点。出现这一现象的主要原因是:第一,随着经济形势的好转,一直放弃就职的主妇层的就业欲望高涨,使她们重新回到劳动力市场中;第二,伴随着派遣员工和兼职工等非正规雇佣的增加,出现了短期劳动等容易就职的就业形态。

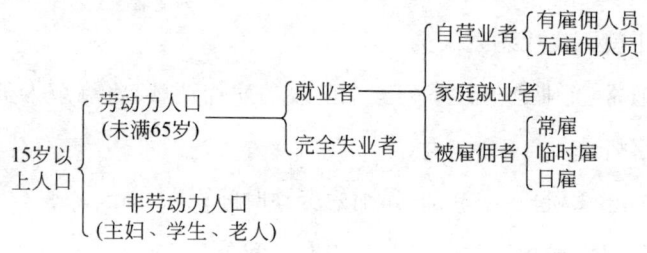

图 3-2　15岁以上人口的就业状况

资料来源:『活用労働統計』社会経済生産性本部。

20世纪80年代后期,泡沫带来了从未有过的经济繁荣,企业竞争激烈,劳动力市场出现了劳动力短缺现象,当时受过高等教育的学生也几乎都能在企业就职。然而,进入90年代后,泡沫经济的破灭使日本经济转入长时期的萧条,企业也为此进行了雇佣调整,把剩余劳动力释放到企业外部。

但是,随着日本国内经济的缓慢复苏,2004年女性劳动力人口开始增加,2005年1—11月女性劳动力人口月平均值比上一年同期增加了15万人,这一年也是从1998年以来7年间第一次环比增长的年份。

根据2006年《劳动经济白皮书》(厚生劳动省)的统计数据,2005年完全失业率下降,有效求人倍率上升,就业人数和雇佣人数都有所增加。并且,雇佣过剩状况正在改善,人们似乎感到劳动力不足。特别是在制造业和服务业领域,人员需求增加,有效求人倍率增加,应届毕业生的就职环境得到了改善。另外,随着钟点工、兼职工、派遣工、短期合同工、特聘员工等非正规雇佣的增加,就业形态也向多样化发展,雇佣人员中正规雇佣人员所占的比例下降。

随着少子老龄化的发展,人们对劳动力的结构性短缺表示担忧,为此也正在努力寻找有效利用高龄者、女性和外国人劳动者的途径。下面从劳动力类型与就业形态之间关系(见图3-3)的视角,对当前和泡沫经济期特殊劳动力群体的就业状况进行比较分析。特殊劳动力群体包括:①2004年《高龄者雇佣安定法》修改后,企业有义务雇佣的不满65岁的高龄层劳动力;②劳动力参与率呈现增加趋势的女性劳动力;③伴随日本人口减少而涌入日本社会的外国人劳动力。

首先,高龄层劳动力呈现出雇佣形式多样化的态势,如正规员

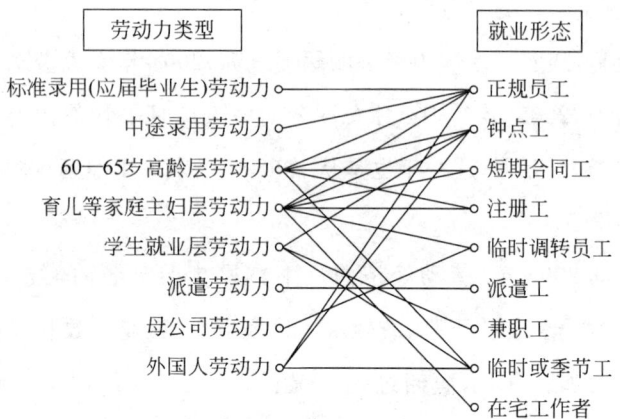

图 3-3 劳动力类型与就业形态的关系

资料来源：中小企業労務研究会編『中小企業の人事活用戦略（改訂版）』同友館、1993年、24頁。

工、兼职工、短期合同工[①]、注册工[②]、临时工和季节工等；其次，随着经济复苏，各年龄层的女性劳动力重新踊跃进入劳动力市场；最后，众所周知，外国人劳动力以不法就业为主，其就业形态存在诸多问题。下面，详细分析这三类劳动力的雇佣状况。

高龄层劳动力的雇佣对策

近年来，企业经营环境发生了较大的变化，如劳动人口老龄化、管理职位不足、雇佣形态多样化、劳动和经济环境变化等。在

---

① 短期合同工日语称"契約社員"，是指与民营企业直接签订有期限劳动合同的劳动者。——译者注
② 注册工日语称"登録社員"，是指虽具有正式员工同样的能力和经验，但没有达到正式员工录用条件（如工作调动等）的短期劳动者，或虽具有工作热情和兴趣，但没有经验的短期劳动者。——译者注

这种复杂多变的经营环境和日本式雇佣惯例下，出现了45岁以上年龄层劳动者的雇佣与人事管理的一系列问题，这就是所谓的"中高龄层问题"。

针对中高龄层问题，企业试图采取如下对策来解决：

第一，实施人员分离措施。泡沫经济破灭后，很多企业实施分离中高龄层的雇佣政策。但是，这种抛弃中高龄层劳动者的做法，不仅给青年层劳动者带来对未来工作的不安，而且也可能使已经建立起来的良好的劳资关系出现裂痕。因此，虽有短期的效果，但从长远来看会产生很多负面影响，这是我们不愿意看到的。在日本，离职的中高龄者再就业的可能性非常小。

第二，改革人事制度，积极利用中高龄层劳动力。其主要内容是：①将职位与待遇相分离，以此缓解因中高龄层员工臃肿而带来的职位不足问题；②让中高龄层劳动者任职于产业知识集约化和需求多样化的专门职岗位上。但是，也有人批评称，这两种方法由于权限和责任关系不清晰，再加上人们对直线管理职的偏爱，在应对职位不足方面所起的作用有一定的局限性。

第三，通过能力再开发，积极有效利用中高龄层劳动者。人事制度的能力主义化，必须以职能资格制度和人事考核制度为基础，将工资制度、晋升制度、教育训练以及能力开发制度等全方位地联系起来，尤其是要完善中高龄层劳动者能力（再）开发、培育和评价系统。

2004年修改的《高龄者雇佣安定法》向企业赋予了继续雇佣60岁以上劳动者的义务。具体内容包括延长退休年龄、再雇佣、延长工作期限、废除退休制等。但是,在现实中各企业的人事工资制度未必都采取与继续雇佣60岁以上高龄者的规定相适应的措施。因此,目前这项制度的实施情况还有待于观察。

女性劳动力的就业形态

根据年龄看,女性劳动力参与率在20—24岁时最高,25—34岁时因随之而来的结婚、生育、育儿等而下降,但35岁之后又重新上升,这就是众所周知的所谓M形曲线。但是,最近随着各年龄层劳动力参与率的上升,M形曲线的凹处逐渐变浅,其形状接近于欧美的平台型。

在1975—1985年的十年间,女性劳动力增长率最高的职业是公司白领,其次是电话转接员、制造与组装等技能工,再次是信息处理员、护士、营养师等女性职位,之后依次是理发师、美容师、服务员等个体服务人员,批发、零售、售货等销售人员,以及从事文艺、美术、音乐等工作的艺术家。特别引人注目的是,随着经济软件化和服务化①,女性选择的行业多为快速成长的服务业和信息关联产业。信息处理是较新的领域,男性本身在此领域也没有先入之见,因此女性在这一领域的创业就比较容易。

自1986年实施《男女雇佣机会均等法》以来,为了解决终身雇佣制带来的人事困境,很多企业引进了以能力、态度、绩效等为基

---

① 经济软件化和服务化是指,随着生活水平的提高,女性进入社会的人数增加,以及老龄化的快速发展,闲暇时间的增多,以及消费的多样化和个性化、国际化和信息化等经济社会环境的变化,在经济活动中IT相关行业和服务业所占比重越来越大的社会经济现象。——译者注

础的无性别差异的新人事制度。该制度将企业内职位分成不需要专门技能、具有固定业务性质的一般职,具有核心业务性质的综合职,需要专业知识和技能的专门职等。但是很多企业在录用员工时,从一开始就把男性劳动者以综合职录用,而将女性劳动者以一般职录用。

总之,至今女性从事的职位还是很有限的,她们主要从事事务类、营业类和生产现场的辅助类工作。但是,女性高学历化带来的劳动意识的变化、经济自立的欲望等,促使女性大量进入企业。女性数量的增加也引起了质的变化,例如虽然与男性相比其比例依然很低,但在极少数企业里出现了担任企业经营职位的女性管理者。根据2003年女性雇佣管理的基本调查,女性管理者少甚至是完全没有的理由依次是:"女性没有具备必备知识、经验及判断力"(48.4%);"从事工作的时间短,能胜任管理职位时就要即将退职"(30.6%);"虽然有未来可能晋升管理职位的女性,但目前还没有达到晋升管理职位所需工作年限的女性"(27.6%)。由此可见,女性能够长期参与劳动力市场的就业环境应是:通过增加雇佣者数约占四成的女性劳动者的管理职位,促进女性能力的发挥。

2005年4月,政府对《关于育儿休假、护理休假及家庭护理的劳动者福祉法》进行了部分修改,扩大了该法的适用对象,并延长了育儿休假期限,采取了诸多"工作与育儿兼顾"的支援政策。但是,政府向妇女提供短期性工作、尽早落实妇女顺利再就业的具体措施也是重要的课题。

外国人劳动力与就业形态

随着少子老龄化带来的劳动力人口的减少，人们开始重新思考与日本经济发展息息相关的劳动力供给源之一——外国人劳动力问题。

泡沫经济全盛期的 1989 年，允许入境的持有就业签证的外国人大约有 7 万人，其中大部分就职于新兴产业（超过 6 万人）。此外，从事其他行业的人数超过 5,000 人，外国语教师约 3,500 人，一般企业就职者约 1,700 人，厨师约 500 人。据经济企划厅的调查，这部分外国人劳动力的特征是：在一般企业就职的外国人劳动者中男性占七成多，年龄在 25 岁和 35 岁之间，美国人占四成以上。其就业形态中，短期合同工和临时工约占六成，合同期限也大多在一年以内。并且，入境时接收外国人的大都是教育、培训部门，职种以外国语教师为主。另外，在企业工作的外国人劳动者中，一部分是以学习技术、技能、知识为目的的来日研修生，这部分人作为其劳动代价获得报酬是不被允许的；另一部分是留学生和"就学生"[①]，他们被允许在一天不超过 4 小时的范围内打零工。

外国人劳动者的雇佣形态有以下几种类型：

① 语学中心型——从事以外国语教育、翻译业务、外国语文书

[①] 日本政府一直以来施行了"留学生"和"就学生"两种签证。对于日语基础较好，能够直接报名就读日本大学院、大学和高等专门学校的学生，在获得入学许可后，政府发给最短有效期为一年的"留学"签证。对于日语水平较差，还无法适应大学全日语授课的学生，则给予有效期一般为半年的"就学"签证。持有"就学"签证的学生允许进入日本国内的日本语学校进行最长两年时间的学习。这部分学生通过一段时间的日语学习后，如果日本大学的入学考试合格，则可以获得"留学"签证，身份就从"就学生"变为"留学生"。——译者注

制作等工作；

② 感性利用型——从事发挥外国人特有的构想、价值观、感性等的相关业务；

③ 国内国际业务型——在日本国内从事国际业务；

④ 海外事业联动型——从事日本国内与国际业务的联络工作；

⑤ 专门职短期合同型——特定时间从事特定业务；

⑥ 返派遣型——在海外事务所录用的当地人到日本进修后又返回本国工作。

值得注意的是，即便是对于国内企业雇佣的外国人劳动者，日本劳动法也同样适用。同时，在劳动条件等方面，禁止因国籍、人种不同而差别对待。

1990年外国人劳动者只有26万余人，但到1992年时超过了58万人，虽然1995年和1999年有所减少，但之后的年份逐年上升，到2000年时已达到70万人，2004年时接近80万人。其中，合法劳动者达60万人，剩余的20万人中包括不法滞留者、资格外就业者和不法入境者。外国人劳动者占劳动人口（6,642万人）的比重约为1.2%，占雇佣者总数（5,355万人）的1.5%。

既然使用外国人劳动者，就理应向他们提供适合的劳动条件、居住条件、子女的教育环境，以及面向外国人的医疗设施等。为了应对由少子化和老龄化带来的劳动力不足问题，不仅应采取措施有效利用女性、高龄者、中高龄失业者、残疾人、自由职业者等，而且也要充分利用外国人劳动力。当然，对于使用外国人劳动者过程中出现的问题，应采取有效的对策来解决。

人事考核的意义和方法

人事考核的必要性

企业根据人事考核收集的人事信息，将每个员工的个性和能力与适当的职务进行配置，从而给予员工更多的工作乐趣，更有效地利用人才。也就是说，企业通过人事考核收集、整理、分析和评价数据，以便实现人职匹配，激励员工和促进自我开发。

管理者基本是自己制订计划并让部下实施，然后评价其成果。员工通过企业内外教育训练所获得的知识和技能，不仅对企业，对员工个人来说也是积累"无形资产"的过程。在日本的大企业中都有教育训练和能力开发制度，而中小企业也意识到这一制度的必要性，但在这方面的费用支出和时间分配过少。然而，通过教育训练和能力开发所获得的能力和执行力，如果考核者不能对其进行合理、公正的评价，就会失去意义。为了防止此类事情的发生，必须明确人事考核的评价尺度、对象和评价项目，训练考核者能够做出正确的评价，从而完善人事综合系统中的人事考核系统并提高其地位。

制作人事考核表应注意以下几点：

➢ 明确考核标准——人事考核表是进行人事考核的基础，是衡量每个员工工作状态的尺度，所以必须先明确考核标准。

➢ 明确考核对象——要明确用考核表衡量的目标，即对象。

先将所有员工进行职位层级及职务的区分后,再按一定的基准进行分类。
- 明确考核项目——考核项目的数量要尽量少,将相似项目归结成一个,只采用性质显著不同的项目。

人事考核方法

实际适用的人事考核方法有以下几种:

- 综合判定法——也称万能考核表,是对由几个评定项目构成的项目,用评定等级差异的语言来记述,并进行综合判定的方法。但是,这一方法因考核者的不同,可能会出现较大的误差。即使是在评价项目明确的情况下,也会因考核者对各项目的理解程度不同而产生不同的结果,因此,这一方法很难说是一种合理的方法。所以,综合判定法很少被采用。
- 顺位分析法——将被考核者的各考核项目按成绩从高到低排列,以此评价总成绩,即根据每个考核者的成绩总和来排列员工的相对名次。
- 成绩顺位法——按各考核项目计算出总成绩,以此排出被考核者的相对名次。
- 评定尺度法——例如,将十个评定项目各分为五个等级尺度,然后将每个项目的评价结果用分数表示,最后合计其结果来对每个人进行评价。
- 成绩评语法——由于评价尺度法中所采用的评价标准有时

使用很多含糊的语言和记号,所以有必要用评语说明各成绩所对应的内容,以此补充其不足之处。

➢ 行为对照表法——也叫普洛夫斯特法。首先,评价者根据员工工作行为描述量表对照员工的工作行为,找出各项目相对应的行为特点;其次,根据员工工作行为描述量表对各项目不同行为特点的分数给出员工工作行为特点的正点和负点;最后,计算出综合点数,并以此为考核的依据。

人事考核者容易出现的问题

考核者运用考核方法时,容易出现如下问题:

➢ 偏松倾向——一般来说,考核者考核下属时比较宽容,这是因为考核者对是否应严格评价下属犹豫不决,或想与其他考核者保持平衡,或考核者缺乏自信。

➢ 日环(晕轮)效应——如果考核者对被考核者的部分优点或缺点已认可,那么这种印象就强烈地影响对被考核者的特定项目或整体的评价,并且在其他项目的评价中也会做出与此相同的或优或劣的评价。

➢ 居中倾向——如用评定尺度法考核时,考核者不喜欢做出"非常好"或"差"等极端的评价,而喜欢做出不即不离的"一般"评价。也就是说,评价倾向于居中。

➢ 逻辑误差——当出现相同评定项目时,考核者随意将这些项目一视同仁,断定其结果也一样。

➢ 对比误差——考核者自己擅长的领域或自己非常熟知的知

识和技能，对被考核者要求很严格，但对自己不擅长的领域却过于宽松。
- ➢ 近因效果——由于考核时间跨越半年或最短三个月，所以考核者用距考核时间较近时期的表现来判断被考核者。

人事综合系统中的人事考核

传统的人事考核以待遇管理为主，但以职能资格制度为基础的人事综合系统中的人事考核，除了评价员工的绩效，还要对员工的能力、职业性向和工作热情进行评价，并将其结果运用于能力开发、培训和配置管理中。所以，人事综合系统中人事考核的目的是为了做好配置（晋升、晋级或调动）管理、能力开发管理、工资管理等而收集和提供信息（见图3-4）。

- ➢ 配置管理——人职匹配是企业人才利用的前提。为此，管理者必须对员工的能力及职业性向进行合理且公正的评价。同时，不仅要重视员工绩效，而且还要重视员工的工作态度和工作热情。
- ➢ 能力开发管理——在职能资格制度下，将员工的潜在能力显在化尤为重要。与此有关的与职务相关的知识、技能的信息可以从人事考核的结果中获得。
- ➢ 工资管理——一般来说，人事考核的结果反映在加薪额中。在职能资格制度下，实施以职能工资为基本工资的能力主义工资体系，因此，人事考核结果也可以用在职能等级工资中。

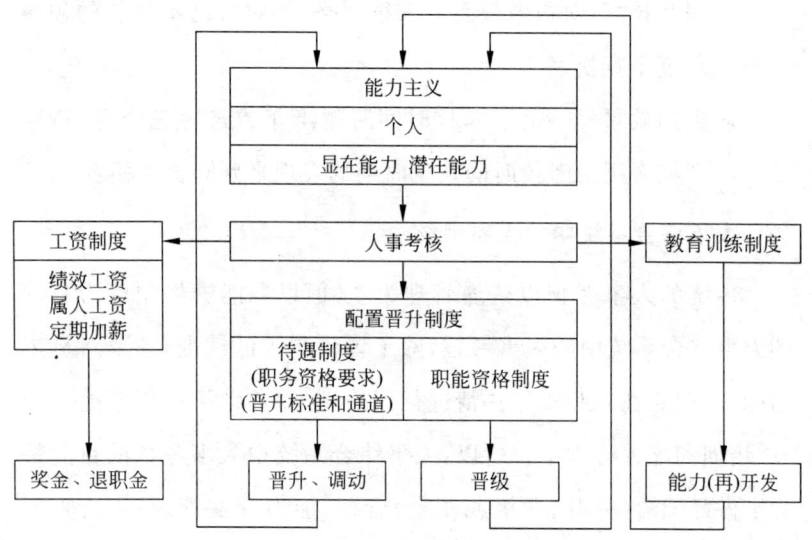

图 3-4　以人事考核为中心的人事综合系统

专门职制度和职能资格制度

资格制度的演变

第二次世界大战后,以学历、工作年限为基础的资格制度取代了以"职员"、"工员"、"雇员"①等身份为基础的资格制度,但这一制度后来也被职阶制所取代。到昭和 30 年代(1955—1965 年)时,能力主义越来越被企业所重视,实施了将员工按职务执行能力的类

---

① "职员"是指,在官厅、公司和学校等工作的正规员工;"工员"是指,在企业现场工作的劳动者;"雇员"是指在官厅不是以正规职员身份,而是以被雇佣方式帮助事务的人。——译者注

型和程度划分的职能分类制度。这一制度是将员工根据职务执行能力排序，但没有区分职种群和职务，是一种只按能力分类的能力资格制度。目前，企业普遍实施的是职能资格制度或称职能分类制度，是以职能资格为基础，把工资、晋升和能力开发功能的实现作为其目的。综上，资格制度包括身份资格制度、年功资格制度、能力资格制度、职能资格制度（职能分类制度）、日本式职阶制度。

前已述及，在日本式雇佣惯例下，劳动力结构和职务结构导致岗位不足，进而使员工晋升困难。建立资格制度就是为了解决岗位不足带来的员工晋升困难问题，因此，资格制度也可以被认为是补助性人事待遇制度。引进资格制度的目的可以归纳为两方面：

① 从待遇的观点看：
➢ 向资深员工和专门职员工给予职务编制外的待遇；
➢ 解决因职位不足引起的晋升困难问题。

② 从能力主义的观点看：
➢ 建立与职务编制关联的能力本位主义体系；
➢ 以资格与工资的联系为基础，建立职能工资体系；
➢ 作为职阶制的补助性制度使用。

专门职制度的功能

专门职原本是指，像医师、律师、注册会计师等具有较深厚的专业知识、技能和技术，基于各自的职业伦理从事特定业务的人员，即专家。日本企业早在经济高速增长期就引进了直线职能制，但由于一直采用以直线制为中心的组织形式，职能部门及职位却无法发挥其应有的作用。为了解决这一问题,与有下属的直线管理者相对应设置了无下属的管理职、职能管理职和专门职(见图 3-5、图 3-6)。这种职能管理职和专门职会引起诸如直线制的复线化和复杂化,以及只增加享受待遇的职位等一系列弊端。

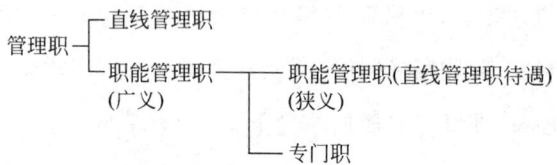

图 3-5　管理职与职能管理职的关系

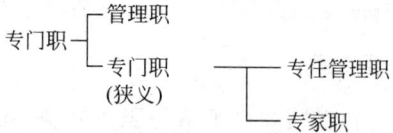

图 3-6　全员专门职制度中的管理职概念

日本的专门职有如下特点:
➢ 必需的专业能力,且只适用于企业内部;
➢ 与职能管理职同等对待;
➢ 企业不同,其人员编制也不一样;
➢ 作为一种人事待遇的措施而引进;
➢ 以职能资格制度为基础;
➢ 通常无下属;
➢ 很多称呼只在一个公司内使用。

有效利用专门职制度有以下方法:

- 把专门职当作应有的职位；
- 把全体员工当作专门职；
- 把专门职作为给予员工待遇的职位来利用。

在技术类职种中，在已采用专门职制度的基础上，出现了把专门职当作应有的职位这样的趋势。有些企业的专门职员工的水平已达到能够以专家身份自立的程度。与此相比，在事务类职种中，专门职制度的利用有些缓慢。

职能资格制度的功能

职能资格制度一方面将职能资格标准作为配置、调动、能力开发和培育的指标，另一方面将其作为职务执行能力提升程度的评价标准。同时，将其结果与晋升、晋级、工资和待遇相挂钩。

在推行能力主义劳务管理的背景下，职能资格制度具有如下优点：

- 为能力主义人事待遇系统提供明确的标准；
- 在待遇相关问题上容易得到员工的理解；
- 能够最大限度地发挥能力主义劳务管理的优势；
- 有利于协调人事制度与其他制度的关系；
- 缓解劳动力数量的增加与日本式雇佣惯例之间的矛盾；
- 有利于提高员工的工作热情；
- 中途录用者的待遇公正成为可能。

企业在经济低迷和老龄化社会到来的大背景下，越来越感到资金源不足，这就迫使企业对工资体系进行改革，为此所采取的措施就是引进对包括工资在内的人事待遇进行综合管理的职能资格制度。其很好的例子是，职能工资多半只是为了解决岗位不足或晋升压力等问题而被消极地利用。

为此，有人指出职能资格制度的如下缺点：

➢ 资格等级标准不明确；

➢ 容易变成年功制的"翻版"；

➢ 有可能发生资格晋升激增、晋级陷入僵局的现象。

其实，企业把能力只作为选拔员工或决定员工待遇的标准来利用是远远不够的。在改革人事工资制度时，企业必须建立能维持、开发、培育和提高员工职务执行能力，并能促进能力发挥的制度。

OJT 与 Off-JT

企业教育训练的意义和目的

企业为了使应届毕业生、中途录用者掌握企业所必需的技能和职务执行能力，应有组织、有计划地进行各种教育和训练，这一系列活动被称为企业教育训练。同时，为了使员工学习和掌握未来所必需的职务执行能力，企业也会对以个人潜在能力显在化为目的的自我开发给予支持和援助，这被称为能力开发。由此可知，从目的和时间长短上来看，企业教育训练与能力开发是不同的。

如前所述，企业教育训练有两种方法——OJT 和 Off-JT。通过 OJT,在职场内由上司直接向下属有计划地指导职务执行所必需的知识、技能、态度,以便让普通员工掌握工作和操作能力,提高劳动生产率(见图 3-7);而通过 Off-JT,即实施企业内集中教育、企业外讲习会和函授教育等方式,则可以提高员工的综合能力。

OJT 的优点和缺点

当进行 OJT 时,在职场内上司和下属都要暂时放弃正在进行的工作,由此发生的费用由企业负担。这是 OJT 与 Off-JT 都具有的共同特点,是日本企业典型的雇佣惯例之一。

在 OJT 中,上司有时帮助下属解决在职务执行过程中出现的问题,但值得注意的是不应该只是在出现问题时给予下属指导。上司必须提前整理好员工在执行相应职务时必需的能力要求。为此,上司在日常工作中,要经常与下属进行沟通,正确把握下属的能力和特点,商讨与之相适应的教育训练内容。上司应根据由此形成的培训方案对下属进行教育训练。同时,不能忽视的是要根据培训效果进行跟踪指导。

OJT 的优点:

> 教育训练在工作过程中实施,因此比集中教育节省时间和费用;
> 教育训练效果直接反映在工作中,因此易于评价;
> 能够根据员工各自的特点和能力进行个体的能力开发;
> 上司通过指导的方式让下属学习工作方法及判断过程,因此容易培养接班人。

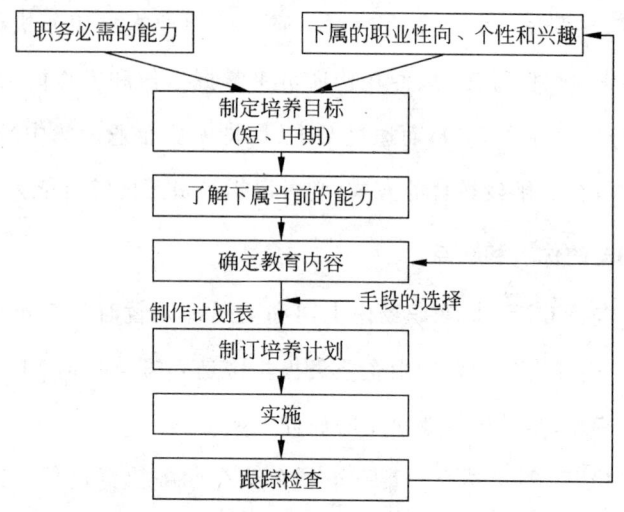

图 3-7 OJT 步骤

资料来源：日本生産性本部編『新入社員教育のすすめ方』日本生産性本部、1993年、42頁。

虽有上述优点,但也有缺点:

➢ 由于以完成眼前任务和解决当前问题为目的,因此易出现短期行为;

➢ 教育训练效果很容易受到进行指导的上司的能力和经验的影响。

Off-JT 的优点和缺点

Off-JT 和 OJT 不同,它通过集中培训和集中教育等形式进行,是脱离职场进行的教育训练。Off-JT 方式有:阶层教育训练、部门(专业类)教育训练、专题教育训练、组织开发教育训练。

首先,阶层教育训练是指,按组织的横向层级,即经营者层、管理者层、基层管理者层(或称监督者层)、一般员工层分别进行的培训,如新员工培训或新任课长培训等。较有代表性的有:CCS方式(以经营者为对象实施的教育训练)、MTP方式或JST方式(以中层管理者为对象实施的定期教育训练)、TWI方式(以第一线的基层管理者为对象进行的定期教育训练)、骨干员工培训或女性员工培训(以一般员工为对象)等。与此相对应,部门(专业类)教育训练是指按各组织部门纵向进行的培训。包括以生产、销售、财务、会计、人事等职能部门为对象分别进行的职能教育(销售员培训、技术员培训等),各事业部为了彻底贯彻经营方针而进行的事业部培训,以传授企业经营必要事项为目的进行的跨部门共同专业知识培训,如品质管理培训或安全卫生教育等。

这种 Off-JT 有如下优点:

> 由于向特定的阶层和部门集中起来传授共通的知识和技能,因此在时间和费用方面具有效率性;
> 通过专家学习在日常工作中不能掌握的新知识、新技能;
> 由于员工聚集在一起以共同教育的方式进行,因此能够进行信息、经验的交流。

但也有如下缺点:

> 培训效果不能直接、及时地反映在业务中;
> 由于针对统一的业务内容进行培训,因此解决每一个员工面临的问题有一定的局限性,即教育内容与培训需求容易出现偏差;
> 当采取讲授方式时,其培训效果会受到影响。

教育训练的技法和措施

一般来说,对经营者、管理者和员工所要求的共通技能有:概念技能(conceptual skill)、人际技能(human skill)和技术技能(technical skill)。层次越高,概念技能(决策能力等)越重要,而对一般员工所要求的主要是技术技能(业务能力),但所有的层次都要求具备人际技能(处理人际关系的能力)。这里,概念技能是指发现问题、提出问题、解决问题的能力和创新能力。

企业对员工所要求的知识和技能,因组织体系和职能的不同或时代和环境的变化而有所不同。因此,企业为了充分挖掘员工能力,要明确相应职务所需的知识和技能,实施职场内外的教育训练。具体地讲,教育训练的措施和技法有如下几种:

➢ 讲授法——讲师通过口头传授知识;
➢ 案例研究法——也称案例法(case method),参加培训者以当事者的身份,用现实职场中发生的案例,提出解决问题的方案;
➢ 角色扮演法——让培训人员了解在情景中存在的问题和应尽的职责,并让其实际扮演相应的角色,以此培养正确的行为和态度;
➢ 公文处理法——通过模拟管理者业务执行情景,提高管理者决策能力;
➢ 商业游戏法——培训人员站在经营管理者的角度,运用经营模型制订生产计划和经营战略,并在与其他小组争取成绩的过程中锻炼决策能力；
> 职业开发计划——这一方法也称作 CDP，即英文"career development program"的简写，这是根据不同的职业通道、职能领域，以系统而长期地培育人才为目的，重视培养未来所必需的能力开发的方法。

讲授法是在员工学习知识时普遍采用的方法；角色扮演法在集中住宿学习和培养员工人际关系能力和态度时效果较好；而商业游戏法则在培养创新能力时是较有效的。总之，企业教育训练对提高员工技能和能力的开发是非常有效的手段，但至今仍有比较保守的观念：人才不是开发的而是发现的，后天能够开发和培养的只是技术能力。

能力开发管理

人才的有效利用和 CDP

CDP 或称职业开发计划或职业生涯开发，是指根据员工个人的人生设计或人生目标，长期开发个人的潜在能力和职业性向的过程。通常，人的能力随着年龄的增长而衰退，但是无论人才的年龄多少，企业都要充分、有效地利用其能力，激发其潜力。当然，员工也都有个人的职业生涯目标，如希望晋升至社长、高层管理者和部长等职务编制中的一定职位，或技术人员作为职业人希望掌握某些技能。可以说，CDP 的目的就是持续地共同实现企业和个人的上述目标。

　　要使员工在实现个人目标的同时实现企业经营目标,企业首先要制订长期而系统的人才培育计划。并且,这一计划必须是基于自我开发的个别培育计划。CDP 将员工个人人生计划的实现这一极其个性化的动机与职务执行相结合,以此激励员工,达到有效利用人才的目的。员工在职务执行过程中,为了发现工作价值、充分发挥其能力而激励自我。企业也应不断地向员工提供能够满足自我实现需求的新职务,因此,不能让员工长期停留在一个职位上,而应有计划地调整其职位。从这个意义上来说,当前的职务就是担任下一个职务的修炼过程。为此,员工通过 OJT 掌握现职务所需的知识和技能的同时,必须通过 Off-JT 和自我开发掌握下一个职务所必需的能力。

　　当然,CDP 并不仅仅是有计划的职务轮换。CDP 既是员工表明与职务相关的个人目标的"自己申告制度",又是客观评价"管理职"员工的能力、素质和职业性向等的"人事评估制度",同时也是收集和统一管理员工知识、技能和资格等的个人人事信息、员工档案或人事卡的"人事档案制度"。CDP 只有将上述一系列制度和实务整合为一体时,才能有效发挥其功能。

　　首先,将"自己申告制度"等明示的每个员工的个人目标与通过面试获得的人事记录和人事考核结果结合起来,调整 CDP;其次,根据调整后的 CDP 和企业为了实现经营目标而制订的人才培育计划,确定员工个人的职业生涯开发目标,并实施相应的措施。即,要制定能够实现个人和企业目标的职业生涯路径(调动或晋升等),并进行职务轮换、晋升或晋级。最后,通过测试等手段经常检查能力提高情况,并将其结果随时反馈给本人,以便及时进行目标确认和修改。但是,CDP 毕竟还是以自我开发为基础的,因此,企业在尽力给予员工支持的同时,必须完善能力开发的援助制度和 OJT 或 Off-JT 等教育训练体系。

生涯生活设计教育与退职准备教育

生涯生活设计教育是指,根据员工的人生和生活规划设计职业生涯的过程,其内容包含 CDP。但是,在日本至今仍没有把生涯生活设计教育作为企业教育训练的内容。只是一部分大型企业将退职准备教育当作生涯生活设计教育来实施。退职准备教育是以 55 岁以上的员工退职后的生活"软着陆"为目的而实施的教育计划,其宗旨是企业向即将退职的员工提供有关退职后的经济生活、闲暇与兴趣、健康和公益活动等的信息或帮助。其内容包括,退职金的运用及资产管理相关的知识,再就业或雇佣相关的就业指导等。

但是,这种退职准备教育在内容上毕竟是属于员工福利措施,未必对与员工职务相关的知识、技能的培养和能力再开发产生直接作用。因为退职准备教育的目的是退休后生活的"软着陆",所以不能提高员工的士气。因此,企业要开发以员工能力开发和提高士气为目的的原本意义上的生涯生活设计教育项目。其中,一个是类似于 CDP 的能力(再)开发型项目,另一个是以中高龄层为对象的激励型项目。不论哪一种项目,都要将接受教育后的面对面的跟踪检查、个别就业指导和集中培训等结合起来,把涉及员工整个职业生涯的生涯生活设计教育体系化。

职业能力训练制度

从1994年4月开始实施的职业能力训练制度,把符合一定条件的各种民间或公共教育机构和企业实施的教育训练课程由劳动大臣确定为认定课程或讲座,对完成上述课程的学习者进行认定考试,并向合格者授予结业证。

实施这一制度可以使企业适应老龄化、技术革新、经济软件化和服务化以及国际化等社会环境的急剧变化,快速培养员工的高水平专业能力。当然,针对白领层实施的传统的职业能力开发手段(如OJT和职业轮换)未能充分地适应这种变化。并且,企业必需的专业知识也未形成体系,各种教育训练机构也未实施系统化的教育训练。因此,企业急需通过Off-JT和自我开发手段的整合,向员工提供能够学习高水平专业能力的环境。

在上述背景下建立起来的职业能力训练制度,通过白领职务执行能力所需的专业知识体系化,提供与教育训练认定制度相适应的具体的学习手段,以及对接受教育训练者学习履历的认定等,能够有步骤、有系统地开发和提高白领阶层员工的专业能力。具体实施时,先按职能设置如下领域的项目,如人事劳务和能力开发、会计和财务、营业和营销、生产管理、法务和总务、宣传和广告、信息和事务管理、物流管理等,之后,再按能力开发层次,如高级、中级和初级分别进行教育训练。也就是说,将专门知识按不同层次体系化，设置能划分职业领域和能力水平的科目，并制定和公示各科目所需的专业知识和标准学习时间。学习这类课程或讲座的方法有：走读、函授、走读和函授相结合。

人才管理中的能力概念

企业所需的能力

泡沫经济破灭后，人们普遍认为：只有提高绩效的显在能力，才能对企业目标的实现做出贡献。但是，随着 2000 年后景气的逐渐恢复，人们开始对这种只重视显在能力的成果、绩效主义提出了质疑。

其实，企业所需的员工能力是对企业目标的实现做出贡献的职务执行能力。这种能力是体力、职业性向、知识、经验、性格、热情的乘积。个人能力的质和量又取决于个人努力的程度和职场环境。因此，企业为了充分发挥员工的职务执行能力，必须激发员工士气，促使其努力，并完善作业环境。为此，企业要开发和培育员工能力，提供发挥能力的平台，并公正地评价其能力。

但是，人们对构成职务执行能力的要素并不一定都能观察到。像体力、知识和经验等要素在职务执行中容易以绩效的形式显现出来，但职业性向、性格和工作热情等员工的内在属性，就很难判断以何种形式与绩效联系起来。因此，在现实中，由很多因素相互作用产生的成果，只能以绩效这一显在的形式评价其职务执行能力。

那么,只有这一显在能力或绩效,才会对企业目标的实现做出贡献吗?当然不是。问题是,当前不以绩效的形式显现出来,但未来有可能显在化的某些潜在能力该如何评价?这里,如果将显在能力当作"已有能力",则潜在能力就是"未来能力"。能力开发正是发现、培育和提高"未来能力"的过程,这才是人才管理的最重要内容。

显在能力和潜在能力的关系

图 3-8 是由显在能力和潜在能力构成的(职务执行)能力概念化图示。如果将员工拥有的能力比作海平面上漂浮着的冰山,那么从海平面能够看到的部分就是显在能力。例如,仅按销售额支付工资时,若销售额是他人的二倍,则工资也是他人的二倍,当然这种做法作为显在能力的评价方法是合理的。以此推理,像职务工资一样按职务的相对价值和重要性支付工资的做法,比起日本式属人工资更加合理。但是,在日本企业里,由于职务概念不明确,再加上一直重视年龄、学历和工作年数等属人要素,所以至今还未能只把显在能力当作能力。也就是说,日本企业一直把能力看作是显在能力加上一部分潜在能力之和。

因此,若把具有显在化可能性的潜在能力比作靠近海平面下的冰山部分,则企业的当务之急是令这部分潜在能力浮出海平面。其方法有三:一是上司潜到冰山下将冰山推上去,使淹没部分(潜在能力)浮出海平面。如上司给下属提供发挥能力的机会(人职匹

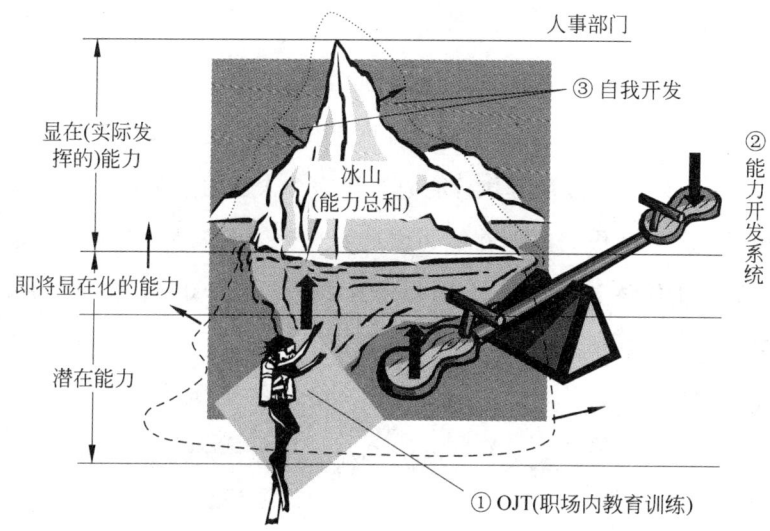

图 3-8　能力开发与能力提升的方法

配),或实施适合的教育训练。二是企业创造条件,抬举冰山整体。这可以通过引进或完善职能资格制度,由工资制度、人事考核制度、能力开发制度有机构成的人事综合系统来实现。三是通过增大冰山整体的体积,使海平面下的潜在部分浮上来。这意味着通过员工个人的自我开发来提高员工的综合能力。

诸多日本企业引进的职能工资,就是为了对"赋予任务就能完成"的能力支付工资而设计的。但是,因为这种工资是对"未来能力"支付的工资,即企业所做的一种投资,所以必须尽早收回。以职能资格制度为核心的人事综合系统就应有潜在能力显在化(开发、培育和评价)的功能。

能力图

下面将企业所需的能力从显在(发挥)能力与潜在(保有)能力、个人能力与组织能力等四个维度进行考察(见图3-9)。如前所述,在日本企业里,职务执行能力被视为个人能力中的显在能力和执行业务发挥作用的潜在能力之和。这里,我们把个人拥有的潜在能力称作狭义的能力(ability)。为了把这一能力显在化,管理者和人事待遇政策系统向员工给予支持的同时,还要自我开发和自我磨炼。

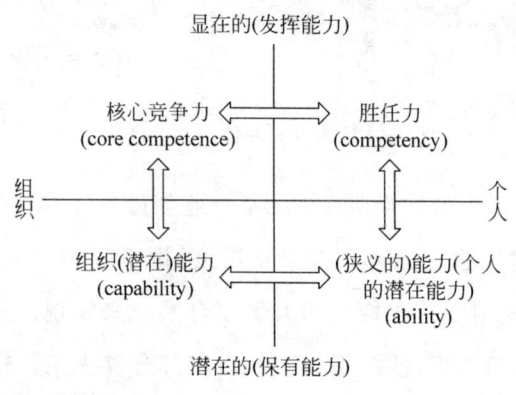

图 3-9 能力图

资料来源:根本孝『ラーニング・シフトーアメリカ企業の教育革命一』同文舘、1998 年、78 頁(部分修改)。

所谓胜任力,是指在特定的组织环境、文化氛围和工作过程中,绩优者所具备的有利于有效工作的个体特征和可预测的、指向工作绩效的行为特征。在传统的人事待遇制度中,个人保有能力即潜在能力也作为评价能力的一部分,但这种潜在能力未必显在化。为此,企业为了提高每一个员工的能力,应在已经取得高绩效的员工中找出行为特征,并将其作为人才录用和评价的标准。这里,已经取得高绩效的员工的行为特征就是个人应具有的完成企业所期望的绩效的显在能力,或称个人的显在能力,即胜任力。

其次,从组织能力的视角考察能力。根据巴纳德(C. I. Barnard)关于组织的定义,组织不是个人的简单集合,而是由许多相互作用、相互依存的个人组成的协作系统。因此,当组织中具备一定能力(ability)的每一个员工发挥其胜任力并相互影响时,就形成企业的组织能力,企业所拥有的这种组织的潜在能力称作组织(潜在)能力(capabilty)。

最后,组织为了保持持续的竞争优势,要把组织(潜在)能力显在化,必须发挥作为企业综合力的组织能力,即核心竞争力(core competence)。

人才管理的目的正是通过人事政策和方法,促使个人的潜在能力显在化,把胜任力转换为核心竞争力,同时通过获取拥有潜在能力的人才来提高组织(潜在)能力,进而提升核心竞争力。

多样化人才与技术经营人才的培育

多样化人才与劳动力市场的变化

泡沫经济破灭带来的平成不景气,掀起了来势凶猛的企业裁员潮,正规员工原有的职务和工作迅速被非正规员工取代。随着未曾有的长期的不景气,对个人或组织的评价标准开始从重视"潜在的保有能力"的年功—属人主义和日本式能力主义向重视"显在的发挥能力"的成果—绩效主义转换,并成为主流意识。

但是,在经过十余年后出现经济复苏的迹象时,成果—绩效主义逐渐暴露出一些弊端,其中之一就是具备熟练技术的人才培育的不足。如前所述,能力的提高不仅需要个人的努力,而且还需要组织的政策及体系的支持。企业不仅会因裁减或退职而造成原有的老技术专家或熟练技术人员向企业外流出,而且为了达到降低成本、削减教育训练费的结果,还会使企业教育训练、能力开发措施以及其系统不能有效地发挥作用。

图 3-10 是按归属意识的强和弱、对组织和工作的依赖度等四个维度表示的多样化人才形象。从图中可知,由于终身雇佣制和年功制的破灭,原来有强归属意识和强参与意识的直线部门和职能部门的正规员工被短期雇佣的非正规员工替代,致使员工的归属意识越来越弱。非正规员工从事不需要特殊技能和资格的单纯而边缘性的劳动,比起工作更依附于组织(企业)。

值得注意的是各象限能力分布的不均衡,尤其是非正规员工与正规员工间失去了平衡。2008 年 4 月 1 日修改施行的《短工劳动法》提出了企业要把非正规员工转换为正规员工的一系列措施,这可以说是从法制层面上尽力恢复和维持非正规员工与正规员工间的平衡。但是,问题在于正规员工中缺乏具备新能力的人才,即通才型专家、专家型通才或懂经营的技术人员、懂技术的经营者等所谓的技术经营人才。

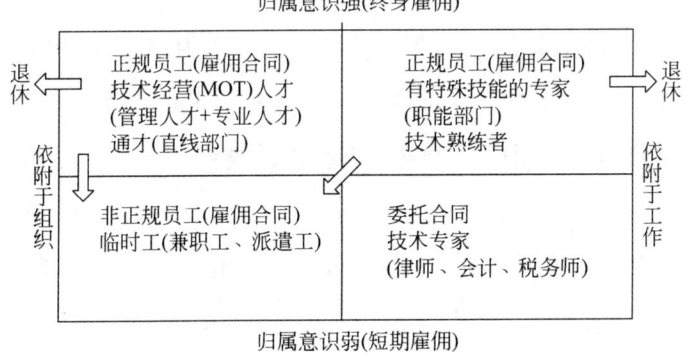

图 3-10 多样化的人才形象与劳动力市场

MOT 人才概念

那么,为什么企业需要所谓 MOT 新人才?这是因为企业在严峻的、急剧变化的经营环境中,只有获取、开发和培育新人才,构建有效利用这部分人才的机制和系统,才能保持和提高绩效。企业不仅要培养能将零散且不系统的知识组织起来创造新价值的管理型人才,以及特定领域内创造新价值的专家型人才,而且还要培养同时兼备两种能力的"技术经营人才",这不仅对产业界,对于整个国家来说也是迫切需要解决的问题。

引进 MOT 的宗旨是通过具有核心竞争力的技术力与具有竞争力的产业的结合,在激烈竞争中确保竞争优势。经济产业省把"立足于技术的企业或组织"定义为"为了可持续发展,通过拥有价值的技术与经营的有机结合,不断创造经济价值的经营管理组织"。为了搞活国际竞争力日趋下降的日本制造业,政府于 2002

年开始推进 MOT 的引进。

MOT 的定义有很多,但其所包含的基本内容是:①技术的选择与评价;②包含项目评价的 R&D(研究与开发)管理;③技术与企业经营的整合;④产品制造中新技术的应用;⑤技术的废弃与更新等。发挥上述功能的就是 MOT 人才。MOT 人才是以新技术为基础开拓新事业,将技术投资收益最大化的人才。也就是说,MOT 人才既是通过技术和经营创建革新性、战略性企业的人才,又是构建创新性技术战略的人才。

日本 MOT 人才的培育现状

目前,日本产学政正在实施各种 MOT 人才培育项目,但这类项目于 2002 年经济产业省采取一系列措施之后才真正实施起来。如举办 MOT 人才培育项目的开发和普及的演习教学,培养 MOT 人才培育演习教学人才等,其中核心是 MOT 人才培育项目的认定制度。这一制度尽管还在探索过程中,但其目的是通过项目的评价和认定,提高专门职大学院校、民间教育机构、企业内教育和大学等教育机构正在实施的项目质量,以便普及和促进 MOT 人才的培养。2006 年经济产业省已制定了实用的"MOT 教育指南",内容包括:项目评价和认定、企业内人才培养模式、自我学习指南。

根据这一指南,MOT 在产业界能够发挥如下功能:

➢ 革新;

➢ 进行技术转换的研究开发计划和知识产权管理;

➢ 包含市场营销、财务、会计、品质管理、项目管理和演示等内容的技术经营；

> 包含人才开发和组织开发的组织管理基础建设；
> 以技术伦理为基础的企业统治。

能够发挥上述功能的 MOT 人才包括：技术担当管理者、经营计划管理者、知识产权管理者、研究和技术开发管理者、商品和事业开发管理者以及生产和制造管理者。

据相关研究报告，MOT 成功的企业有如下三个共同点：第一，以 OJT 为基础脚踏实地地进行企业内教育训练和能力开发；第二，不论经营状况如何，都坚持录用正规员工；第三，采取多种措施激励员工。在大企业中，以技术出身的课长以下的项目管理者作为 MOT 教育对象的案例较多。但是，在中小企业中，身为 MOT 人才的经营者，以全体员工为对象，通过 OJT 的人才教育实施 MOT 教育。从这里可以看出，企业不一定非要实施特别引人注目的人才管理措施，如果以传统的终身雇佣制和年功制为基础，孜孜不倦地坚持实施日本式雇佣惯例的人事措施，就可以使企业获得成功。

那么，如果持续地实施传统的人事管理措施和雇佣惯例，并进行新的 MOT 教育，就能够培育 MOT 人才吗？这里重要的是，承担人才培育的人事部门。不仅要使企业获得核心竞争力，而且要拥有将技术以战略性眼光进行管理的能力。实际上，传统的人事部门很难担当培育像 MOT 人才这样能创造新附加价值的管理人才和专业技术人才的重任。因此，新人事部门不仅要树立传统意义上的企业理念，而且要树立比以前更加重视人的"人才"理念。也就是说，新人事部门应从传统的重视规则的人事管理转向现代的重視提供服务的人事管理。

【参考文献】

伊藤政一『雇用改善人事合理化のすすめ方』中央経済社、1984年。
荻原勝『出向の人事・労務』中央経済社、1987年。
荻原勝『新しい人事管理』日本実業出版社、1989年。
大崎鋭侍『能力主義人事制度の設計と運用』日本経営協会総合研究所、1991年。
鍵山整充『能力主義的資格制度』白桃書房、1977年。
菊野一雄他『雇用管理の新ビジョン』中央経済社、1989年。
教育技法研究会編『OJT技法』経営書院、1992年。
教育技法研究会編『教育訓練技法』経営書院、1993年。
郷町悦弘『専門職の新設計』日本生産性本部、1986年。
楠田丘『職能資格制度』産業労働調査所、1975年。
楠田丘『育成型人事考課のすすめ』日本生産性本部、1992年。
楠田丘『職務調査の理論と方法』経営書院、1994年。
久保薄志『昇進・昇格のつくり方運用の仕方』中央経済社、1991年。
経営労務クラブ編『採用の手順と書式』日経連弘報部、1991年。
経済産業省経済産業政策局産業人材参事官室編『「人材マネジメントに関する研究会」報告書』経済産業省経済産業政策局産業人材参事官室、2006年。
経済産業省産業技術環境局大学連携推進課『効果的な技術経営人材育成に向けた「MOT教育ガイドライン」について』経済産業省産業技術環境局大学連携推進課、2006年。
幸田浩文「東日本旅客鉄道株式会社における技術経営（MOT）人材の採用ならびに育成過程の現状と課題」『経営力創成研究』第3号、東洋大学経営力創成研究センター、2007年、87-98頁。
小林英之『外国人・日系人雇用のノウハウ』海南書房、1992年。
斎藤毅憲・幸田浩文編『女性のための経営学』中央経済社、1993年。
斎藤清一『トータル人事制度の組立てと運用』経営書院、1991年。

酒井正敏『中途採用による人材確保の実務』オーエス出版社、1993年。
酒寄昇『新しい人事考課の設計と運用』経営書院、1991年。
俵美男『キャリア開発入門』日本経済新聞社、1980年。
中央職業能力開発協会編『ビジネスキャリア制度のすべて』日本法令、
　　1994年。
中小企業金融公庫総合研究所編『中小企業の技術経営（MOT）と人材教育』
　　中小企業金融公庫総合研究所、2006年。
中小企業庁労務研究会編『中小企業の人材活用戦略』同友舘、1993年。
椿常也『TQCのABC』日本実業出版社、1988年。
日経連『人事考課制度運用の実際』日経連弘報部、1977年。
日経連『日本における職務評価と職務給』日経連弘報部、1964年。
日経連職務分析センター編『主要企業の職務分析・評価の実態』日経連弘
　　報部、1971年。
日経連職務分析センター編『職能資格制度と職務調査』日経連弘報部、
　　1993年。
日経連職務分析センター編『職務分析入門』日経連弘報部、1981年。
日経連職務分析センター編『新職能資格制度』日経連弘報部、1980年。
日経連能力主義管理研究会編『能力主義管理』日経連広報部、1970年。
日本生産性本部編『新入社員教育のすすめ方』日本生産性本部、1993年。
根本孝『ラーニング・シフト―アメリカ企業の教育革命―』同文舘、
　　1998年。
松田憲二『管理者のための人事管理システム』経営書院、1990年。
松田憲二『能力開発規定とつくり方』経営書院、1991年。
森田友喬『社内資格制度』日本経済新聞社、1980年。
山田雄一『配置と昇進制度』泉文堂、1987年。
八幡批芦史『外国人社員の採用と戦力化』経営書院、1990年。

第四章
工作条件

就业规则的含义与内容

就业规则的含义

所谓就业规则,是指企业规定的关于劳动时间和工资等工作条件以及工作过程中劳动者必须遵守的规章制度的细则。《劳动基准法》第89条规定:长期雇佣10人以上劳动者的雇主,必须制定就业规则。

同一个雇主在经营两个以上经营场所时,必须分别制定各经营场所的就业规则,但未满10人的经营场所,雇主可以不制定就业规则。虽然就业规则规定了在经营场所中工作的劳动者的劳动条件和劳动者必须遵守的规章制度,但未必对所有的员工适用同一个就业规则。也就是说,可以根据各职场的情况分别制定不同的就业规则。

就业规则的记载事项

根据《劳动基准法》第 89 条规定，制定就业规则时，应记载下列三个事项。

① 必须记载事项——所有经营场所的就业规则中必须记载的事项。

- 上下班时间、休息时间、休息日、休假，以及将劳动者分成两组以上交替作业时的倒班制等相关事项；
- 工资的设定、计算、支付方式、支付期限和支付时间，以及加薪等相关事项；
- 退职相关事项。

② 相对记载事项——对经营场所的特定事项有必要记载的事项。

- 退职及其他补助金、奖金和最低工资额等相关事项；
- 劳动者的伙食费、作业用品以及其他应承担费用等相关事项；
- 安全卫生相关事项；
- 职业训练相关事项；
- 灾害补偿和工作时间外意外伤害或疾病补助等相关事项；
- 表彰与惩戒的种类和程度等相关事项；
- 其他，诸如经营场所所有劳动者都适用的相关事项。

③ 任意记载事项——虽然在法律上没有记载义务，但认为经营场所需要记载的相关事项。

> 就业规则的目的和宗旨、就业规则的适用范围、解释的基准等总则规定。

制定就业规则时的注意点

长期使用10人以上劳动者的雇主有制定就业规则的义务〔《劳动基准法》第89条〕。与劳动合同、集体合同不同,雇主行使经营权可以单方面制定或变更就业规则。但是,雇主在制定或变更就业规则时,必须征求由企业过半数劳动者组成的工会的意见,没有工会的企业则必须征求过半数劳动者选出的代表的意见(《劳动基准法》第90条)。通过上述程序制定或变更的就业规则以及劳动者代表提出的建议书,必须向企业管辖地的劳动基准监督署署长提交(《劳动基准法》第89条)。

就业规则对雇主与劳动者单独签订的劳动合同具有较强的约束力。如当劳动合同中的劳动条件没有达到就业规则所规定的基准时,其相应部分就变为无效,同时应依据就业规则规定的基准修改该部分(《劳动基准法》第93条)。正因为就业规则对劳动合同具有较强的约束力,所以企业不能制定违反法令和与工会缔结的集体合同相悖的条款(《劳动基准法》第92条)。录用新员工时,企业必须向新员工告知劳动条件(《劳动基准法》第15条),但若企业有就业规则则将其明示也可以。同时,雇主有义务在企业内醒目的地方张贴公布就业规则,或印刷成小册子分发给每个员工,以便让员工知晓(法第106条)。

就业规则与劳资关系法规的关系

"总则"规定的内容

下面以标准的就业规则为例,详细说明就业规则中的各事项与劳资关系法规间的关系。

首先,就业规则的第1章"总则"规定了就业全局性的通则,如就业规则的宗旨、目的、员工的定义、适用范围、禁止差别对待等内容。从法律的角度来看,这些内容并不是必须记载的事项。

值得注意的是,当使用非正规员工,如钟点工、特聘员工、临时工时,必须规定他们作为企业员工适用就业规则的范围。如果将特定就业形态的员工与正规员工分别管理时,必须制定适用于该部分员工的就业规则。但是,如果在就业规则的相关条款中注明了适用范围,就不必制定其他就业规则。此外,总则中有时也规定与《劳动基准法》第3条(待遇均等)、第4条(男女同工同酬原则)、第9条(劳动者的定义)等条款相关的事项。

"人事"规定的内容

就业规则的第2章"人事",规定了从录用至解雇、退职的相关事项。具体事项的规定如下:

> 录用相关事项:招募方法、录用标准、选考方法、需要提供的资料等。值得注意的是,在年龄方面,法律规定禁止录用未满15周岁者(《劳动基准法》第56条)。如果录用员工时没

有特别规定合同期限,则被认为是无固定期限劳动合同。这意味着,如果不被解雇或没有因非本人的原因而离职时,就认为是劳动合同继续,退休时方可终止劳动合同。另外,录用员工时,若使用固定期限劳动合同,则应依据相关法律规定。

➢ 履行劳资关系相关事项:试用期、调动、停职、复职等。试用期的规定在法律上没有特别的限制,但一般为 14 日至 3 个月。在试用期内,如果雇主认为劳动者在工作绩效和技能上不适合相关业务,就可以立即解雇。但录用后超过 14 日时,雇主解雇劳动者需要提前通知劳动者(《劳动基准法》第 20 条)。

➢ 终止劳动关系相关事项:解雇、退休、退职等。解雇相关规定是指解雇的程序、理由、限制方面的内容,它必须在就业规则中记载,是绝对记载事项。当解雇员工时,除了录用相关事项所述的情况(《民法》第 628 条)外,原则上由雇主自主决定,但实际解雇时只有出现与已制定的具体解雇理由相当的情形时才能解雇。解雇员工时,程序上需要选择下列两者之一:或者至少 30 日前通知员工,或者支付日平均工资 30 日份额以上的"事先通知补助金"(《劳动基准法》第 20 条)。当员工因自身的原因离职时,即使是在就业规则中没有特别的规定,也有提前 14 日向雇主通知的义务(《民法》第 627 条)。所谓退休,是指当员工达到就业规则中所规定的一定年龄时,不管其工作绩效如何都要退职的情况。

"劳动条件"规定的内容

劳动时间、(工作过程中的)休息、休息日、休假等劳动条件相关的规定,必须在就业规则中记载,这是必须记载事项。

➤ 劳动时间——在 1987 年《劳动基准法修正案》中,劳动时间规定为每周 40 小时、每日 8 小时。实际上,根据政府临时规定令,劳动时间由原来的每周 46 小时逐渐缩减至 44 小时。之后,根据 1994 年 4 月 1 日《临时措施法》的部分修改,劳动时间又变为每周 40 小时(《劳动基准法》第 32 条第 1 款)。

➤ 工作时间变更制——劳资双方为了达到缩短劳动时间的目标,通过协商确定一定期间具有灵活性的劳动时间结构,这种制度被称为工作时间变更制。如,为了使工作时间具有灵活性,不规定工作开始时间和上班时间,或者在一定期间内,只规定总劳动时间,而不规定各劳动日的劳动时间;或者只规定一定期间内各劳动日的工作时间,而其余期间的工作时间只规定劳动日和总劳动时间等。

➤ 弹性工作时间制——不规定每日工作时间的长短,即不规定上下班时间,而只规定周或月工作时间的长短,各劳动日的工作时间由员工自主决定,这种制度被称为弹性工作时间制。一天的劳动时间,在工作时间范围内由必须工作的核心劳动时间和可以自由支配的灵活劳动时间构成。企业若要使用这一时间制必须在就业规则或相关规定中规定适用范围。

> 休息时间——若劳动时间超过 6 小时,则必须安排不少于 45 分钟的休息时间;若劳动时间超过 8 小时,则必须安排不少于 1 小时的休息时间(《劳动基准法》第 34 条)。

> 休息日——每周必须安排不少于 1 次的休息日(《劳动基准法》第 35 条)。

> 每年带薪休假——对连续工作 6 个月,且累计出勤达劳动合同规定的劳动日八成以上的员工,必须给予连续或分散的 10 个工作日带薪休假(《劳动基准法》第 39 条)。随着相关法律的修改,小时工等员工的带薪休假日也有所增加。计算年休出勤率(决定是否带薪休假时使用)时,应把育儿休业期间当作出勤日数(《劳动基准法》第 39 条第 7 款,法附则第 3 条第 2 款,《育儿休业法》第 2 条第 1 款)。

"工资"规定的内容

工资(设定、计算、支付方法、终止日期、支付期间、加薪)相关的规定必须记载在就业规则中,这是必须记载事项。像大型企业等雇佣各种就业形态员工的企业,因为与工资有关的规定比较复杂,通常允许制定"工资条例"或"薪酬规定"等特别规则(《劳动基准法》第 89 条第 2 款)。

工资原则上必须直接向劳动者每月一次以上且在规定日期,以现金形式全额支付(《劳动基准法》第 24 条第 1 款、第 2 款),这就是工资支付五原则:现金支付原则、直接支付原则、全额支付原则、每月支付原则、规定日期支付原则。但现金支付原则和全额支付原则允许有例外。如现金支付原则的例外是,若在法令或集体合同中有例外的规定,则在一定范围内可以采用实物工资形式。并且,作为现金之外的支付方式,可以采用金融机关等存折的转账。而全额支付原则的例外是,若在集体合同中有工资扣除的项目,如税金或保险金等,则在一定范围内可以从工资中扣除一部分。

如果劳动者在规定工作时间外、休息日或夜间劳动,则对这部分劳动时间,除支付正常劳动时间的工资外,还必须支付按"平时劳动时间工资"乘以一定工资补偿系数计算的补偿工资(《劳动基准法》第37条)。休息日劳动的工资补偿系数为35%,而加班劳动和夜间劳动的工资补偿系数为25%。计算补偿工资基数的"平时劳动时间工资"可采用下面的公式计算:①用小时工资计算时,工资全额;②用日工资计算时,日工资÷实际劳动时间;③用月工资计算时,月工资÷实际劳动日数÷实际劳动时间。但"平时劳动时间工资"不包括家属津贴、住房津贴、通勤津贴、临时津贴等。

奖金、退职津贴、最低工资额等相关事项属于相对记载事项。这些事项的规则,若需要则必须制定,若不需要则可以不制定。但由于退职津贴(退职金)的规则。由于在法律上(《劳动基准法》第89条第1款第3项第2目)有如下记载事项的规定,即适用对象者的范围、设定与计算、支付方法、支付时间等,所以还是制定规则为好。

"表彰及惩罚"规定的内容

员工有遵守企业职场秩序的义务。表彰是指对维护职场秩

序、提高经营效率做出贡献者给予的奖赏。通常,应对为企业经营做出如下贡献的员工进行表彰:

> 工作方面的贡献,如长年全勤工作者等;
> 技术方面的贡献,如作业方法和节约方法的改善等;
> 防止损失方面的贡献,如防止企业灾害或盗窃等带来的损失等。

表彰的形式除了向受表彰者颁发奖状外,还包括赠予奖品、奖金等一次性利益,以及加薪、晋级、年金等长期利益。

惩罚是指对严重扰乱职场秩序或致使经营效率下降者给予的处罚。这种与惩罚或制裁相关的事项虽然属于相对记载事项,但几乎所有的就业规则上都有这一内容。制裁规定一般称作"服务规则",通常在就业规则之外的服务公约或惩罚条款中规定。通常,如下情况作为惩罚的理由:

> 无正当理由消极怠工,如无故缺勤或离开职场等;
> 损害经营设施或材料,如因故意或过失而造成灾害等;
> 存在不正当或不诚实行为,如打架、盗窃、篡改履历等;
> 通过有意识的团体性活动扰乱工作秩序,如在工作时间进行不被许可的政治或团体活动等。

根据惩罚的程度,其种类归纳如下:①让过失者写书面检讨书(警告);②扣发工资(降薪);③暂时停止加薪和晋级;④降低职位(降级);⑤禁止一定期间出勤(禁止上班);⑥解雇(劝告辞职);⑦惩罚性解雇(解雇处罚)。

关于扣发工资,法律上有一定的限制,其具体规定是:一次惩罚的扣发额不能超过每日平均工资的一半或不能超过一次支付工资总额的 1/10（《劳动基准法》第 91 条）。此外，因为惩罚性的解雇是最重的惩戒处分，所以无须通知而立即解雇（《劳动基准法》第 20 条），其退职金也可以减额支付或不支付。

"福利厚生及教育"、"安全卫生"、"灾害补偿及补助"内容

下面考察福利厚生[①]、教育、安全、卫生、灾害补偿、补助等相关的规定。其中，安全卫生、灾害补偿和补助等相关规定是属于相对记载事项；而福利厚生和教育等相关规定，如果该规则适用于所有职场员工，则在就业规则中必须记载该事项。但雇主只要不违反集体合同，该事项的内容可以自主制定。

① 福利厚生相关事项——该事项虽没有必须制定的义务，但若要制定，则因为其涉及的范围广、手续复杂，所以必须明确其内容。值得注意的是，在下面福利厚生措施中，不能以女性为理由而制定与男性有差别待遇的规定（《男女雇佣机会均等法》第 10 条，《劳动基准法实施规则》第 2 条）：

> 生活资金、教育资金、其他劳动者福祉资金贷款；
> 为增进劳动者福祉而定期实施的现金支付；
> 为劳动者资产形成而实施的现金支付；
> 住房贷款。

② 教育相关事项——这一事项作为"职业训练相关事项"，在

---

① "厚生"的日语意思是使人们的生活富足、充裕，或保障、福利。福利厚生是指员工的福利。书中为了行文方便，沿用日语的表达习惯。——译者注

法律上被包含在相对记载事项中，但至今极少数企业把它作为就业规则条款。这一事项也与福利厚生相关事项一样，应注意不能以女性为理由而与男性差别对待（《劳动基准法》第9条，《劳动基准法实施规则》第1条）。就业规则之外单独制定的教育训练规定所包含的内容如下：

> 明确教育训练的目的和宗旨等；
> 教育训练的种类——岗前教育、新员工教育、新员工跟踪教育、骨干员工教育、新任管理者教育等；
> 教育训练的期限、场所、方法等；
> 费用负担和授讲的义务等。

③ 安全卫生相关事项——这是相对记载事项。灾害防止方面的内容包括：员工遵守事项、安全管理方法、危险业务的就业限制等。卫生方面的内容包括：健康诊断次数、员工受诊义务、病人的就业禁止和调动、女性和年少者有害作业的就业限制、卫生教育等。这些事项在《劳动安全卫生法》中都有规定，是与安全卫生相关的劳动条件的最基本标准。

④ 灾害补偿及补助相关事项——这是相对记载事项。因为职业病的补偿与职业病之外的补助属于员工权利的相关事项，所以必须详细规定。员工因工作而遭受意外伤害或发生疾病，雇主必须向其提供医疗补偿、休业补偿和伤害补偿等（《劳动基准法》第75、76、77条）。此外，员工因工作而遭受意外伤害或疾病死亡时，雇主必须向其家属支付按日平均工资计算的相当于1,000日的遗嘱补偿金和按日平均工资计算的相当于60日的丧葬费（《劳动基

准法》第79、80条)。如果企业已参加劳动者灾害补偿保险(或称劳灾保险),则依据《劳动基准法》的规定雇主负担的灾害补偿责任由政府承担,政府向受到直接灾害的员工或家属支付补偿金。另外,员工因工作外原因发生疾病时,根据《健康保健法》可以得到补助。

综上,考察了就业规则与《劳动基准法》之间的关系,在劳务管理中没有涉及的其他事项和规则在劳资关系法规中都有明确的规定。另外,作为就业规则的最后一项即附记,必须规定就业规则的实施日期、修订流程和有关法令修改时的应对措施等。

劳动时间管理

劳动时间的定义与范围

劳动时间一般是指劳动者在雇主的指挥、指令下履行劳动义务的时间,是劳动者不能自由支配的时间。这是劳动者在履行劳动义务的规定时间中扣除休息时间后的时间,又称作实际劳动时间。根据雇主的指令所花费的作业准备或作业等待时间称作工作等待时间,这部分也包含在劳动时间内。因此,《劳动基准法》(第32条第1、第2款)所规定的每日不超过8小时、每周不超过40小时的劳动时间,不是工作开始至结束为止的时间合计为每日8小时、每周40小时,而是每日、每周工作时间的合计中扣除休息时间后的时间。

此外,实际劳动时间又可分为规定劳动时间和规定外劳动时间。前者是指在企业就业规则等规定的在正常的工作开始至结束的劳动时间中扣除休息时间的实际劳动时间,而后者是指提前上班、加班、休息日上班等实际劳动时间。在就业规则中必须明确记载工作开始和结束的时间。从劳动者被雇主所控制的工作开始至结束的时间中扣除休息时间,称作标准劳动时间,法律上规定每日不能超过 8 小时。

妨碍缩短劳动时间的因素

1955 年,日本实际年总劳动时间为 2,338 小时。之后的 5 年间,伴随着日本经济的繁荣,规定外劳动时间逐渐延长,实际年总劳动时间也持续增加,到 1960 年时甚至达到了 2,432 小时。然而,经过近 20 年的努力,到 1975 年时实际年总劳动时间缩短为 2,064 小时,共减少了 274 小时。但是,1980 年时为 2,108 小时,又呈现出略微增加的态势,至平成(1989 年)时代开始前的一段时期仍保持在这一水平上。但从平成元年(1989 年)开始的 4 年间劳动时间持续减少,其 4 年缩短率(2.2%)仅次于 1974 年(比前一年下降 3.5%)。这主要是由于这一时期规定外劳动时间的减少导致了实际年总劳动时间的缩短。这样,1992 年实际年总劳动时间数为 1,972 小时,首次缩短至 2,000 小时以内。

如上,从 1955 年至 1992 年约 40 年间,劳动时间共减少了 366 小时。尽管如此,仍没有达到政府提出的到 1992 年实际年总劳动时间缩短至 1,800 小时的目标。那么,为什么没有达到缩短劳动时间的目标呢?一般认为,其原因是劳动者比起缩短劳动时间更看重增加工资。除此之外,还有以下几个主要方面的理由。

> 业务往来企业的工作时间和顾客便利上的考虑;
> 缩短工作时间带来的成本上升;
> 销售额的减少;
> 缩短工作时间难以留住工作所需人员;
> 员工带薪休假获得率的下降。

其他理由还包括:即使劳动时间长,员工也可以轻松地工作,因为大部分是"家族员工"[①],所以没有必要缩短劳动时间等。

缩短劳动时间的具体方法

1988年的《劳动基准法》修正后,法定周劳动时间由48小时大幅缩短至40小时,之后以此为契机加快了劳动时间缩短的步伐。这一时期,迫使企业采取缩短劳动时间的措施的原因是,经济繁荣带来的企业绩效的提高,以及由此引起的劳动力不足。当时,缩短劳动时间采用的方法有如下几种:

① 周休息日的增加——周休二日制的宗旨是,在工资总额不变的状况下,通过缩短劳动时间提高劳动者的福祉。实施周休二日制可以带来如下效果:维护员工的健康和增加闲暇;提高出勤率和员工士气;提高生产能力;确保劳动力;分享生产率提高带来的成果;防止连续工作带来的疲劳等。

但引进周休二日制后出现了如下问题:规定劳动时间外或休

[①] 家族员工,日语称"家族従業者",是指作为家族成员在自己的家族企业从事经营活动的劳动者。——译者注

息日劳动的增加；与未实施周休二日制的业务往来企业关系恶化；休息日前后缺勤率的增加；周休二日制引起的生产率下降。周休二日制的目的不仅是增加休息日，而且是通过积极促进劳动时间的缩短，增加自由支配时间和闲暇时间，从而实现劳动者丰富多彩的社会生活。

此外，除了周休日之外，还有如下增加休息日的方法：缓解疲劳的休假、暑假、纪念日休假形成的连休、全公司或各部门休假、班次交替休息等。

② 标准劳动时间的缩短和加班时间的缩短——标准劳动时间的缩短可以通过如下途径实现：上班时间的延后或下班时间的提前，实行交接班工作制或时差工作制等。加班时间的缩短可以通过如下途径实现：禁止无报酬的加班，规定加班时间的上限，实施无加班日措施，实行交接班工作制、劳动时间变更制和弹性工作制等。

③ 其他——通过采取具有实效性的措施，提高劳动者每年带薪休假获得率。

工作时间变更制和弹性工作时间制

下面介绍较有代表性的缩短劳动时间的方法——工作时间变更制与弹性工作时间制的内容及特征。

变更工作时间的形态，按期限可以分为如下几种类型：

① 以一个月为单位的工作时间变更制（《劳动基准法》第 32 条第 2 款）。当就业规则中规定一个月内的周平均劳动时间不能超

过法定规定的周劳动时间时,若某一特定周超过法定周劳动时间,或某一特定日超过8小时,则不能认为是规定外劳动时间。

② 以一年为单位的工作时间变更制(《劳动基准法》第32条第4款)。从1994年4月1日开始,原本以3个月为单位的劳动时间变更制延长为1年。如果实施这一制度,劳资双方就要缔结劳资协议,并向劳动基准监督所长提交申请书。为了实施这一制度,必须制定一年期间的周平均劳动时间不超过40小时(在延期实施该法规的企业中,如果使用劳动者不足100人,则劳动时间为42小时)的方案。

③ 以一周为单位的工作时间变更制(《劳动基准法》第32条第5款)。经常使用的劳动者不足30人的零售业、旅馆、饮食店,如果以劳资协议的形式事先通知劳动者,则可以在每周42小时范围内让劳动者某日劳动10小时。

企业采用工作时间变更制的理由是:经营受季节性的影响导致业务非常繁忙,或因经营性质上的需要必须长时间工作等。此外,年中无休的经营场所、西餐店、零售业、24小时营业的工厂等,可以采用交替工作制(二班制倒班、三班制倒班、白夜班制)。但目前由于员工不喜欢夜间劳动,采用交替工作制企业的比例逐渐减少。

④ 弹性工作时间制(《劳动基准法》第32条第3款)。目前,在已经实现劳动时间缩短的企业中,采用弹性工作时间制的比例较高(劳动省"关于劳动时间缩短的意向调查"1989年)。其理由如下:

> 尊重自主意识,能够提高工作效率;
> 能够错时上班;
> 可以保持身心健康;
> 可以丰富私生活;
> 较容易实现家庭和工作兼顾;
> 为了交际可以不加班。

工资体系与工资类型

法律上的工资

工资是雇主对员工的劳动支付的报酬。工资水平由以下几方面因素所决定:①社会经济环境;②劳动力供求关系(市场工资);③企业支付能力;④劳动者与雇主的力量对比;⑤(理论或实际)生活费。此外,为了防止因过度竞争发生的不合理的低工资,同时也为了确保公平竞争的环境和劳资关系的稳定,政府制定了最低工资法。

工资是劳动者付出自己的劳动而从雇主那里获取的货币收入,其名称有"月薪"、"薪水"、"薪酬"、"津贴"等。《劳动基准法》第11条将工资定义如下:"工资无论其名称如何,泛指雇主对劳动者的劳动付出给付的报酬。"

对于劳动者来说,工资是获取生活资料的手段;而对于企业来说,工资总额加上其他人工费就形成所谓总人工费(总劳动费用)

的生产成本(见图4-1)。企业雇佣一个员工时,除了支付工资之外,还要负担其他人工费用,这一费用被称为"附加工资"或"附加福利"。尤其像医疗保险费、商业保险费等法定福利费和教育训练、能力开发等教育训练费,虽然由企业自主决定,但这部分费用给企业带来了较大的资金负担。

经营者确定企业的支付能力一般要遵循如下原则:以企业经营效益为基础,综合考虑企业发展和改善自身整体素质的中长期经营计划。根据这一原则,工资调整要依据生产率水平的提高程度,员工的工资要反映每个员工的绩效和对企业的贡献度。

工资体系的构成

企业根据经营目标必须规划、设计和确保:①工资支付所需的资金;②在工资体系中,每个员工工资差距的基准和工资项目的内容;③绩效工资制、浮动工资制、计时工资制、日工资制、月工资制、年薪制等工资支付形态;④合理且公正的工资分配。将工资相关的上述内容作为人力资源管理的一环进行的管理称作工资管理。在工资管理中工资体系发挥着举足轻重的作用,因此,必须设计能够充分发挥员工能力、员工容易接受的合理且公正的工资体系。

工资体系不仅要反映工资支付的内容,而且要反映企业对工资的理念。工资由基准内工资和基准外工资构成,前者是指对从上班至下班时间中扣除休息时间后的规定工作时间内的劳动支付

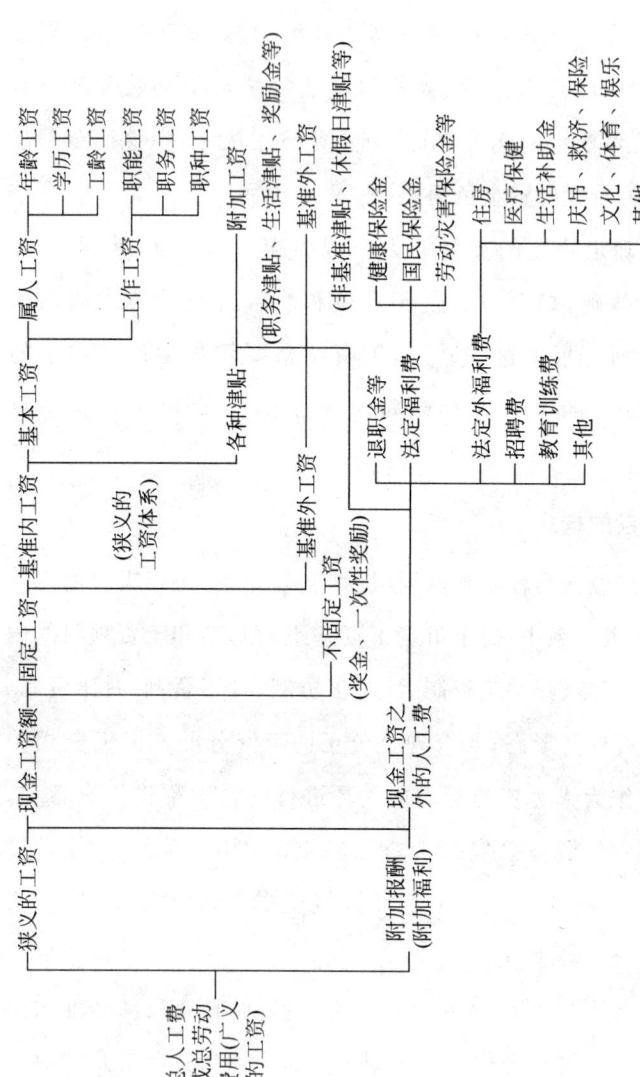

图 4-1 总人工（劳动）费用的构成

的报酬,而后者是指对超过规定劳动时间的劳动支付的报酬。基准内工资由基本工资和对基本工资起补充和辅助作用的附加工资,即津贴所构成。《劳动基准法》对基准外工资规定了最低标准。日本工资体系的特点之一是,各种津贴所占的比重比欧美更复杂。

泡沫经济崩溃后,一直占据支配地位的职能工资形态以及人事待遇制度因其过度支付结构而被新的工资形态所替代。之所以发生这样的变化是因为,外界环境的变化迫使企业从年功主义、属人主义向能力主义,直至成果、绩效主义转换。未来的工资及人事待遇制度的改革方向,将会对近年来开始恢复景气的日本企业的竞争力带来极大的影响。

基本工资与各种津贴的性质

工资体系一般由基本工资和津贴所构成。基本工资,顾名思义就是工资的基本,它是计算奖金和退职金的基础金额。一般来说,基本工资由两个以上的工资项目所构成,其构成影响员工的工作积极性和士气,所以设计时必须要慎重。其中,较有代表性的工资项目有:由年龄、学历、工作年限等属人要素决定的"属人工资",由职务和职务执行能力等工作要素决定的"工作工资",以及由属人要素和工作要素综合考虑而决定的"综合工资"。由于"属人工资"作为反映"属人主义"或年功主义的工资项目,是以终身雇佣制与年功制的日本雇佣惯例为基础的,因此一直受到人们的批评。这是因为,人们认为年龄、学历的高低以及工作年限的长短不能直接反映员工能力的大小。

基本工资

基本工资是工资的基础，也是计算奖金和退职金的基础金额。基本工资有如下工资项目：

① 属人工资：根据年龄、学历、工作年限等属人要素确定的工资。

➢ 年龄工资：基于"年龄不同所需生计费用也不同"的观点，根据年龄的大小确定的工资。

➢ 学历工资：根据初中、高中、短期大学、大学等学历高低来确定的不同的工资水平。向新员工支付的学历工资通常称作初薪。

➢ 工龄工资：随着工作年限的增加自动加薪而累积形成的工资。和年龄工资一样，这也是根据员工生计费而确定的工资形式。

② 工作工资：这是根据职务和职务执行能力等工作要素确定的工资形式。

➢ 职务工资：这是根据职务的相对价值确定的工资。引进职务工资形式，要先进行职务分析、职务评价、职务等级的设定等一系列准备工作。

➢ 职能工资：根据职务执行能力的种类和程度确定的工资。引进职能工资形式，要先建立职能资格制度。

➢ 职种工资：根据该地区的工资行情或职种（如汽车驾驶员、木匠、瓦工等）确定的工资。

③ 综合工资:根据"属人要素"和"工作要素"综合确定的工资形式。

各种津贴

津贴与基本工资一起构成工资体系。津贴因性质不同,其形式也多种多样,主要有不定期调整的津贴、向特定对象和符合特殊条件者支付的津贴、不能作为不固定工资或附加工资的其他类型的津贴等。具体则包括根据劳动内容和技能确定的职务津贴、技能津贴等,根据生活补助内容确定的家族津贴、通勤津贴等,根据对企业的贡献程度确定的全勤津贴、资格津贴等。

设计工资体系时,要注意以下几点:
> 必须制定与员工属人要素无关的能够充分发挥其能力的工资体系;
> 必须制定消除性别差异的工资体系;
> 必须制定基于能力的较具体的工资体系,如职务工资、职能工资等。

年功工资的特征

年功工资又称为年功序列工资,这是工资随着员工年龄和工作年限的增加而上涨的工资体系。因为这是由属人要素确定的工资制度,所以也是属人工资形式之一。年功工资体系是在长期的历史进程中以日本特有的社会环境和文化为基础形成的,它与终身雇佣制共同构成日本独有的经营特色。对于这一体系的起源有各种学说,但一般认为其在明治中期(19世纪末)形成。

年功工资在二战结束后工资水平较低的时代显现出其优势，但随着老龄化、高学历化的发展慢慢显露出其缺点。年功工资体系的优缺点归纳如下：

① 年功工资的优点

➢ 生活稳定性——这一形式根据年龄、工作年限、经验、学历等属人要素确定晋升、晋级，所以员工较容易安排未来的生活；

➢ 归属感的形成——由于根据年龄、工作年限等确定其待遇水平，因此员工容易产生对企业的归属感和忠诚心；

➢ 低工资劳动者的获得——由于根据年龄要素确定工资，因此企业容易雇佣工资较低的年轻层员工。

② 年功工资的缺点

➢ 低效率——由于这一工资形式能够保障员工一定程度的未来生活，因此员工有可能不积极工作，在提高效率方面不下功夫；

➢ 低士气——由于不按照职务执行能力进行晋升、晋级，因此容易使员工的士气下降；

➢ 年轻层的不满——容易出现所承担的职务与工资不一致的现象，由此引起低工资年轻层员工的不平和不满。

津贴的特征

津贴的内容和性质

津贴的功能是对工资体系主体的基本工资起到补充和辅助作用。津贴有多种类型，其结构较复杂。津贴的性质大体上可归纳如下：

> 不定期调整作用；

> 向特定对象支付；

> 不作为计算其他工资项目的基础；

> 只向符合条件者支付。

津贴的类型

津贴的类型有以下几种：

① 根据劳动内容和技能划分的津贴：

> 责任津贴：向管理、监督岗位（基层管理）的人支付的津贴；

> 特殊作业津贴：也称作特殊工作津贴，是向从事特殊作业或工作的劳动者支付的津贴；

> 技能津贴：向拥有特殊技能的职务担当者支付的津贴。

② 根据生活费用划分的津贴：

> 家属津贴：向需要抚养家属的员工支付的津贴；

> 地区津贴：根据工作地区的经济条件，以调整工资为目的支付的津贴；

> 通勤津贴：以通勤费用补助为目的支付的津贴；

> 住宅津贴：以减轻房租或房贷等住房负担让员工安居乐业为目的支付的津贴。

其他津贴

> 全勤津贴：为了奖励出勤日数多的员工而向一定期间的全勤者支付的津贴；

> 资格津贴：根据职务执行能力的层次及资格向员工支付的一种能力津贴。

"工作工资"的意义和内容

职务工资的形式与类型

职务工资是指先通过职务分析明确职务内容并通过职务评价划分职务等级后，将其结果与工资联系起来的工资形式。也就是说，职务工资是按照根据职务的重要度、困难度而设定的职务等级来确定工资的形式。职务工资体系可以分为如下几种形式：

> 混合型职务工资——将基本工资全面改造成职务工资形式后，再把年龄工资、工龄工资等属人工资形式融合在职务工资体系中的工资形式。基本工资＝职务工资（以属人工资为中心）。

> 并存型职务工资——将属人工资作为基本工资的一部分，使属人工资和职务工资同时并存的工资形式。因为年功已被属人工资部分所包含，所以职务工资部分可以单独设定。基本工资＝职务工资＋属人工资。

> 并列型职务工资——将基本工资中属人工资部分原封不动，另设定职务工资作为基准内工资的一部分。这样，两种工资形式一同视为基本工资。基本工资＝（旧）基本工资（属人工资）＋（新）基本工资（职务工资）。

作为职务工资的类型,可以分为单一职务工资和范围职务工资。

- ➢ 单一职务工资——担任同一职务视为从事同一劳动,这是实现所谓同一劳动同一工资的方法。
- ➢ 范围职务工资——这是在同一职务等级内设定复数工资率的方法。设定复数工资率有如下几个理由:①作为从年功工资转为职务工资的过渡性措施,用工资率差异替代年功差异;②在不能否定定期加薪制的现实状况下,将等级幅度用于定期加薪幅度上。范围职务工资的类型如图4-2所示,有重复型、连接型、间隔型三种。

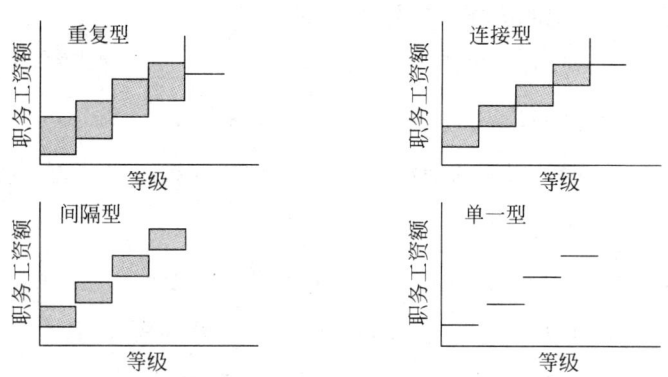

图4-2 范围职务工资与单一职务工资

引进职能工资的步骤及运用上的问题

职能工资是根据职务执行能力的种类和程度将员工进行分类,然后把其分类与工资对应起来的工资形式;即按职种或职务分别设定职能等级,并将其反映在工资中。因此,职能分类是实施职能工资制的前提条件。基于职能分类制度,引进职能工资的步骤归纳如下:

> 职务(职种)分类——首先,将类似的职种进行归类。职种一般可分为作业(操作)职、事务职、监督(基层管理)职、管理职等。

> 职级的设定——根据职种的重要度、困难度将职种再划分后设定职级。

> 职能等级的设定——根据熟练度、"习熟度"(通过工作锻炼获得的能力)、资格条件,将各职级按职务执行能力划分等级,即把职级更细分化。

> 各等级中员工级别的确定——进行每个员工的能力分级和能力区分,并与各职能等级对应起来。

> 工资(额)级别的确定——最后,按各等级确定工资,进行工资等级划分。

职能工资体系从 1965 年年初开始被很多企业引进,在实践中采取与年龄工资、工龄工资和职务工资并存的方式,以基本工资的形式逐渐推广起来。但是,如果这一制度没有以明确的人事方针与公正的人事考核制度为基础,就可能变成与传统的年功序列工资体系在本质上一样的工资体系。

运用上存在的问题如下:

> 在一定职级范围内,随着工作年限的增加自动加薪、晋级、晋升;

> 在人事考核中,职能工资相关要素的评价和重要度被评价者的主观意志所左右。

职能工资是职能资格制度的一项功能。也就是说,职能工资不仅仅是工资项目,而且是与人事考核、能力开发、人事待遇等密切联系的系统。

奖金、退职金和优先认股权

奖金的性质与特性

从法律的角度看,奖金是根据劳动者的工作绩效定期或不定期地向劳动者支付的,其支付额度没有事先确定。并且,奖金通常被看作是工资的一种类型。

关于奖金的性质有各种不同的学说,较有代表性的有如下几种:

> 工资后付说——用奖金填补工资未支付或不足部分,是根据绩效以奖金或一次性支付金形式另行支付。

> 恩惠性给付说——从江户时代由来的犒赏慰劳的惯例产生,奖金的起源是"饼代"(江户时代过年时仅能买饼的钱)。但是,用这一观点来说明现代意义上的奖金有些牵强。

> 功劳褒奖说或收益分配说——根据企业收益状况向员工分配利润的方式。一种是斯坎伦计划,这一方式是在先确定劳务费比例的基础上,再根据生产额或销售额来决定奖金

额的方法；另一种是拉克计划，是先确定劳动分配率，然后再根据附加价值额决定奖金额的方法。

➢ 惯例说——奖金支付依据是日本人的生活习惯。

奖金与各种津贴等附加工资不同，原则上根据劳动者的绩效定期或不定期支付。一般来说，企业以前期的营业绩效或者当期的营业预期绩效作为奖金总额的基础，向员工发放最低奖金保障额和以利润的一定比例计算的金额。

奖金分配的方式有如下几种：

➢ 以员工个人的基本工资或基准内工资为计算奖金的基础，再乘以一定的支付率；

➢ 与员工个人的基本工资或基准内工资无关，直接支付一定金额；

➢ 根据出勤率、工作绩效、资格等来支付。

奖金的计算，一般以基本工资×支付率×出勤率为基础，再加上考核分或乘以考核系数。奖金计算的基础额除了采用基本工资之外，还有基本工资加上一部分津贴、基准内工资额、用表格方式或定额方式计算的金额等。在支付率的采用上，使用最多的是全体员工统一的固定比例的方式，其次是根据考核或绩效结果采用不同比例的方式。也可以按资格或职能、职位或职阶、工作年限或年龄来设定不同的支付率。另外，计算奖金时，使用不同支付率的比重为：以固定比例计算的约六成，以考核分数计算的约两成，以一定的定额计算的约一成。因此，每个员工奖金的多少取决于人事考核的结果。约三成的企业在计算奖金支付金额时，采用以产值或销售额、附加价值、利润为基础的成果分配或利润分配方式。

一般在夏季或年末发放奖金的较多,但为了节约每年两次的劳资谈判所需的时间和费用,也有企业采用一次性发放方式。当决定夏季奖金方式时顺便确定年末奖金方式的称为夏冬型,与此相反的称为冬夏型,在实际应用中前者较多。

退职金的性质与计算方法

退职金以一次性退职金和退职年金的形式支付。但是,在现实中用一次性退职金形式来一次性支付的占多数。退职年金的形式也多与一次性退职金并用。

关于退职金的性质通常有如下几种学说:

> 功劳报偿说——雇主用向员工支付退职金的方式对员工一直以来的功劳给予报偿;
> 工资后付说——认为退职金是工资的一种类型,是在职时未支付工资部分的补偿;
> 生活保障说——退职金是退休后生活的补助金,或未领取政府养老金时的补助金。

在现实中,退职金的性质不能只用哪一种学说就能说明清楚,而应把各种学说综合起来解释比较正确。

退职金的计算方法与奖金的计算方法一样,一般以一定的基础额乘以支付率的方式计算,支付率随着工作年限的增加而提高。因公司雇佣调整导致的退职、到退休年龄的退职,以及因工伤和疾病死亡等原因退职等情况下的支付率，比起因本人原因所导致的退职的支付率普遍要高。但是，伴随着人事待遇制度从属人、年功主义向能力主义，再向成果、绩效主义转换，一次性退职金的计算方法也不得不改变其传统的基本工资滑动方式。

最近，大企业开始引进年薪制，这是在评价劳动者一年间的绩效后确定第二年工资总额的方式。如果企业过去采用过基本工资滑动方式，那么随着引进年薪制后原退职金计算基础的基本工资的消失，就必须重新制定新的退职金制度。具体地，可以向职能点数方式转换，即先在职能资格制度中的各等级设定退职金点数，当计算退职金时，将退职时的退职金累积点数乘以单位退职金点数价格作为退职金总额。

优先认股权的性质与计算方法

随着1997年《商法》的修正，日本解禁了优先认股权。优先认股权是指在一定时期内以规定的价格购入企业规定数量的股份的权利。当购买的股份的股价上涨至超过发行价卖出时，员工行使这一权利能够获得大笔的资本利润。从这一优先认股权与股价的联系来看，优先认股权是与传统的工资或奖金不同的报酬制度。优先认股权这种报酬的特点之一是，其反映了企业长期目标与股东利益的联系。优先认股权通过长期利益形式把员工自己的努力返还给本人，以此起到长期激励的作用，也就是说，它促使经营者和员工为实现长期目标而努力工作。

工资上涨与生产率的关系

工资上涨的对策

一般生产率指标按其侧重点可分为三种:劳动生产率、价值生产率、附加价值生产率。

① 劳动生产率——用员工数去除产量,即用平均每个劳动者生产的产量来表示。

劳动生产率＝产量／员工数

② 价值生产率——也称作斯坎伦计划,这是先确定劳务费比例,再以产值或销售额作为支付能力的基准。用员工数去除产值(产量×价格),即以平均每个员工创造的产值来表示。

价值生产率＝产值／员工数＝产量／员工数×价格

＝劳动生产率×价格

③ 附加价值生产率——也称作拉克计划,这是在先确定劳动分配率的基础上,再以附加价值额作为支付能力的基准。用员工数去除附加价值,即以平均每个员工创造的附加价值额来表示。

附加价值生产率＝附加价值额／员工数

下面以斯坎伦计划为例,说明工资上涨与生产率之间的关系。工资水平的上涨与生产率、价格、劳务费比例之间的关系式表示如下。这一公式也表示了工资上涨时企业应采取的对策。

$$\uparrow \boxed{V/N} \times K = W/P$$
$$\uparrow \quad \uparrow \quad \uparrow$$

V/N：劳动生产率
K：劳务费比例
W：工资
P：价格

首先，通过提高价格的方法解决工资上涨引起的成本增加问题。对企业来说，该方法最容易解决由工资上涨导致的成本增加问题。但是，在现实中这可能会削弱企业的市场竞争力，且被人们指责为缺乏社会责任。

其次，加大劳务费比例。对于企业来说，因为劳务费比例已达到极限，而且这一比例的膨胀会给企业可持续发展带来不利影响，所以该做法也难以实施。

最后，通过提高生产率解决工资上涨带来的问题。即提高每个员工的平均生产率，进而提高员工的工资水平。

加薪与涨薪

加薪是指将员工的工作能力、工作态度等人事考核的结果反映在每个员工工资中的过程。其中，在预先规定的时期用已确定的方法加薪称作定期加薪。除此之外，加薪方式还有：伴随着晋升，增加基本工资；新津贴项目的引进而增加的薪金；延迟工资的补偿而得到的临时加薪等。涨薪是指为了填补物价和生计费的上涨而提高工资基准额的方法，这是实际工资额的变化而发生的工资上涨。但是，涨薪有时与定期加薪无明确区分地使用。因为无论从哪个角度看都是确确实实的工资上涨，而且多是同一时期的工资增加，所以通常将它们统称为定期涨薪。

定期加薪与涨薪的区别参见图 4-3。直线 a 是某一年度的加薪基准线。如刚工作一年的员工的第二年定期加薪额(A)在工资表中已有确定。同理,对于已工作两年的员工来说,A′ 就是该员工下一年度的定期加薪额。然而,涨薪则是其基准线由 a 变为 b,即向上方移动。涨薪意味着新加薪基准线的生成。由于涨薪与定期加薪同时进行,因此不特别加以区分。

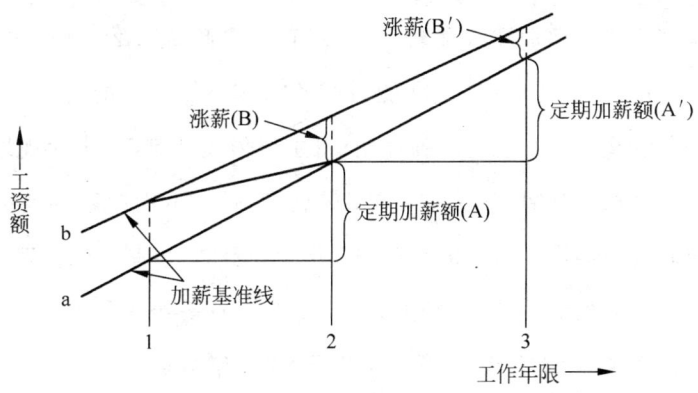

图 4-3　定期加薪与涨薪的区别

对刚工作一年的员工来说,第二年时就能得到定期加薪(A)与其后的涨薪(B)相加的金额。因此,对于企业来说,工资水平上涨率就是定期加薪率 α% 与涨薪率 β% 之和。

泡沫经济崩溃后的工资

从年功主义向成果、绩效主义的转换

请参阅引言中"年功主义与成果、绩效主义的冲突"部分的

第六、第七段。

引进年薪制和成果主义工资制度——以贝乐思公司为例

福武书店于1995年从原来的教育出版领域向教育、文化、福利、语言、生活等新事业领域进军,从此公司更名为贝乐思公司(Benesse Corporation)。公司以构建"自立人与企业"为目标,引进了新的人事制度:①实施根据贡献决定退职金、年薪的、总工资的方式和废除定期加薪或涨薪等内容的"人事政策";②实施包括自我转职制度(企业内应聘)和能力开发"菜单"等内容的"能力开发措施";③实施以福利自助餐计划、自主努力支援制度、生活规划培训、"年金第二加算"等为中心的"福利措施"。下面因篇幅的关系只以新等级制度为基础的年薪制为例,分析新人事制度的机理。

这一制度的特征是,把原来的11个工资等级进行改革,以一般员工为对象设定1—3等级,以管理职(年薪员工)为对象设定4—6等级,并对后者实施年薪制。年薪由两部分构成:一部分是具有生活保障性质的基础年薪,另一部分是基于个别计划即事业计划为基础的加算年薪。加算年薪额用由经营期待值(共8级)和评价(共5级)构成的矩阵式年薪表格来表示。作为计算经营期待值基础的事业计划由事业部部长来制订,然后由职能部门进行核算,再经过最高经营者的审核和认可后就成为年薪的基础资料。部门部长的年薪由其本人与事业负责人商谈确定,而一般管理职(人员)的年薪则由其本人与部门部长商谈确定。这一制度既重视工作成果,又重视工作进度,即不仅追求短期工作成果,而且也重视事业进程。

年薪员工的成果评价从目标的完成程度和工作进度两方面进行，一般是半年一次，即一年两次。评价通过两个步骤完成：第一次评价是由上司和下属对各自进行的绩效评价结果进行核对；第二次评价是对事业成果与个人评价的吻合度进行确认。例如，部门部长的评价，第一次评价由事业负责人来进行，第二次评价由社长来进行；而一般管理职（人员）的评价，则第一次评价由部门部长来进行，第二次评价由事业（项目）负责人来进行。

对于一般员工的工资，废除了定期加薪和涨薪制度，但1—3各等级设定加薪幅度；加薪额由加薪基础额乘以评价系数计算得出。基本工资设定上限和下限幅度，其幅度是下限0开始至上限100％。但评价趋近上限时，其评价系数逐渐下降。如果评价是最低级C，则评价系数为0，此时完全无加薪。同样，即使是评价级别为最高级A，如果已达到上限，则评价系数也会变为0，此时加薪也达到极点了。在一般员工的评价中，使用称作"挑战板"的评价工具，应用于目标设定、加薪、奖金等方面。评价分部门部长和（评价）中心主任两个阶段进行，对两个阶段评价者的评价综合后确定最终评价结果。

如上所述，该公司对管理职实施基于工作成果（也重视过程）和显在能力的年薪制，而对一般员工，尽管仍保留一些加薪制度，但却与管理职一样实施基于成果主义的工资制度。总之，该公司正积极推进工资依据能力（绩效或成果）分配的新工资制度。

成果、绩效主义时代的工资

在从年功主义、属人主义向能力主义，再向成果、绩效主义转换的时代背景下，一直占据支配地位的工资形态，即职能工资和人事待遇制度，也因其过度支付而被新的工资形态所取代。今后，随着经济景气回复迹象的出现，与工资密切相关的人事待遇制度的未来方向，将对日本企业的竞争力产生深远的影响。详细内容请参阅引言中"年功主义与成果、绩效主义的冲突"部分的第八、第九段。

日本的工会与劳资关系

企业工会的特征

日本企业工会的形态与欧美的跨越企业和职业而形成的同一产业劳动者组织起来的产业工会，或跨越企业的同一职业劳动者组织起来的职业工会不同，是同一企业内劳动者组织起来的企业内工会，这是日本工会的特点。不用说工会会员，就连工会干部也是该企业的正规员工。并且，在工会运营和财政上，与各产业联合体——产业工会，以及其上级工会组织——全国中央工会组织是相互独立的。日本企业工会有如下优缺点：

① 企业工会的优点
- 会员都是同一企业的员工，所以工会成员有较强的归属感和凝聚力；
- 保持和谐的劳资关系，能够提高劳动生产率；

➢ 以终身雇佣制为基础,所以有稳定的雇佣环境。

② 企业工会的缺点

➢ 在工会运营和财政上与其他工会组织、同一产业的劳动者组织而形成的产业工会以及上级工会缺乏联系,致使跨企业问题的解决能力较弱;

➢ 劳动条件问题的跨企业的同一行动难以实施,容易产生企业间差距;

➢ 和谐的劳资关系容易导致工会变成与经营方温和的工会;

➢ 由于事务、技术、技能等不同职种的员工混合形成一个工会,因此在工会内部容易产生利益对立和冲突。

工会的功能

设立工会的目的是,为会员提供雇佣保障、改善劳动条件、争取工资上涨等。设立工会的程序,在法律上没有明确的规定。劳动者聚集起来举行成立大会,制定规程、选出工会干部,就能成立工会。但是,符合《工会法》要求的工会的成立要满足如下必要条件(积极的)和次要条件(消极的)。

① 必要条件

➢ 必须以劳动者为主体成立工会;

➢ 劳动者自发结成;

➢ 以维护和改善劳动条件为主要目的。

② 次要条件

- 资方的利益代表者不能参加；
- 不能从资方得到经济上的援助；
- 不能只把互助或福利作为目标；
- 不能把政治运动和社会运动作为目标。

资方可以与能代表过半数劳动者的工会缔结加盟制协议。加盟制协议是指，在集体合同中规定被企业录用的员工原则上就成为工会会员，这在日本企业中最常见。当然，员工离职时会失去工会会员的身份。此外，有些企业采用自由加入协议，这一方式在集体合同中没有规定被录用员工必须加入工会的条款；也有些企业采用像海员工会那样的闭锁制协议，这一方式在集体合同中规定了如果不是工会会员就不能劳动的条款，也就是说不参加工会就不能取得员工身份。这里所说的集体合同是指，企业与工会缔结的关于劳动条件和与劳动者待遇相关事项的协议；劳动合同是指劳动者个人与企业签订的与雇佣相关的协议；而就业规则则是企业单方规定的与工作条件相关的事项。

劳资关系的基本原则

因为劳动者具有劳动力商品或工资劳动者的性质，所以雇主与劳动者之间较容易发生冲突。大部分日本企业通过劳资双方的共同努力构筑了基于家族主义经营的和谐劳资关系，避免产生劳资间的对立。这种关系容易导致工会与经营者勾结、工会变成黄色工会（站在雇主一方的工会）或工会运营受到雇主的干预。但是,工会无论如何都与雇主是对等的关系,因此,必须维持自主独立的平等伙伴关系。这是受到《工会法》和《劳资关系调整法》等法律的保护和保障的。工会要在与雇主的谈判中拥有平等的地位,进行正常的工会活动,劳资间必须遵守以下基本原则:

① 结社自由原则

劳动者有组织工会的权利,这种团结权在《宪法》(第 28 条)中也被认可,是劳资关系中最基本的原则。劳动者为了改善劳动条件,拥有组织工会与雇主进行集体谈判的权利,如果其主张不被采纳,则同时拥有行使争议行为的集体谈判权和集体行动权(争议权)。

② 劳资双方互不干涉原则

《工会法》第 7 条规定,禁止雇主干涉工会的组织、运营及其他工会活动,且无正当理由不能拒绝集体谈判等不当劳动行为(见表 4-1)。较有代表性的不当劳动行为有如下几点:

- 禁止不当利益处理:雇主不能以工会会员参加工会活动为由解雇劳动者;
- 禁止黄犬协议:雇主不能将加入或退出工会作为雇佣的条件;
- 禁止与少数人工会缔结加盟制协议:雇主不能与代表雇佣者人数不过半数的工会缔结加盟制协议;
- 禁止拒绝集体谈判:雇主不能无正当理由拒绝集体谈判;

表 4-1　不当劳动行为一览表(《工会法》第 7 条)

号类	种　类	被禁止的对待劳动者和工会的雇主行为	
1号	不当利益处理	• 工会会员 • 加入工会 • 组织工会 • 工会的正当行为	以上述理由解雇员工或采取其他不当利益的措施
	黄犬协议	• 不加入工会 • 退出工会	把上述事项作为雇佣条件
2号	拒绝集体谈判	• 无正当理由拒绝集体谈判的申请	
3号	事务的干涉	• 工会的组织 • 工会的运营	对上述事项进行妨碍或干涉等
	经费资助	• 向工会提供工会运营所需的经费	
4号	采取报复性不当利益措施	• 申诉不当劳动行为 • 重新审查的申诉 • 对上述审查的申诉以及调停劳动争议时提供证据或发言	以上述理由解雇员工或采取其他不当利益措施

> 禁止干涉工会活动和资助经费：雇主不能干涉工会的组织与运营，且不能提供工会经费。

③ 劳资关系自治原则

当集体谈判中自己的主张不被采纳时，劳动者可以采取为实现其主张的抗争行为，而雇主也可以采取针对其行为抗争的措施。这种行为称作争议行为。劳资双方代表者，必须自主进行集体谈判，努力解决争议问题。通过集体谈判以及劳动争议，缔结能够规范劳资关系的集体合同。通过协商缔结的集体合同，具有比雇主与劳动者单独签订的劳动合同更高的效力。

④ 劳资协商、协作原则

劳资双方由于立场的不同较易产生对立,因此劳资双方必须通过协商和协作,努力构筑相互理解、相互信赖的关系。劳资双方的协议机制,除了集体谈判外,还有劳资协议制和意见处理制度。

集体谈判与劳资协议制

集体谈判的内容

集体谈判是指工会基于集体意识,就劳动条件和其他与劳资关系相关的问题,与雇主进行谈判的过程。这是工会的基本权利,其目的是缔结集体合同。即使不属于集体合同事项,若是对劳动者有利的与劳动关系有关的个人问题或偶然性事件,也可以作为集体谈判的内容。

为了顺利进行集体谈判,必须注意下面三个事项:

➢ 通过日常的有效沟通、适宜的劳动条件、公正合理的薪酬分配等,构筑劳资双方间的信赖关系;
➢ 为了构筑良好的劳资关系,完善各种制度和措施;
➢ 熟悉集体谈判的技巧。

劳资协议制与集体谈判的关系

劳资协议制通常又称为劳资协议会或生产率提高委员会,这是工会在与雇主平等的立场上,对企业经营、生产、人事、福利等基本计划进行协商的机制。具体内容如下:

> 劳资协议制的协商事项,应是像经营计划、生产计划等,对劳动者和雇主双方利益关系一致的问题。而在集体谈判中,则是对工资、劳动时间等利益对立的事项进行谈判。

> 劳资协议制的目的是:第一,明确将在集体谈判中涉及的劳资对立事项中的争议点;第二,加深相互理解,增强协作关系;第三,做好集体谈判的前期准备等。

> 在劳资协议制中,强制性协商其实与其宗旨是相悖的,因此,更需要劳资双方积极的协作态度。而在集体谈判中禁止经营者无正当理由拒绝劳动者方代表的正当行为,因为这被认为是经营者的不正当行为。

> 在劳资协议制中,劳资双方都没有将其协商结果文书化的意向。并且,从议题的性质上来看,也没有必要达成一致,即使没有达成协议也不会有罢工等抗争行为。但是,对于达成一致的事项,双方还是需要负责任地执行。而集体谈判中的决定事项要文书化,双方签字后就形成集体合同,具有法律效力。

日本的集体谈判与劳资协议制的特点及其存在的问题

集体谈判是雇主与劳动者代表对劳资双方的利益对立事项进行协商的机制,是依据《工会法》所赋予的权利解决问题的制度。但是,由于日本工会是由同一企业员工组成的企业工会,所以谈判当事人容易被限定于企业内部人员。同时,由于与其他工会、单一产业工会或上级工会的联系较弱,因此不同的企业在集体谈判中要谈判的劳动条件项目也不统一,其内容由企业劳资关系所决定。有时本应在集体谈判中协商的事项,也在劳资恳谈会、劳资协议会、经营协议会、工厂委员会等机构中进行讨论并达成共识。所以,人们容易把集体谈判看成是劳资对决的场所。

劳资协议制通过劳资双方间的协商,将劳资利益一致的相关事项进行意见交换和信息交流,达到相互理解和相互信赖的目的。一般来说,劳资协议机构对以下四个事项进行协商:

- ➢ 经营相关事项:经营基本方针、生产销售等基本计划、公司组织机构的重组或改造、利用新技术或引进新机器等生产工艺合理化;
- ➢ 人事管理相关事项:录用及配置标准、配置、调动、不定期休息、人员调整和解雇等;
- ➢ 劳动条件相关事项:工作环境的变化、劳动时间、休息日、休假、职场安全卫生、退休制、工资、一次性支付金、退职津贴及年金标准等;
- ➢ 其他事项:教育训练计划、福利厚生、文化体育活动等。

但是,如上所述,在实际操作中约有三成的企业经常将原本应在集体谈判中解决的事项在劳资协议中协商,或集体谈判与劳资协议的组成成员基本一样等,最终使两者功能的区别变得很模糊。

下面是企业采用的劳资协议制与集体谈判关系的三种模式。

- ➢ 分离型:明确区分劳资协议制与集体谈判,讨论的事项也不同;
- ➢ 混合型:在劳资协议机构中也处理集体谈判中的相关事项;

> 连接型：将劳资协议制当作集体谈判相关事项处理的前一阶段或预备阶段。

目前，实施劳资协议制的企业采用上述三种类型的比例是 4 : 3 : 3。

日本劳资关系的稳定机制

争议行为的内容

争议行为是指因劳资间自主协议或集体谈判的破裂引发的工会或雇主为实现其主张而采取的行为或与上述行为相对抗的行为。在法律上，有如下几种情况：①同盟罢业；②怠业；③关闭工厂。

劳资双方有努力自主解决劳动争议的权利和责任。但是，不得已出现争议行为时，或者已经采取争议行为时，一般要通过劳动委员会进行争议调解，找到解决争议的途径。

劳动争议的解决机制

通过劳动委员会解决劳动争议，一般有三种途径（见图 4-4）：

> 斡旋——这是通过劳资间斡旋协调双方意见的过程。斡旋不是由劳动委员会中的委员会负责，而是必须由劳动委员会事先任命斡旋员。斡旋员可以是一人或数人。斡旋可以由劳资双方中的一方申请，不需要得到对方的同意。因为斡旋员没有提出斡旋协调方案的义务，所以可以不拘泥于形式，采取较灵活的斡旋方法。

第四章 工作条件 | 171

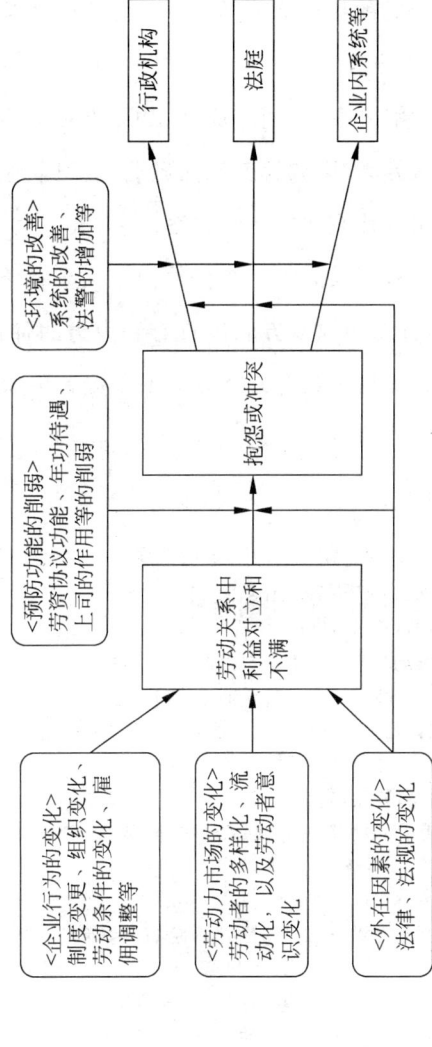

图 4-4 劳资争议增加的结构性原因及解决机制

> 调解——这是解决大规模或较大争议问题的有效方法。调解是指在劳动委员会内设置公益委员、劳动者方委员、雇主方委员等三方构成的调解委员会,在听取劳资争议各方的意见后,提出调解方案,劝告劳资双方予以接受。如果劳资双方接受这一调解方案,则调解成功;如果劳资双方或其中的一方拒绝这一方案,则调解就以失败告终。因此,这一工作的关键在于制订什么样的调解方案。

> 仲裁——这是指将争议的判断委托给由三人公益委员组成的仲裁委员会,并对争议双方做出具有约束力的仲裁裁决,从而解决争议。即这是具有最终效力的争议解决途径。

【参考文献】

EBRI,EBRI Databook on Employee Benefits,1995.
4S DAILY NEW、4S NETWORK,1996.
漆澤健『就業規則・労働協約の実務』ぼるす出版、1977年。
大谷真忠他編『労使関係のゆくえ』中央経済社、1989年。
大津誠『労使関係論』白桃書房、1993年。
岡村一成編『産業・組織心理学入門』福村出版、1989年。
荻原勝『フレックスタイム利運用の実務』中央経済社、1993年。
荻原勝編『人事労務規定モデルと実例333集』中央経済社、1991年。
加藤源九郎『賃金制度の話』日本経済新聞社、1980年。
是佐忠男『職務給・職能給』労働法令協会、1973年。
佐々木力『就業規則の見直しと改正要請』経営書院、1994年。
笹島芳雄『現代の労働問題』中央経済社、1993年。
清水秀雄『手当制度』ぎょうせい、1976年。
居樹伸雄『退職金の新設計』社会経済生産性本部、1989年。
生産性労働情報センター『2001年版 活用労働統計』社会経済生産性本部、

2001 年。
高橋沈他『日本労務管理史/労使関係』中央経済社、1988 年。
竹内裕『年俸制の正しい導入の実務』、中経出版、286-288 頁。
通産省『日本型カフェテリアプランの提言－自立する個人のためのカフェテリアプラン－』(旧通産省生活産業局サービス産業課、1999 年 6 月 14 日)。
西宮輝明『実務に役立つ賃金管理入門』実業之日本社、1971 年。
西宮輝明『賃金管理』ダイヤモンド社、1976 年。
西宮輝明『賃金管理』日本労働協会、1980 年。
西宮輝明編『人事・労務管理用語辞典』日本経済新聞社、1991 年。
日経連『福利厚生費調査』1998 年。
日経連『職務給の研究』日経連弘報部、1955 年。
日経連『日本における職務評価と職務給』日経連弘報部、1955 年。
日経連編『新型賃金制度案例集』日経連出版部、1999 年。
日本ライセンスセンター労働・社会保険研究会編『6 年版/労働・社会保険の詳説 1/労働基準法編』日本法令、1994 年。
平田薫『労働法がわかる事典』日本実業出版社、1993 年。
藤井得三『賃金思想の転換』総合労働研究所、1978 年。
降矢憲一『賃金の知識』日本経済新聞社、1985 年。
法学書院編集部『衛生管理者試験』法学書院、1991 年。
松岡三郎・労働省法規課他『口語労働法』自由国民社、1992 年。
松田憲二『管理者のための賃金管理システム』経営書院、1990 年。
孫田良平『年功賃金の終焉』日本経済新聞社、1981 年。
村上清他『企業年金の新設計』社会経済生産性本部、1980 年。
森五郎『労務管理概論』泉文堂、1979 年。
労働基準調査会編『改訂 6 版　労働基準法・労働安全衛生法・労災保険法のあらまし』労働基準調査会、1994 年。
労働省『賃金労働時間制度等調査』1998 年。
労働省労働基準局監修『モデル就業規則』労働基準調査会、1991 年。
労働省労働基準局監修『就業規則の作り方』日本法令、1973 年。
労働省労働基準局監修『新訂　改正労働基準法』労働基準調査会、1994 年。
渡辺一明『先進案例にみる「成果主義」人事制度のしくみ』日本実業出版社、2000 年。

第五章
舒适职场的创建

职场环境

　　惊人的技术进步和市场需求的多样化使生产和作业体系发生了急剧变化。这种变化给人们带来了更加舒适的职场环境和工作生活,但也带来了很多新问题。同时,劳动者高龄化和女性劳动力参与的增加,不仅在人事管理方面,而且在健康对策和福利措施方面也提出了很多新课题。尤其是,人们更加追求职场环境的舒适性,越来越关心作业环境和作业方法,以及职场设施和设备对恢复身心疲劳的影响。

　　首先,为了营造舒适的作业环境,必须采取措施使空气环境、温热条件、视觉环境、听觉环境、作业空间等保持合理的状态。并且,必须改善不自然和恶劣条件下的作业方法,缓解并减轻作业负担,设置或完善消除疲劳和减轻压力的设施和设备。

　　企业经营者为了创建舒适的职场环境,必须持续而有计划地采取有效措施,完善相关设施和设备。同时,有效利用安全卫生委员会等组织,以便所采取的措施充分反映劳动者的意向。

另外,由于身心负担因劳动者个体的不同而存在差异,因此要采取适合每个劳动者的个性化措施。诚然,职场应是追求效率性和功能性的工作场所,但职场也是花费很多生活时间的场所,因此,必须为员工创建富有情趣且宽松的环境。

劳动安全管理与劳动卫生管理

职场安全管理及其对策

职业伤害与安全管理

20世纪80年代以来,伴随着微电子化的兴起,职场办公自动化、工厂自动化快速普及。这种变化不仅对劳动者的劳动环境和作业方法,而且也对人们的肉体和精神状态带来了影响。在日益机械化、自动化和机器人化的当今,企业应以新的观念投入更多的精力解决大部分时间工作和生活在职场中的劳动者的安全、卫生和健康问题。因为人们在工作过程中面临很多潜在的风险,这可能导致人身伤害和财物损失。也就是说,人们在工作过程中因设备、工作环境和作业过程等原因,可能负伤、残疾、患职业病或死亡。劳动安全的目的就是防止在劳动过程中危及劳动者身心健康的职业伤害的发生。而分析上述职业伤害发生的原因,并制定、实施和评价预防劳动事故的一系列措施,就是劳动安全管理。

职业伤害发生的现状及其原因

自 1972 年政府以保护职场劳动者安全和健康为目的制定和颁布《劳动安全卫生法》以来，近 30 年间职场内因职业伤害而死亡的人数约减少了 1/3。的确，从长期来看职业伤害有减少的趋势，但其减少的幅度越来越小。从产业类别来看，占职业伤害发生数一半以上的仍旧是制造业和建筑业，但随着经济软件化和服务化所导致的第三产业就业人数的增加，零售批发业和服务业中的职业伤害比例正在上升。这是因为：第一，机械设备的安全性和彻底的安全卫生教育，以及自主性的安全卫生对策等基本措施方面还存在很多问题；第二，进入老龄化社会后，50 岁以上高龄劳动者人数增加，这部分劳动者随着年龄的增长，运动和感官机能下降，导致职业伤害发生的比例增加；第三，在日本劳动的外国人劳动者由于沟通的障碍和培训的不足以及安全卫生教育的不彻底而遭受职业伤害的人数每年也都有所增加。

虽然从长期来看职业病逐渐减少，但由于机械和器具类设备的广泛使用，爆炸、火灾、有害物质等造成健康损害的风险仍然存在。导致职业伤害的原因有：被机械卡住、物体下落、机械构造上的缺陷导致的爆炸或破坏等机械性伤害；易爆、易挥发、易燃物体，以及液体、气体的化学反应而导致的爆炸或火灾等化学性伤害；电气、热等能量性伤害；作业方法不正确和职场安全隐患导致的伤害。除了这些作业设备和作业方法的不完善和缺陷等物质的、技术性原因之外，工作人员的经验和训练不足、不注意、急慢、过失等人为的作业行为也是引发事故的原因。此外，特别值得注意的是，最近因使用自动化设备和产业机器人导致的职业伤害也有增加的趋势，这类伤害主要是由人、设备、环境的不协调所引起的系统性伤害。

技术革新与安全管理

随着自动化和机器人的普及，工厂不像以前那样需要很多劳动力，危险有害作业和重体力作业都由产业机器人代替人操作，可以说劳动安全得到了显著的改善。自动化、机器人的优点是：将作业者从单调、反复、定型而危险的作业中解脱出来。但是，由于新技术、新设备和新机器与人的不协调，也发生了新类型的危害和职业伤害。例如机械在停止和修理中错误起动，或不注意、不留神触碰运行中的机械，这些都可能导致职业伤害。产业机器人用相当于人的手腕的操纵器部分，根据记忆装置的信号做伸缩、折弯、上下左右移动和旋转等动作，但偶尔也因意外动作或作业者的操作失误等，发生死亡事故。如，有时机器人在运行中，人体或人体的一部分陷入操纵器可动范围内而发生事故；或有时认为机器人停止工作而无意间接近时，机器人手意外运行导致人身伤害。不管是哪一种情况，只要作业者和机器人完全隔离就能避免事故的发生。因此，经营者必须采取安全对策或改善工作环境，如安装安全栏或一打开窗口机器人就停止运行的设施等。

职场安全对策

职业伤害是因物理的、技术的和人为的因素相互作用而发生的。如果使用有缺陷和不完善的机械或设备,无论人们多么注意,又具备多么大的技能,迟早都会导致伤害。如果机械或设备的安全性没有得到保障,即便是机械或设备具有很高的生产能力,也不能认为是安全的。因此,首先要采取与技术进步相对应的安全对策,其次在"人是会犯错误的"认识前提下谋求机械、设备的安全性,只有这样即便是"人犯了错误"也不会陷入严重的危害状态。此外,有可能引发职业伤害的因素还有:工作方法的不得当和职场环境的不完善等作业信息、作业方法、作业环境因素;教育训练、安全教育的不彻底以及指挥命令的不统一等管理因素。

1931年,海因里希(W. H. Heinrich)提出了多米诺骨牌理论(事故因果连锁论),他从职业伤害发生的原因和过程,阐明了职业伤害发生的因果关系。后来,博德(F. Bird)对海因里希的理论进行了修正,认为职业伤害发生的先后连锁关系是:伤害—事故—直接原因—基本原因—控制不足。这一理论主张,职业伤害只靠防止直接原因是不能避免的,还应消除职业伤害发生的基本原因。最近欧美在职业伤害防止中,普遍使用风险评估方法,这一方法是在确定职业伤害的风险和发生因素以及预测危险程度的基础上,评价是否需要采取对策。

企业必须利用上述方法和过去的数据,分析职业伤害发生的原因,并将其用于预防事故的再发生上。在此基础上,企业内要成立安全管理组织如安全委员会或安全卫生委员会等(见图5-1),充分反映劳动者的意见,实施有效的安全管理措施。同时,要制订严密的安全管理计划并付诸实施,并对劳动者进行彻底的安全教育(见表5-1)。总之,企业要通过以上措施建立职业伤害事先预防体系。

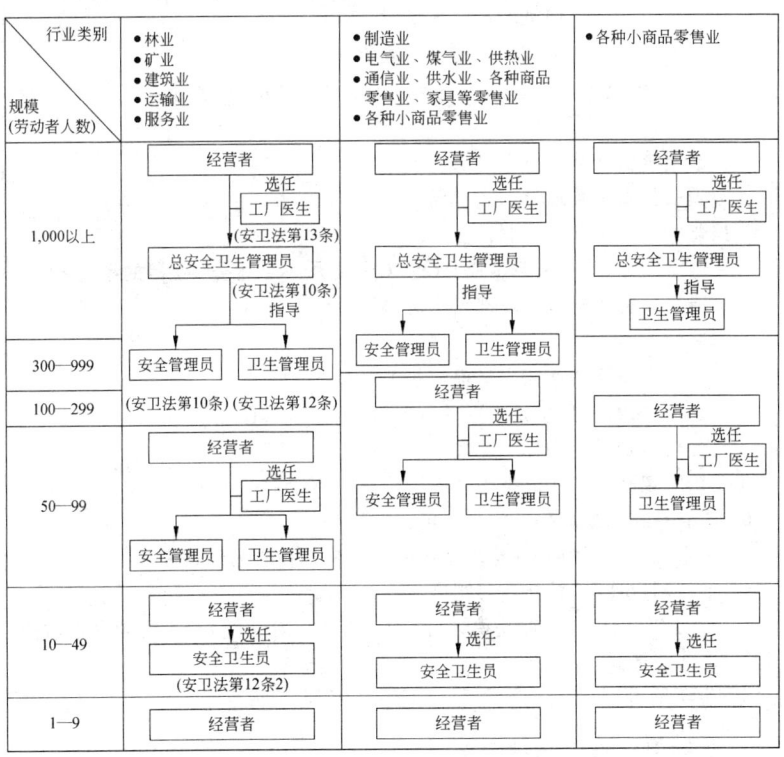

图 5-1 在法律中按经营规模和产业类别规定的安全卫生管理组织

注:安卫法是《劳动安全卫生法》的简称。

表 5-1 《劳动安全卫生法》(修改后)(11 个要点)

1. 医生对长时间劳动者进行面对面指导：
   所有的经营场所(经常使用未满 50 人劳动者的经营场所自 2008 年 4 月开始实施)。
2. 向劳动者通知特殊健康检查结果：
   适用于所有实施特殊健康检查义务的经营场所。
3. 对危险性、有毒性等作业进行调查，并对其实施必要措施：
   必须任命安全管理员的经营场所(与规模无关)。
4. 对达到国家一定标准的经营者采取免交计划表措施：
   按《劳动安全卫生法》第 88 条第 1 项或第 2 项应提交申报计划的经营场所。
5. 重新审核安全管理员资格条件：
   必须安排安全管理员的经营场所。
6. 强化安全卫生管理体制：
   要选出总安全卫生管理员或要设立安全委员会、卫生委员会等的经营场所。
7. 制造厂商要实施各作业部门间的协调工作：
   制造业。
8. 由化学设备清洁作业人员提交相关资料：
   化学设备、特定化学设备以及附属设备(包括配管)。
9. 完善化学物质等的标示及文书制度：
   政令所规定的转让或提供危险物或有害物者。
10. 建立有害物暴露作业报告制度：
    厚生劳动大臣特别规定的使用一定量化学物质的经营者。
11. 重新制定许可、技能演习制度：
    2006 年 3 月 31 日前获得许可证者、技能学习结业者，可以从事当前的经营业务。

职场卫生管理及其对策

劳动卫生的目的是消除引发疾病的劳动条件，保护劳动者身心健康，将劳动者配置在与其生理和心理特征相适合的工作岗位。为了搞好劳动卫生，必须正确掌握作业场所的状况、作业方法，以及劳动者的健康状况，分析存在的问题，采取有效的措施。这一系列过程就是劳动卫生管理，具体包括作业环境管理、作业管理和健康管理。

① 作业环境管理

影响劳动者健康的因素，除了劳动时间、休息、假日和休假等劳动条件之外，还有作业环境和作业方法，其中作业环境特别重要。为了了解作业环境的实际情况，必须综合研究作业环境，调查、分析和解除有害物质。作业环境管理是指，为消除作业环境中的各种有害物质，并维持舒适的作业环境而进行的一系列活动。

② 作业管理

作业管理是指，为了预防职业病而对作业方法进行的管理。即便是改善了损害劳动者健康的恶劣的作业环境，如果劳动者使用错误的操作程序和方法，也会给劳动卫生带来诸多问题。曾经有很多打字员患称作"击键病"的颈肩腕综合征，其病因是长时间持续敲打键盘。使用电脑的作业者，如果长时间保持静态姿势，可能引起视觉障碍或颈肩腕障碍，但是如果改变操作顺序和方法，则在很大程度上就能够减轻作业者的负担。发生此类伤害的原因，从根本上来说就是作业时间过长，因此缩短工作时间和分配休息时间是非常必要的。

③ 健康管理

经营者根据《劳动安全卫生法》的规定，对劳动者实施健康检查的过程，称作普通健康检查。它包括新员工健康检查、每年一次的定期健康检查、海外派遣劳动者的健康检查、结核健康检查、企业用餐员工的验便健康检查等。除此之外，还有为预防和发现职业病而进行的特别项目的特殊健康检查等。它包括，针对接触有毒、有害物质的劳动者或接触有毒、有害物质后调转工作岗位的劳动者所进行的不同类别的特别项目健康检查；对因工作需要接触有毒、有害物质的劳动者进行的牙科医生健康检查；还有，根据都道府县劳动基准局长指定的项目进行的临时性健康检查等。

为了解决当前在职场生活中劳动者因不安、烦恼和压力导致精神伤害或自杀等现象逐年增加的问题，劳动省于2000年颁布了《办公室劳动者身心健康管理指南》。该指南包括精神休养护理具体方法等基本事项的"心理健康建设"计划，提出了依靠劳动者、管理者、产业保健干部、外部专家等促进护理的方案和应采取的对策。

综上所述，企业要实施健康管理，应以劳动者职场适应能力的维持和提高为目的，树立身心健康管理就是综合健康管理的理念，持续而有计划地构建能够增进健康的管理体制。

构建职业安全卫生管理系统

最近，日本职业伤害死亡数维持在原来的水平上，传统的安全卫生举措也陷入了僵局。在这一背景下，很多企业致力于劳动环境和职场生活的改善工作，产业界也开始关注ISO（国际标准化组织）制定的管理体系国际标准之一——劳动安全卫生管理体系（OHSMS）。ISO曾经规范了ISO 9000质量管理体系和ISO 14000环境管理体系。

OHSMS与ISO 14000一样，是为达到组织所确定的劳动安全方针与目标而实施的持续改善机制,它与PDCA(计划—实施—评价—改善)管理监督体系共同构成安全卫生管理网。OHSMS与PDCA管理监督体系不同的是,它先确定危险或有害因素,对其进行分析和评价,然后根据危害(有害)程度实施风险控制。企业为了有效地实施和运用这一机制,必须把与安全卫生相关的方针、目标、计划和程序等文书化和记录化。构建OHSMS可以实现如下目标:通过减少职业伤害来降低成本,实施全员参加的风险管理,积累和继承安全卫生技术,提高安全卫生管理意识。

办公室环境与办公室效率

办公自动化带来的办公室环境变化

微电子化的发达,使办公室快速自动化。这种办公自动化给雇佣和劳动的量和质带来了极大的变化:一是省力化,二是劳动和组织的两极分化。另外,办公自动化还导致了称作眼疲劳或视屏终端(visual display terminal,VDT)综合征等新的安全卫生问题。这不仅引发了颈肩腕等肉体性疾患,还诱发了所谓"新技术压力"的心理精神症状。经营者必须通过办公室环境的改善,防止这类疾病的发生,并采取措施创建兼具舒适性和功能性的办公室环境。

办公室的设计应以满足商业信息需求为目的,因此,办公室配备在短时间内能处理更多信息的技术是至关重要的。这就是说,管理效率化的关键是信息处理，凡是办公室都需要信息处理技术。

最初的办公自动化由计算机和电话开始，而新技术又给我们提供了全面自动化的机遇。传统的自动化是以工厂为中心在生产过程中实现的，但是随着计算机技术的发达，自动化也开始波及办公室，这是利用计算机实现事务性作业机械化，即办公自动化的契机。普遍使用办公自动化这一术语是在20世纪50年代末期。

于是，办公室实现了电子信息处理的自动化，变成电子化办公室。办公自动化的目的是：①提高办公效率；②快速提供高品质、可信赖的信息；③增加收益。

作为系统的办公室

办公自动机器的引进意味着办公室工作的变革。但是，效率不是仅仅依靠办公自动化就能提高的，更重要的是要依靠员工和技术的有效率的相乘效应。过去，人们希望通过某一方面的改善提高效率的努力，不仅遭遇了各种阻力，而且屡次都以失败告终。

之所以出现这样的结果，是因为很多人没有认识到办公室是人与机器所组成的系统。办公室引进电子信息技术，即办公自动化给工作方法、教育训练、人员配置以及晋升机会等所有领域都带来了较大的影响。如果组织没有进行合理的管理和设计，盲目地向大范围内引进办公自动机器，必定会降低生产率。因为在这种状况下人们要适应机械。实际上，要使电子化办公室让更多的员工所接受，必须让机械适应人。

有效率的系统应带来高增效作用。因此，将办公室改造成为有效率的系统,发挥高增效作用,必须消除阻碍绩效提高的因素,努力使人力资源效率最大化。

办公室效率

办公系统化和办公自动化机器的引进促进了办公自动化,当然办公自动化的目的是事务劳动效率的提高。但是,办公室效率的增长与工厂生产效率的增长相比还是缓慢的(见图 5-2)。其中的原因是,在工厂生产自动化过程中,人们为了满足劳动者精神和肉体上的需要,广泛地进行了人类工学和作业环境的研究。

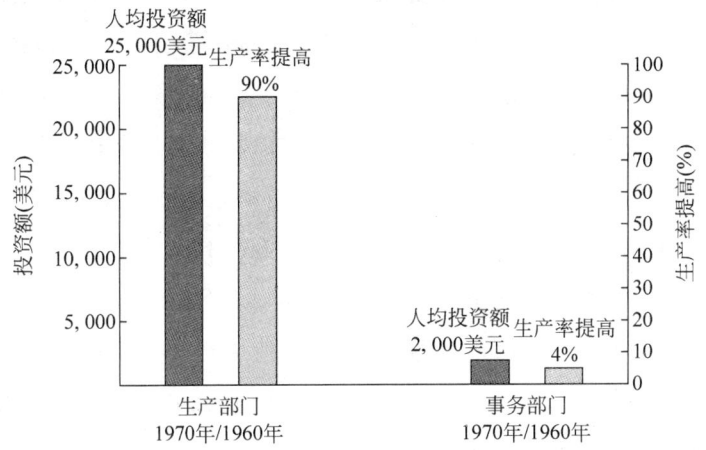

图 5-2 美国工厂生产率与办公室生产率比较

资料来源:SRI(socially responsible investmen)调查结果。

与工厂劳动相比,事务劳动具有知识性、精神性劳动的特点,不仅作业过程和程序标准化、定型化难,而且工作的数量和质量也被人际关系所左右,所以难以制定评价效率的有效指标。因此,办公室劳动者的效率,一般是根据一定期间内的工作时间、资料的数量、事务处理的速度等结果来评价的。现实中,企业为了降低成本,提高办公室效率,采取了如下措施:实行文书减半运动,统一用纸规格,规范文件归档,将不必要或重复的业务简单化、机械化,进行文字处理和计算机教育等。

提高办公室效率的要点

首先,提高办公室效率必备的是办公自动化系统和办公自动化机器,如办公处理软件、文件归档系统、以电话为媒体的交流系统、信息管理技术等技术或系统。其中,办公处理软件极大地促进了办公室作业的效率化。办公处理软件简化了文书制作的过程,不仅可随时消除误差,而且文书制作者可自己修改直至满意为止。此外,信息的保存、恢复变得容易,可以消除旧文件文档中的错误和问题。可以说,办公处理软件是实现电子化办公的最基本条件。

如上所述,利用办公自动化系统和办公自动化机器能够提高个人或组织的信息输出效率,即能够实现业务处理的快速化。为了有效利用办公自动化机器,办公室作业应充分利用在传统的工厂里为提高生产效率而采用的措施,如作业简单化、作业测量、生产标准和生产管理以及系统分析和设计等。

办公自动化对雇佣和劳动的影响

对量的影响

办公自动化急剧地改变了办公室劳动者的工作方法。并且,信息技术给雇佣的质和量也带来了影响。

首先,看一下雇佣数量方面。早在 1980 年,就开始进行关于微电子的引进对雇佣和劳动影响的调查。在欧洲,就是在这一时期流行这样一些话题,如微电子导致严重的失业问题,或生产现场引进产业机器人会出现"无人化工厂"等。但是,人们却认为日本不会出现这种情况。例如,在 1981 年 10 月 OECD 科学技术政策委员会的"第二次日本报告书"中提出了乐观的看法:由于日本具有高水平的微计算机技术,从事软件开发的中小企业增加,软件系统技术的新市场正在形成等原因,日本系统技术部门的雇佣机会将会增多。

据日本国内的调查,很多企业引进办公自动化机器的主要目的是实现"办公处理的快速化"、"办公质量的提高"和"定型而重复业务的机械化"等,而很少企业是为了"人员裁减"或"抑制人员增加"。当时,因机器的引进而增加的职种与软件业务有关,如系统技术人员、程序员等,相关人员的配置主要是通过"其他职种调转"或"应届毕业生录用"进行的。与此相对应,人员减少的职种各企业有所不同,但大多数企业主要是打字员、会计事务员等职种。也有些企业采取有空缺岗位但不补充人员的消极做法,但大部分企业没有特意通过将多余人员向其他岗位调转的方法进行合理化配置。也就是说,日本的所谓办公自动化或微电子化不是"省人化"而是"省力化"。从结果来看,总体上雇佣量是增加了,即伴随着事业规模扩大带来了人员的增加。从实际来看,办公自动化带来的省力化与工厂生产自动化不同,有些企业减员,但有些企业完全没有减员。

对质的影响

再看一下办公自动化对雇佣和劳动的质量带来的影响。一般来说,从质的角度,可将劳动分为体力劳动和脑力劳动。体力劳动又称为定型劳动或简单劳动,而脑力劳动又称为非定型劳动或复杂劳动。

随着技术革新,重复劳动被机械所取代,劳动被分化为简单劳动和复杂劳动。技术的冲击也使生产现场的劳动两极分化。当然,最初引进办公自动化的目的也是用机械来代替一部分事务劳动中的脑力劳动。

随着信息系统的完善,传统的多层次组织结构变得简单化。组织层级间的沟通也大有改善,组织分解成两个层次:一是经营、管理、计划层,另一个是执行层。前者用计算机进行信息分析、制订计划和决策,而后者则执行前者的指令(见图 5-3)。也就是说,组织两极分化为拥有强大领导力的经营层与进行简单劳动的一般事务劳动者(业务)层。

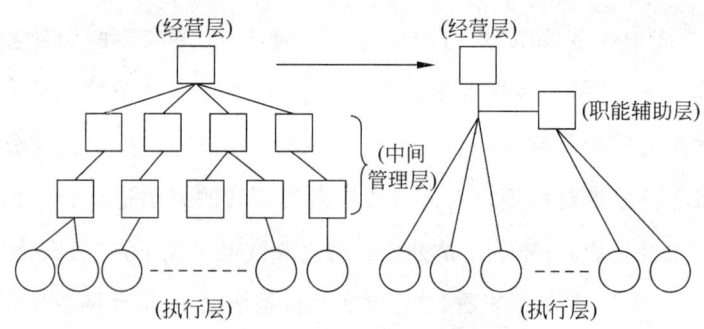

图 5-3 组织的两极分化

资料来源:杉原敏夫『ME化と職場における適応』ぎょうせい、1988年。

据劳动省的调查(1981年),企业办公自动化后业务部门发生了两极分化:一极是事务服务部门,从事写、算、统计,以及资料的整理和记录、保存、检索等基本的定型业务;而另一极是经营决策部门。企业试图在定型业务领域实现办公自动化,从而把人员重点配置在决策业务领域中。

但如果只从生产现场来看,这种两极分化则因受日本固有的雇佣惯例,如终身雇佣制、年功晋升和加薪的影响,进展还是较缓慢的。譬如,若劳动者不能适应这种新技术体系的变化,也可以通过岗位调动、(向子公司)调职等劳动力流动的方式来避免两极分化的出现。

办公自动化的目的之一就是办公室劳动者人性的回复,让劳动者从事更有创新性的工作。但办公自动化引起的两极分化孕育出无创新性的简单作业劳动者,因此办公自动化必须重新考虑人性问题。

办公自动化冲击下的劳动者

办公自动化机器的操作者可分为两类:第一类是从事事务类工作的人,如一般事务职、营业事务职、总务职、会计职等;第二类是从事系统分析、开发和设计的传统技术人员以及从事计算机维护业务、操作业务、编码业务的软件技术员或信息处理技术员。

在第一类事务类职务中,虽工作难度有所不同,但一般也从事程序管理和制作工作。并且,管理职也受到办公自动化的冲击。据日本经营协会的调查(1984年),半数以上的人认为办公自动化会对人事管理带来影响,如多数人要求"职能部门人员的再教育"、"岗位调动"和"录用标准的变更"等。

关于第二类软件技术员或信息处理技术员,可用信息处理产业来说明。

信息处理产业是朝阳产业,从 1970 年以后开始营业的事业所达七成,企业规模以 99 人以下的小企业居多。因此,从事信息处理的技术人员具有学历高、工作年限短的特点。据电算劳("电子计算机系统工会协议会"的简称)的调查表明,系统工程师和程序设计师大多不想把现在的工作持续至 35 岁左右,若有机会就要转职。其理由是,体力跟不上、没有前途、技术跟不上等。另外,信息处理产业普遍通过人才派遣制度为其他企业开发和设计程序。但这种制度会让派遣劳动者产生很多不满:不能与自己的职场人员进行沟通,(工作)身份不稳定,在被派遣企业的管制下劳动等。

办公室的安全卫生管理

VDT 劳动

VDT 是指与使用阴极射线的电视画面具有相同显示装置的机器,如打字机、小型计算机、CAD(计算机辅助设计)终端、监视器等。VDT 这一术语原来是指大型通用计算机终端装置,而现在泛指有显示画面、用键盘向计算机录入和输出的机器的总称。

随着办公自动化,办公室人员在工作中都使用打字机、小型计算机等 VDT。VDT 劳动的范围从电子计算机部门人员扩展至一般的办公室劳动者。VDT 劳动引发的问题是：第一，姿势受到较强的束缚；第二，这种静态的负担从上肢波及颈、肩膀、后背和腰；第三，给视觉带来过多的负担。并且，由此导致疲劳和疼痛慢性化。

颈肩腕伤害

工作疲劳的性质随着技术革新发生了很大的变化。随着机械化和自动化的普及，使用较多力量的体力劳动明显减少的同时，像 VDT 劳动一样重复使用手臂和视觉的作业显著增加了。之所以把这种单调作业交由人来操作，是因为不规则的判断和处理，以及更加灵活且精密的作业不能用机械来代替。重复使用身体局部所导致的疲劳诱发了只用睡眠或休息不能恢复的慢性过度疲劳症，久而久之就出现颈肩腕伤害、疲劳性腰痛、眼疲劳等症状。

人们并不是最近才关注颈肩腕伤害的。早在 20 世纪 50 年代后半期，日本开始使用计算机时，就经常发生由穿孔作业引发的所谓"穿孔机病"的手指伤害。当时就有人指出，这种作业不仅会导致身体上的疾病，而且会对神经造成伤害。VDT 劳动不仅能导致运动器官疾病，还会导致视觉伤害，甚至心理、神经和精神伤害。

VDT 劳动对身体的影响

VDT 作业者将身心疲劳的自我感觉诉说为，"眼疲劳"、"肩酸痛"、"焦躁"、"头脑不清醒"、"头痛"、"做事时出现很多差错"等。各种调查结果显示，VDT 作业者对上述症状诉苦的侧重点有所差异，但几乎绝大多数都集中在颈肩腕与视觉方面。例如，从不同作业类型劳动中不同身体部位症状的每日发生率来看，在"数据录入终端"、"对话型终端"等作业中，眼疲劳诉苦人数达10%以上；另在"数据录入终端"作业中，腰、腕、手指疼痛诉苦人数较多；而在"对话型终端"作业中，则是腰和手疼痛诉苦人数较多（见图5-4）。

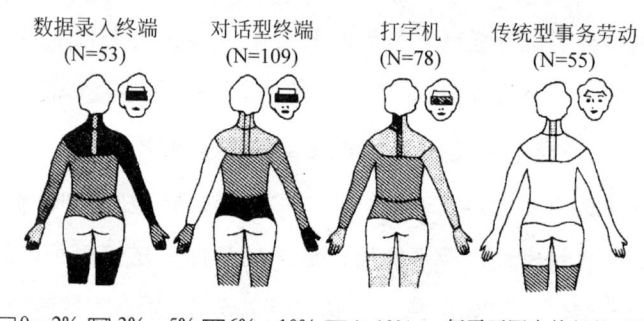

图5-4 在不同作业类型劳动中不同身体部位疼痛的每日发生率

注：N表示被调查的操作员数

资料来源：B. ピアス编『OA症候群』（西山胜夫訳）启学出版、1986年。

其他伤害报告有：VDT作业女性的死胎、流产、轻体重儿等生产异常的危险率相对较高，眼周围痉挛、脸面红潮或皮肤发痒等。很多学者认为，VDT发出的放射线或静电气是出现上述症状的主要原因，但至今还没有确切的科学证据来解明其发生机理。对此，国内外有赞成和否定的不同学派。

VDT劳动对精神和神经的影响

下面考察VDT劳动对精神和神经的影响。VDT作业者中约三成的人诉说,自己有焦躁、不安、抑郁和过敏等症状。女性不管是在肉体性疲劳上,还是在精神和神经性疲劳方面,其自觉症状的比例较高。按职种来看,与操作员相比系统工程师和程序设计师的精神性疲劳度较高。一般认为,上述症状的出现是长时间劳动引起的肉体疲劳所致,但原因并不那么简单。

VDT劳动是在由信息处理装置与人形成的人机系统下进行的,它以精神劳动为基础。虽然工作中只使用身体中的眼睛和手,但作业者也承受着相当大的做判断和决策的精神压力。作业者从作业空间、姿势、操作方法、信息显示中受到肉体的、生理的和心理的压力。同时,以下心理环境综合发生作用也会导致疲劳和慢性伤害,如单调感或寂寞感诱发的心因性压力,对作业系统的不适应,动机状态、噪声和温湿度等作业环境,人际关系和职场气氛等。

办公室安全卫生管理的要点

为了解决VDT劳动引起的健康伤害,应做到提供舒适的办公机器,完善作业环境,合理设计休息时间,加强健康管理。

肌肉、骨骼和视觉伤害都是使用VDT时持续的约束性作业导致的。因此,要根据人体工学原理设计适合劳动者颈肩腕、腰部和下肢的桌子和椅子。

昏暗的照明不仅会导致视觉伤害,而且还会引起不快感、紧张、焦躁和注意力的分散。因此,照明时要考虑照明的数量、对比度、闪耀程度和反射等。

VDT伤害的根本原因是长时间劳动。因此,VDT劳动的缩短和休息时间的安排是非常重要的。各国普遍的原则是,一天作业时间限制在 4 小时以内,连续作业 40—50 分钟后休息 10—15 分钟。

传统的健康管理是基于法规和专家的健康诊断的安全卫生管理,但今后企业要根据办公自动化的要求,积极改善职场条件。

以人为中心的办公室环境

人类工学与生产率提高

以人为本的办公室环境也许会提高生产率。基于这一假说,使办公室环境尽量适合人体自然状态的学问,称作人体工学。这一学问不仅对人与机械的关系,而且对劳动者与所有作业环境的关系进行研究。人体工学的研究目的是开发用较少的努力、合理的成本来完成任务的富有效率的作业系统。

一般认为,与提高生产率相关的因素有:高工资、决策中员工的参与、舒适而完善的作业环境等。人体工学研究试图通过舒适而完善的作业环境提高生产率。舒适而完善的办公室环境应是:尽量减少对眼造成不快感的照明,能使噪音最小化的音响设备,以及舒适的座位等。

人体工学与 VDT

人体工学是将与人的感官、肉体、精神以及情绪的特征相关的知识,较全面地应用于机器、工作、文件和办公室环境设计的学问。

人体工学关注 VDT 研究的理由归纳起来有如下三点：
> VDT 广泛地应用于办公室，并成为人们工作的常用工具；
> 防止 VDT 伤害首先要求肉体的和精神的舒适性；
> 通过 VDT 人体工学研究能够提高经济效益。

具体地说，其研究重点是操作位置、视觉状态、屏幕设计、设计标准的统一等。

人体工学具体关注的内容包括：为了确保适合的姿势，研究作业用座椅的设计，桌子、座椅的高度；为了避免眼疲劳，研究 VDT 的倾斜度、旋转方式、闪烁防止、颜色的对比度、键盘的可动性等。除了研究这些预防措施之外，还从功能和美学方面进行研究。

办公室功能与办公自动化

工业化社会以工厂为中心进行物质生产。但是随着信息化社会的到来，其中心向信息生产的场所，即办公室转移。这时办公室变成创造和传递信息的空间，也是劳动者活动和生活的场所，同时还是完成一定功能的场所。办公室具有如下功能：管理、业务处理、信息处理，以及完成前三项功能的人类劳动的场所。办公自动化的直接目的是提高办公室的信息处理能力。办公自动化试图通过个人行为效率的提高和信息处理功能的改善，实现管理和业务处理功能的充分发挥。办公自动化的本质是改善办公室功能，但往往被人们认为只是信息处理技术或机器的使用。因此，我们不仅应把办公室看成信息生产的场所，而且应将其当作人们劳动和生活的场所，并努力改善其环境。

从不满意的办公室环境到舒适的职场环境

通产省进行的问卷调查(1986年)表明(见表5-2),70%的企业回答办公室在"舒适性方面是不足的",也有一半的企业在功能性方面表示不满意。其理由是:第一,"没有转换心情的空间和氛围";第二,空间狭窄,布局不合理,通风差,有噪声等。

表5-2 员工对办公室环境的评价(办公室劳动)(%)(多选)

1. 狭窄	62.0
2. 脏	8.2
3. 暗(照明、采光不好)	13.1
4. 吵闹	24.6
5. 不协调	24.6
6. 不便于活动	36.1
7. 干燥	37.7
8. 色彩灰暗	16.4
9. 空调运行不好	52.5
10. 桌、椅、橱柜等家具陈旧	36.1
11. 桌子过小	18.0
12. 椅子不合体形	3.3
13. 文件泛滥(保管空间不足、保管方法不合理)	57.4
14. 版面设计杂乱无章	55.7
15. 被办公自动化机器等包围	11.5
16. 地板布线无规则	34.4
17. 无情绪转换的空间或氛围	68.9
18. 其他	1.6

资料来源:通商産業省,1986年。

据说，当时日本的办公室空间相当于美国企业每人20平米的一半。当前，人们对办公室环境改善的要求也发生了变化，即根据劳动卫生理论逐渐把办公室创建成兼具舒适性、功能性为一体的员工的生活空间。1988年4月，通产省把新办公室推进委员会的建议归纳后发布了"新办公室指南"。该指南的核心理念是把新办公室当作"人（员工）"生活的场所，通过有限空间的有效利用和办公自动化机器的积极引进，提高办公室的舒适性。

　　如前所述，新办公室具有舒适性和功能性兼具的特点，它不仅是人类生活的场所和信息化中心，而且是传递企业文化和走向国际化的场所。因此，新办公室不能按传统的统一模式设计，而要按与职种、行业类型、年龄构成、性别特性等相匹配的多样化方式设计，创建与业务形态和组织变化相适应的系统。同时，也必须不断研究适合新办公室的机器与办公模式。

　　从技术层面来看，通过人体工学的有效应用，能够进一步改善办公室环境。这里的关键是办公室劳动，因为无论怎样改善客体（办公室环境），如果缺乏对主体（人）的关怀，就不能根本解决问题。也就是说，必须完善以人为本的信息处理方法和机制。

　　总之，管理起到解决所有问题的关键性作用。经营管理者在充分认识办公室作为生产信息的场所在经营中的重要性的基础上，研究信息处理方法和机制，积极致力于改善办公室环境。这样才能创建兼具舒适性、功能性的新办公室。

日本企业的福利厚生

何为福利厚生

福利厚生[①]是指企业为了确保劳动力,培养员工对企业的归属感,提高作业效率,对员工及家属实施的提高其生活福祉的各项措施。

企业实施的员工福祉与国家和公共团体实施的所谓社会福祉有着密切的关系。两者是企业福祉与社会保障的关系。员工福祉所需要的费用称为福利厚生费或附加工资。

企业通常用现金向劳动者支付工资,但有时也用其他劳动费用的形式支付。如退职金费用、招募费、教育训练费等其他费用,福利厚生费也是属于此类。

福利厚生费分为法定福利费和非法定福利费两种。前者是指法律规定由经营者强制承担的相关费用,如健康保险费、厚生年金保险费和劳动保险费等;而后者是指由经营者自主决定向劳动者支付的相关费用,如房屋、医疗保险、伙食、商业保险、文化体育娱乐、劳动灾害附加支付、庆唁金和奖金等(见图5-5)。非法定福利通过福利厚生设施和措施,达到稳定和提高员工及家属生活水平、维持和增进员工的身心健康、保持员工对企业的信赖感的目的。

---

① 在日语中福利和厚生一般不分开使用,所以"福利(福祉)"或"福利厚生"都可以用 welfare(program)表示。如果要分开表示,则福利(福祉)= welfare(program)、福利厚生 = benefits(package)。

同时，也能起到恩惠、家族经营和生活保障的作用。

由于福利厚生措施与企业绩效和支付能力有着密切的关系，因此其会因企业规模的不同而出现较大的差异。与带有义务性的法定福利费不同，非法定福利费的支付有较大的随意性。所以，企业为了降低成本，可以压缩非法定福利费支出，这是企业福利要解决的最基本问题。

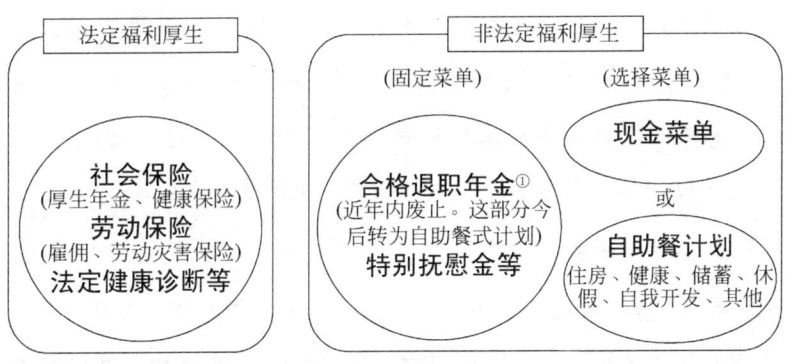

图 5-5　法定福利厚生与非法定福利厚生

英国企业福祉的演变

产业界的福利思想早在英国产业革命时期（18 世纪中期至 19 世纪前半期）的纤维产业中就产生了。如在工厂设立住宅、学校、教会、图书馆、公共浴池、员工食堂、医疗等设施，实施娱乐活动、疾病补贴和年金支付等措施。企业之所以进行这种改善劳动条件的投资活动，是因为经营者认为这些措施会给他们带来利益。

---

① 合格退职年金又称合乎（税法）资格的退休金。这是日本税法上给予优厚待遇的企业退休年金的一种。——译者注

这种产业福祉制度的目的不单单是为了提高员工的生活和文化水平，同时也是想通过改善员工福祉增进劳动效率。特别是，信奉"企业是神赠予的"教友派（基督教的一个教派）经营者们，从宗教的博爱主义出发，在自己的企业里实施了各种福利厚生活动。当时，他们虽然基于温情主义实施了员工福祉计划，但对于效率方面也很感兴趣。

例如，教友派经营者吉百利公司（Cadburys）和朗特瑞公司（Rowntrees）从 19 世纪末到 20 世纪初，除建造住宅之外，还设立了体育运动俱乐部和社交俱乐部，建设了教育、诊疗设施。此外，他们在英国首先设置了专门负责福利厚生的管理人员岗位。

美国企业福祉的演变

从 19 世纪末开始至 20 世纪初，以泰勒为首的产业人开发了很多提高生产率的技术、职能、组织理论和技能，然而却被劳动者和工会视为增加劳动强度的措施而遭到强烈反对。当时，让经营者最棘手的就是如何解决劳动生产率问题和劳动问题。作为解决问题的对策，企业实施了工会主义的怀柔政策，即向劳动者提供住宅和教育设施，开展娱乐活动，录用专门负责员工社会福利的社会福利师。进入 20 世纪 20 年代后，一直与其他职能部门一样为提高劳动效率和增加利润服务的人事部门，也开始将其业务范围扩展至招聘、选拔、教育训练和员工福祉。甚至有些企业，为了对付工会运动实施了员工福祉计划。之所以出现这种现象，其中原因之一是受到当时流行的"幸福的员工才是高效率的员工"的所谓人际关系学说研究成果的影响。

从 1924 年至 1932 年进行的霍桑实验的成果,其后就成了美国产业人际关系运动的理论基础。霍桑实验作为最早实施的针对劳动者行为的科学研究,其研究成果对产业界产生实际影响是 20 世纪 40 年代以后的事情。

总之,重要的是经营者认识到:提高员工的绩效和劳动生产率不能只依靠工资这一激励手段,还要完善员工的福祉体系、管理者的领导力和激励技巧等。

日本企业福祉的演变

日本企业福祉的源头可以追溯至封建时代主人向"家子郎党"(平安时代后期至战国时代,对武士团成员普遍使用的称谓)给予的慈惠式的、温情式的报酬。从 19 世纪末至 20 世纪初,随着产业革命的发展,在纺织业和矿产业等劳动条件恶劣的行业,实施了对疾病的扶助、设立供销社、提供公司住宅等企业福祉。其目的是为了确保廉价劳动力,维持和提高国际竞争力。

二战后的企业福祉,首当其冲的是衣食住的保障,所以当时主要的福祉内容是通过生活物资的配给来援助生活。到 20 世纪 50 年代的经济高速增长时期,为了确保年轻劳动力,企业向他们提供独身宿舍,并举行各种娱乐活动等。1974 年,在超过 5,000 人以上的大型企业中,福祉制度和设施的覆盖面超过 80% 的项目包括:公司住宅、食堂、小卖部、伙食补助、发放定期商品券、住房贷款制度、庆唁金、劳动伤害支付、团体生命保险加入、公司内存款等;在文化、体育、娱乐方面有：组织各种文化和体育活动，对各种俱乐部活动提供资金支持，举行体育大会，成立"海之家"，提供网球和排球场地等。这些制度和设施早在 60 年代初已广泛普及。到了 70 年代初，新福祉制度中实施率较高的有：住房公积金制度、住房贷款制度、土地分配制度、住房用地争议商谈、以房抵押放贷制度、利息补助制度、劳动者财产积累储蓄制度、员工持股制度等储蓄积累援助制度。

从 20 世纪 70 年代后期开始，法定福利费在劳动费用中所占的比重逐年增加。其原因在于，人口的快速老龄化使企业高龄化步伐加快，以及年金制度的成熟等。非法定福利方面，70 年代末期住居项目所占的比重较大，但中小企业在文化、体育、娱乐等年轻层福利项目费方面呈现出开支下降的趋势。之后，在大企业中财产类援助费用所占的比重逐年提高，而在中小企业中退职金类费用所占的比重则逐年增加。

20 世纪 80 年代末，人口老龄化、人们对宽裕和富有生活的憧憬和地价的暴涨，还有企业与员工面对的社会经济环境的急剧变化都给企业福祉带来了较大的影响。人口老龄化使企业在年金和医疗保险等社会保险资金源方面陷入困境。追求宽裕、富有生活的员工迫使企业采取新的福利厚生措施。地价暴涨使企业向员工提供公司住宅和独身宿舍越来越困难。于是，日本迎来了企业福祉存在诸多问题的新阶段。

福利厚生的意义和内容

作为人力资源管理措施的福利厚生

福利厚生是在基本劳动条件具备的基础上实施的人力资源管理措施之一,其宗旨是确保员工及其家属的生活稳定和提高其生活水平,维持和增进员工的身心健康,增强员工对企业的信赖感。为了落实企业实施的这种员工福祉与国家和公共团体实施的所谓社会福祉措施,需要从雇主、被雇佣者、劳动者和政府那里筹集资金。

福利厚生费的内容

通常,企业以现金或物质形式向劳动者支付日工资或月工资,但除此之外有时以现金工资之外的形式支付劳动报酬。包括:一次性退职金和年金,解雇通知津贴,中小企业退职互助制度中定金形式的退职金等费用;雇佣员工时的招募费;员工教育训练用的教育训练费,工作服,企业报出版制作费,调职费用,表彰等其他费用;福利厚生费等。其中福利厚生费由法定福利费和非法定福利费构成,但通常人们所说的福利厚生是指非法定福利厚生。

日本福利厚生费相对于欧美发达国家来说,其比重和增长率较低。特别是与德国和法国的法定福利费、美国的非法定福利费相比,其差距非常显著。日本法定福利费所占的比重与国外相比相对较低是由社会保险中雇主分担的份额不同所致。

从福利厚生费的内容来看,法定福利费的比例有所增加,但非法定福利费增减反复。这是非法定福利费受到企业景气和企业绩效影响的结果。

福利厚生的功能与措施

福利厚生按其项目类别考察,其功能和具体措施(见表5-3)如下:

➢ 互助金融——通过互助共济制度、企业内金融制度(公积金、贷款)等,谋求员工的生活安定和改善;

➢ 文化体育——通过休闲娱乐、俱乐部活动、运动设施,培养人格,加强沟通,防止人际关系疏远;

➢ 保健卫生——通过医务室、定期健康检查、预防注射等,保障员工健康;

表 5-3 适合企业特点的福利厚生措施

企业特点	制度、措施的重点和特色
交接班或夜间、休息日工作等工作时间不固定的企业	健康和休假措施
职种构成多样化的企业(非全时工、派遣工、临时工、外国人劳动者等)	沟通措施
因事务所分布在全国各地,员工需要移居和调动工作较频繁的企业	作为日常生活的稳定措施,提供企业住宅、宿舍等,完善居住环境
员工流动率高的企业(离职率较高的企业)	闲暇快乐措施 沟通措施
职务内容方面职业危险性较高的企业	健康、职业病对策和职业伤害补偿等
职业专业性较高的企业	海外或国内留学制度等自我开发对策
事业内容方面公共性较高的企业	"志愿者活动休假"等对为社会做贡献的活动的支持

资料来源:企业厚生研究会编『ヒューマンな企业厚生/人材管理・企业厚生の新たな潮流』ぎょうせい、1993年、53-54页。

> 住宅设施——通过企业住宅制度、独身宿舍、持房对策等，确保和留住劳动力，保障员工生活稳定；
> 生活援助——通过提供伙食、购物、托儿、育儿等服务，保障员工生活稳定，降低劳动力离职率。

从企业福祉到企业厚生

企业福祉[①]作为社会保障、社会福祉不完善部分的补充，对社会保障和社会福祉起到了重要的辅助作用。这是因为传统的由国家和地方政府等公共机构实施的统一的、划一的福利厚生制度和政策，已经难以满足国民生活水平的提高和价值观多样化的需求。

企业厚生研究会主张企业要实施企业厚生，认为企业厚生通过企业福利服务和人事制度的积极作用，可以实现员工作为社会人（而不是企业人）维持和提高生活质量的目的。

目前，企业厚生面临的环境发生了较大的变化，如员工需求的变化和多样化、企业环境的变化、社会保障制度的有限性等。为了应对上述变化，企业厚生未来应采取的基本措施包括：

第一，为了提高员工生活质量，根据员工需求的变化和多样化，采取如下措施：增加生活时间，支援员工购买住房，关心生活环境，支援育儿和护理，保障退职后的生活。

[①] 企业福祉是指，为了劳动者生活稳定所采取的措施，主要包括由企业负担和管理的"福利厚生设施和各种福祉活动"。而企业厚生是指，为了确保和留住劳动力，提高劳动者的劳动积极性，向员工及其家属提供的"各种福利措施和制度"。

第二，为了通过统一的企业厚生计划满足员工的多样化需求，应采取如下措施：完善企业厚生信息系统，强化企业厚生实施体制，引进选择性企业厚生项目等。

第三，为了克服社会保障制度的有限性，应采取措施补充社会保障功能的不足，如扩大企业年金制度或改善医疗保险制度等。

企业应从综合的、统一的福利服务向满足个性化、多样化需求的福利厚生转变。为此，福利厚生与社会保障的关系，必须从社会保障的补充阶段向功能分担的新阶段转变。

日本的新福利厚生措施

自助餐式福利计划的意义和内容

自助餐是在自助服务的西餐厅自主选择自己喜欢的料理的方式。与此类似，自助餐福利式计划是指，从福利厚生"菜单"中根据自己的需要选择自己喜欢的福利项目的福利厚生制度。传统的福利厚生是企业以"定餐"（独身宿舍、企业住宅、住房购买补助、企业存款、保健所、厚生设施等）的方式向全体员工提供的。与此相对应，自助餐式计划是员工根据自己的嗜好选择适合自己的项目。具体地说，在事先给定的点数范围内，由本人提出自己所需的项目组合。

这种自助餐式福利计划（见表 5-4）早在 20 世纪 70 年代已经被美国企业采用。如前所述，日本于 20 世纪 90 年代，在旧厚生省的倡导下,通过研究会或民间企业进行了研究。当时,随着传统的终身雇佣制和年功制等日本雇佣惯例的崩溃,企业迫切需要实施与短期雇佣合同形式等新的企业与员工关系相适应的福利厚生制度。

表 5-4　自助餐式福利计划的优点

多种选择方案	点数制度	宣传性	重视公平性	支持自我努力
企业预备适合于员工多样化生活类型的福利"菜单",选择余地较广。	引进点数制度,以醒目的形式向员工告示,既消除浪费,又增加利用机会。	企业欲通过推荐的福利"菜单"中标出的奖金点数,向员工传达企业所需的信息。	与地域、性别或年龄等无关,能公平地获得福利厚生服务。	支持员工自己设计的生活计划目标的实现。

美国实施自助餐式福利计划的目的

据调查,与日本一样,美国企业引进自助餐式福利计划的目的虽说是为了适应员工的需求多样化和税制上的优惠措施,但首要理由是为了"控制医疗费"。据各种统计,若现金工资为100%,则在日本(1998年)福利厚生费所占的比重为现金工资的15.2%,而美国福利厚生费所占的比重(1999年)为40.1%,其比例相当高。再者,日本非法定福利费约为法定福利费的一半左右,而美国非法定福利费则超过法定福利费。在日本,非法定福利费的一半(54.5%)是与住房有关,医疗保健费(7.1%)很低;而美国非法定福利费的八成(81.9%)是与医疗保健有关的费用。

日本引进自助餐式福利计划的背景和目的

日本引进自助餐式福利计划的背景是：实施新人事制度，设立新的劳资共同出资的互助会，实施开放式人事制度，改革传统的保健福祉事业；美国母公司在日本投资；企业以新人事制度和组织改革为契机把该计划作为构建新组织机构的措施之一；等等。其目的有：支援员工通过自我努力制订生活计划，尊重员工的自主性，向员工提供真正需要的福利项目，让员工自主选择，在不增加福利厚生总额的前提下根据员工需求改变福利项目；正确应对多样化需求，应对员工的各种生活方式、生活的不同阶段所需的福利厚生变化，灵活地应对社会环境的变化，确保员工间的公平性；等等。自助餐式福利计划，在福利厚生服务需求多样化的环境中，以员工自己负责、员工为主体作为前提，向员工提供与各自生活类型相适合的福利厚生服务。

从日本式自助餐式福利计划考察福利厚生措施

在美国，曾经有一段时期公费医疗保险加入者仅仅是全国人口的1/4，而医疗保险相关的大部分费用由企业负担。而在日本，由于向全体国民实施公费医疗，其成本的一部分作为法定福利费中的保险费用是由企业负担的。为此，美国企业为了有效控制非法定福利费中的医疗成本，在自助餐式福利计划中，将成本效率低的医疗保险设较高的点数，而成本效率高且可以控制的医疗保健则设较低的点数。而在日本，法定福利费占福利厚生费的比重约达七成（69.0%），且其中所包含的健康保险费不能转至自助餐式福利计划中。因此，日本式自助餐式福利计划是由企业负担较低的非法定福利费提供的福利厚生项目所构成。这就是说，日本式自助餐式福利计划，如果在福利厚生费范围内设计，其项目的类型只能是有限的。

通产省研究课题组于 1999 年 6 月提出了建议案，其内容包括企业福祉问题、引进自助餐福利计划的好处和福利厚生税制的改革等。这一建议案的要点是：对每个员工福利厚生收益设定非课税限额的同时，在自助餐式福利计划的合理项目内，在企业与员工协商的基础上，可以让员工自主设计非课税项目组合的自助餐式福利计划。具体框架如下：

➢ 工资与福利厚生项目的相互替换和选择：将企业福祉项目分成两种，把其中的一种作为与工资相互替换和选择的对象，原则上让企业或员工选择工资与福利厚生的支付范围。

➢ 福利厚生支付范围差别制：为与工资互换的福祉项目设定课税额度，对超过上限部分课税。通过这种方式控制与工资互换的福祉项目的任意替换，同时降低征税成本。

➢ 福利厚生项目选择制：当开发各企业适合的自助餐式福利计划时，对于员工有选择权的项目，必须事先设定有课税额度限制的福祉项目与无课税额度限制的福祉项目的组合项目。

【参考文献】

Heinrich, H. W., et al., Industrial Accident Prevention, McGraw-Hill, 1951.
　　（総合安全工学研究所訳『産業災害防止論』海文堂出版、1982年）
企業厚生研究会編『ヒューマンな企業厚生／人材管理・企業厚生の新たな潮流』ぎょうせい、1993年。
企業厚生研究会編『ヒューマンな企業厚生―人材管理・企業厚生の新たな潮流』ぎょうせい、1993年。
剣持一巳『マイコン革命と労働の未来』日本評論社、1983年。
厚生労働省安全衛生部労働衛生課編『VDT作業における労働衛生管理―ガイドラインと解説』中央労働災害防止協会、2002年。
厚生労働省安全衛生部労働衛生課編『新/衛生管理(上)(下)』中央労働災害防止協会、2002年。
シニアプラン開発機構編『日本型カフェテリアプランの実際―フレキシブルな企業厚生に向けて』ぎょうせい、1996年。
島田達巳『日本のオフィス革新』ビジネス・オーム、1985年。
杉原敏夫『ME化と職場における適応』ぎょうせい、1988年。
杉本旭『産ロボをうまく使う―産業用ロボットの安全管理チェックポイント』中央労働災害防止協会、1997年。
中央労働災害防止協会編『安全衛生運動史―労働保護から快適職場への70年』中央労働災害防止協会、1996年。
中央労働災害防止協会編『外国人労働者の労務・安全衛生管理』中央労働災害防止協会、1994年。
中央労働災害防止協会編『厚生労働省指針に対応した労働安全衛生マネジメントシステムのあらまし』中央労働災害防止協会、2002年。
中央労働災害防止協会編『最新・安全衛生/世界の動き』中央労働災害防止協会、2002年。
中桐伸五編『職場の安全衛生ハンドブック』労働基準調査会、1988年。
中小企業庁指導部指導課編『中小企業の人材確保と活用戦略』、同友館、1990年。
通商産業省政策局企業行動課編『生産性向上技術の新事情』通商産業調査

会、1985年。
通商産業省編『ニューオフィス』通商産業調査会、1987年。
奈良充浩『現代労務管理論』成文堂、1993年。
西島茂一『これからの安全管理』中央労働災害防止協会、1996年。
日本産業衛生学会・産業疲労研究会編『産業疲労ハンドブック』労働基準調
　　査会、1988年。
日本労働協会編『技術革新と職場衛生』日本労働協会、1987年。
B.ピアス編『OA症候群』(西山勝夫訳)啓学出版、1986年。
本多壮一『労務管理』税務経理協会、1985年。
労働省安全衛生部安全課監修『高齢化時代の安全－災害防止のためのガイ
　　ドライン(製造業編)』中央労働災害防止協会、1992年。
労働省安全衛生部編『経営と安全衛生』中央労働災害防止協会、1996年。
労働省安全衛生部労働衛生課環境改善室編『快適職場づくりここがポイン
　　ト－快適職場指針の解説』中央労働災害防止協会、1999年。
涌田宏昭編『経営情報科学総論』中央経済社、1986年。

附录 1
日本泡沫期后女性劳动者和管理者的就业意识及职业生涯发展变化的考察

前言

日本女性劳动者的生活方式和职业生涯模式,一方面受到与男性劳动者同样的因素的影响,如学历、就业目的和意识、就职企业的规模和所处产业、职业、雇佣形态,以及资格证书、婚姻、有无子女等,另一方面也受到女性固有的特定因素的影响。对女性劳动者来说,最大的问题是雇佣和人事待遇方面存在的性别差异。例如,不管是日本女性劳动者不同年龄段劳动力参与率的形状(所谓的 M 形曲线),还是女性劳动者在非正式劳动者中的较高比重,以及男女间工资差别,都源于雇主持有的对女性劳动者的固有观念。雇主认为,由于结婚、生育、养育子女、护理等原因,女性劳动者比男性劳动者歇工、退职的可能性大,因此,从工作持续性角度考虑,男性劳动者的稳定性和效益性(费用对效益的比率)较好。

本附录通过对泡沫经济期(20 世纪 80 年代后期至 90 年代初

期)、泡沫经济崩溃期、未曾有过的长期的经济低迷期,以及略有复苏倾向的如今的经济回复期的相关资料的分析,考察日本女性劳动者就业意识及女性管理者职业生涯发展的变化。泡沫经济期受到经济过热的影响出现了劳动力和人才短缺现象,这使女性劳动者的恶劣劳动环境有所好转,但随着泡沫经济的破灭,女性雇佣、人事制度的改善又陷入了停滞不前的状态。然而,促进女性雇佣的努力一直没有停止。一方面,女性积极进入企业,法制方面积极支持男女共同参与工作,最近又重新提倡女性工作与生活的协调,并采取了消除性别差异的积极的制度性措施等;另一方面,在瞬息万变的经济环境中,企业和雇主对女性劳动者,特别是对女性管理者所要求的工作内容,与泡沫经济期相比看似也有了很大的改变。本附录通过泡沫经济期和最近的统计资料也将对此类问题进行分析。

当然,女性若想和男性一样顺利实现职业生涯发展的目标,依然有很多障碍。那么,当女性继续职业生涯发展时,究竟什么是阻碍因素?是否存在女性职业生涯发展的推动因素?如果存在,那又是什么?这些问题都将通过本附录而阐明。

企业的"劳动者女性化"

女性化现象的出现

女性发挥能力的舞台一直是非常有限的,只限于事务、营业和生产现场的辅助性工作。泡沫经济期,劳动力不足和人才的缺乏、高学历化带来的劳动意识的变化和经济自立意识的出现,使得女性进入职场的数量大幅增加。同时,量的增加引起了质的变化,即女性劳动力参与率的增加导致了工作及职场女性化。

然而,在泡沫经济期,虽然1/4的上市公司有从事企业经营的女性管理者,但和男性相比其数量仍然很少。而在之后不到20年(2006年调查)间,日本2/3的企业设置了女性管理职。据当时的调查,在各管理层职位中女性管理者所占的比例依次是部长2.0%、课长3.6%、系长10.5%。尽管任用女性管理者的企业增加,但其比例和人数仍然无法与男性相比。

在泡沫经济期,女性在技能性、生产工程性和劳务性职业或工作中是较多的。而最近在饮食店、住宿业和医疗福祉等以劳务性工作为主的行业中,甚至在金融、保险业中,约有八至九成的企业设置了女性管理职。但是,在一些企业中仍然存在男女雇佣机会不均等的现象,如限制录用女性,或把女性限定在一般职等。同一时期,欧美各国女性从事技术性、管理性和事务性工作的较多,在美国、英国和德国从事上述工作的女性约占三至四成。

"劳动者女性化"是指进入企业或在企业中发挥能力的女性人数增加的现象。这种现象的出现,一方面是因为女性应届大学毕业生的就业率提高,另一方面是原来以家庭为中心的女性重新回到职场的人数增加。特别是40岁左右已婚的女性,即所谓的双职工家庭中的女性,进入企业的人数显著增加。当然,这主要是因为随着信息技术的发展,不那么依赖体力的适合女性工作的职种数量增加了。

在泡沫经济期，劳动力不足促使大量女性从家庭、学校进入企业。这虽然扩展了女性工作的职种范围，但她们从事的大多是男性职种的周边性、辅助性工作。然而，如上所述，虽说是缓慢，但也呈现出女性渐进地向核心业务领域拓展职业生涯的现象。

职业或工作女性化

职业或工作女性化现象，不仅在像护士、保育员等由家庭中母亲或妻子角色形成的特定的、专业化的女性类职业中出现，而且也在技术性、专业性较强的所谓男性类职业中出现。

根据性别划分社会角色分工的所谓"男子在外面劳动，而女子在家里做家务"的观点，不用说男性，就是在女性那里也是根深蒂固。在现实中，这种观念把职业或工作分成了"男性类"和"女性类"。较有代表性的"女性类"职业有教师、护士、助产师、保健师、牙医助手、保姆和营养师等。从事女性类职业，一般都需要具备一定的专业知识，法律上也要求取得资格证书或许可证，但与医师、律师等典型的男性类职业相比，不仅教育训练时间较短，而且没有资格证书的人也能做，所以这类职业被称为"准（半）专门职"，其社会声誉相对较低。在这类准专门职中，教师被认为是女性最适合的职业。教师职业在雇佣和待遇上早已实行了男女平等原则，同时实施了1992年4月通过了法制化程序的产休和生育休假制度，可以说，教师职业如今仍是最受女性欢迎的职业之一。女性在教师职业中所占比重越来越高的事实也能证实这一点。如在泡沫经济期，小学教师2人中有1人、中学教师3人中有1人为女性；而到2005年时，小学教师3人中有2人、中学教师5人中有2人为女性。

在现实中，女性类职业一般在不能机械化的待人接物等劳动集约型服务行业中较多见，她们领取的工资与其所做的工作相比相对较低。而男性不喜欢这类半专门性职业，他们更期望从事被社会认可的专门性职业。这样女性只能填补"男性向其他职业调转后剩余的、空缺的男性职位"。

但是，泡沫经济期后，女性进入以前被认为的男性类职业中，并从事业务性、专业性和经营性工作，这使得男性类职业或女性类职业之类的划分渐渐淡化起来。

女性进入的工作领域

"劳动者女性化"推动了职业或工作女性化。在企业工作的女性劳动者数量的增加，不仅扩大了女性的职业领域，而且提高了女性晋升的可能性。从1975年至1985年泡沫经济期前的约10年间，女性劳动者数增长最快的职业是白领阶层中的事务类职业，其后依次是接话员、制造、组装工等技能类职业，情报处理、护士、营养师、理发师、美容师、服务生、女性推销员等女性类职业，以及文艺、美术、音乐等艺术类职业。

这一时期，女性首选的职业领域是随着经济软件化、服务化而快速成长起来的服务业和信息关联产业。当时，信息处理还是较新颖的领域，男性也没有这类职业是男性类职业之类的先入之见，所以女性也较容易在这一领域创业或积累经验。因为信息处理业务需要专门的知识、技术和经验，企业内部劳动力又难以满足这一需求，所以更多地依赖女性派遣劳动者。当时，即使是在研究开发、设计、商品策划和营销策划等领域里，女性所占的比例也较高。

女性之所以能够进入一直被认为是男性类职业的研究开发和策划部门，是因为企业面对激烈的竞争引进了能力主义制度。实施能力主义的企业奉行拥有同等能力者担当同等工作、获取同等工资的原则，它们也向女性提供从事上述男性类职业的机会。

这些变化也给女生选择大学系、专业方面带来了影响。虽然泡沫经济期(1985年)女生选择文学类专业的依然最多(35％)，但她们也开始选择经济、经营、法学等社会科学专业(15％)。同时，选择理工类专业的女生虽然仍是少数，但人数毕竟有所增加，而选择教育类的女生数与1960年相比减少了一半，选择家政专业的女生数也有所减少。到20年后的2005年时，女生选择经济、经营、法学等社会科学类专业的人数已经占到了女生总数的29％，与1985年相比约增加了一倍；与此相反，人文科学和教育类专业的人气大幅下降。即使是在理科类专业中女生所占的比例也有所增加，在医学类专业中女生数占到了1/3。

管理职位与女性的地位

据说在泡沫经济期，有大学学历的女员工中有1/5以管理职为其职业生涯目标。引人注目的是，即使是在那些被认为是"男人世界"的产业和企业里，也有不少女性被选拔任职于管理职。同时，把管理职作为职业生涯发展目标的女大学生，也把商社、航空公司和宾馆作为其就职方向，以便充分发挥外语能力和女性的感性能力。

被认为是男性职场的运输业的部分企业，不仅让女性从事大型拖挂车司机或做货物搬运工作等，而且也让她们出任营业部门的管理职位。并且，在绅士服装连锁业中有1/3的店让女性担任店长职务，可以说不管企业规模大小，任用女性管理者的企业越来越多。当时，有一则报道成为人们议论的话题，这一报道的内容是：日本航空公司由女性出任客机乘务室室长，她管理350名空姐。这条报道之所以引起人们的关注是因为，管理那么多下属的职位由女性担任，这在当时来说是第一次。

1990年在东京都实施的以都内3,000个事务所的3,000名女性管理者为对象进行的调查表明，虽然约有六成事务所由女性担任系长以上职务，但这仅仅占总管理职的7.9%，而女性担任课长以上职务的更少，仅占总管理职的2.6%。

另外，劳动省以东京、大阪、名古屋等地区的2,027家上市公司为对象进行的"女性管理层调查"（女性职业财团，1989年11月）表明，1/4的企业有担任课长以上职务的女性。虽说女性管理者数的增加引人注目，但在超过9成的企业里女性管理者数占管理者总数的比重不足5%。

当时，典型的女性管理者的形象是：①高中毕业就进入企业；②晋升至管理职位经历四次左右的人事调动；③有下属但未婚；④年收入约700万—1,000万日元。同时，她们担任的职务虽然多种多样,但大多限定在营业、销售和服务性业务的职位上。

与此相对应,最近(2003年)女性管理者的形象是:①大学毕业后进入大型制造业企业;②不转行且继续工作;③经历四次以上的人事调动;④年龄为40—44岁;⑤担任相当于人事、总务、会计部门课长的职位;⑥已婚但无子女。男性管理者的形象与女性管理者在学历,晋升至管理职的年龄,所属产业、部门方面是一样的,只是符合上述条件的比重比女性管理者要高,特别是与65%的女性管理者无子女的情况相比,76.2%的男性管理者都有子女。

通过以上最近时期与泡沫经济期进行的比较可知,随着女性的高学历化,其所从事的工作已从现场部门转移至管理部门。同时,女性要想成为管理者必须不结婚且拼命努力工作的情况也发生了变化,如今即便是结婚也能够担任相应的职务了。不过,从担任管理职的女性"至今还没有孩子"这一点来看,"育儿与工作兼顾"还是有一定的困难。

女性工作意识和企业的态度

泡沫经济期女性劳动者的工作意识

在泡沫经济期,女性的价值取向是充实自己、享受人生,她们心目中理想的职场形象是:"每天在像家里一样快乐舒适的公司上班""工资多、上班时间自由的公司""对女性给予理解和机会的公司"。据说当时女性到25岁左右时,部分女性是以"在能充分发挥自己能力的公司工作"作为自己的职业生涯目标的。但在现实中因为约七成以上的女性从事"规范、常规和零碎的工作",所以她们就诉说与男性相比"琐事过多""晋职、晋级机会少"且"工资低"等此类的不满。

面对这种现实,很多女性为了"开发自身能力""打破陈规旧矩""实现自己的工作价值"而跳槽改行。而当处于结婚与工作的人生岔道时,多数女性毫不犹豫地选择结婚而辞职。

为了让女性劳动者在企业中能与男性劳动者并驾齐驱地工作,政府从泡沫经济期开始制定了以《男女雇佣机会均等法》、《育儿护理休假法》和《短工劳动法》等为代表的一系列法规,完善了女性工作环境。虽然政府做了争取男女平等待遇的努力,但女性的能力依然未能充分地发挥出来。

出现这一现象的原因固然有企业和男性方面传统观念的影响,但也有人指出,女性劳动者自身缺乏应有的工作热情。目前,日本企业女性管理者所占的比重与国外企业相比仍然很低,有些企业仍把女性当作"办公室的花瓶"或"茗茶组",让女性从事男性周边的辅助性工作。由此也可以看出,至今还很难说企业已把她们当作真正的劳动者或劳动力。

企业对女性的态度大致分为两类:一类是以工龄短、缺乏对企业的忠诚心、体力弱为理由,对女性的录用和使用持消极和忧虑态度;另一类是对那些富有创意、具备领导才能的有干劲的女性积极有效地利用。

面对这两类极端的企业对女性的不同态度,重要的是女性管理者自身要明确应采取的态度。也就是说，女性要么全面接受男性主导的理念和价值观，要么就要将女性独有的灵感充分发挥在工作中。

泡沫经济期企业对女性的态度

据泡沫经济期的调查，约有 2/3 的男性对于女性管理者的日益增加表示欢迎，但实际愿意在其手下工作的男性仍然很少。综合下属对女性管理者的评价，优点有：①在工作中无男女差别；②比男性管理者更了解下属的心情；③工作指示详细且具体。而缺点有：①缺乏大局观念和必要的信息，容易做出片面性判断；②欲把工作和家庭兼顾而过于逞强，精力不足；③工作缺乏系统性指导。此外，或许是为了不输给男性管理者而拼命工作的缘故，很多女性管理者认为自己"做了和男性同样的工作量"，并且职位越高，认为自己"比男性做得更好"的女性也越多。

最近的调查（2005 年）表明，很多雇主认为，"男女在工作上无能力差异"，从提高生产率和人事管理方面考虑，"应积极任用女性员工，并提升至相应的管理岗位"，"激发女性员工的工作热情"，"充分发挥女性能力"。企业规模越大，这种意识就越明显。也有些资料表明：与竞争对手相比女性比例越高，公司绩效提高就越显著。

然而，尽管企业充分利用女性管理者能力的意识不断提高，但女性管理者仍未增加的理由是：女性"缺乏工作经验的较多""工龄短""缺乏判断力、企划力和谈判力"等。另外，关于让女性担任管理职问题，虽然约有七成的企业回答"没有难以跨越的条件"，但仍有一些企业提出"工作与家庭的兼顾""伴随着迁居的工作调动""工作经验不足""女性意识"和"职场气候"等障碍因素。的确，女性要在企业谋求职业生涯发展，理所当然要提高绩效，但不可或缺的是拥有坚定的职业意识和积极的工作热情。

女性管理者提到与上司的关系时指出，自己能够担任管理职除了自身的工作热情和实际绩效外，还需要得到上司的赏识，这与同上司建立良好的工作关系是分不开的。如果女性向较高管理层晋升的壁垒是所谓的"玻璃天花板"[1]的话，那么要冲破这一壁垒，就需要有能理解这个事情的男性员工或被称为导师的领导者。

至于女性管理者与下属间的关系，下属对女性管理者持有的偏见仍然根深蒂固，女性管理者对女下属过于严厉。出现这一现象的原因是，女性上司与下属间的沟通方式还不够成熟，人们对"女性"反应过于敏感。

女性管理者与"成功恐惧症"

在女性员工中，有些女性抱有职业生涯发展的愿望，但也有部分女性或者不想当管理者，或者害怕担任管理职。这种回避"成功"的态度是由"成功恐惧症"引起的。她们认为，如果自己发挥领导才能，或在事业和工作上有所成功，就会被人们指责没有女人

---

[1] "玻璃天花板"意思是指，虽然公司高层的职位对某个群体来说并非遥不可及，却无法真正接近。1995年，美国政府特别任命的玻璃天花板委员会（GCC）表示，阻止女性到达公司高层职位的壁垒"剥夺了私有部门许多合格人员竞争并保持高管职位的机会"。——译者注

味,或找不到配偶等。

在泡沫经济期,为了让这部分有"成功恐惧症"的女性担任管理职,企业实施了如下改善工作环境的措施:为职业生涯发展进行工作轮换;进行男性员工的意识改革;进行培训;把她们安排在对女性管理工作给予理解的上司下面;把女性作为干部后备军录用。与此相对应,最近,在任用女性管理者中最常用的措施是,明确评价、考核、晋升和晋级标准。有些企业为了更加积极地增加女性管理职,还采取了有意识地向女性提供积累广泛工作经验的机会。

女性管理者也应做到:通过努力得到家人的协助,以便实现家庭和工作兼顾;作为企业人要树立坚定的职业意识,拥有满腔的工作热情;努力进行自我开发,掌握企业经营知识;不仅是男性,而且也让女性给予理解;企业内外构筑给予善解和提供信息的良好的人际关系网。

总之,不论是女性管理者还是一般女性员工都应做到:得到男性的理解;拥有坚定的职业意识和工作热情,不断地提高绩效。当然,女性要在职业生涯道路上有所作为,应在充分认识自身的基础上,通过自身的努力开拓职业生涯。

管理者的基本职能是制订计划,让员工(不是自己)去实行计划,并对其结果进行协调和控制。因此,管理者必须具备行动力、持久力、判断力、说服力、责任感、智慧和技术等领导能力。尤其领导力对于管理者来说是必须具备的能力。如前所述,领导力和判断力被认为是女性管理者比男性管理者欠缺的素质和能力。还有人指出,女性管理者大多在秘书和会计等专业职位上善于发挥其能力,但是由于缺乏通观全局的训练和没有积累全面的企业经营经验,往往不能迅速且圆满地解决各种纠纷和不满。其实,出现这一现象仅仅是因为女性管理者接触管理职务的机会少、训练不足。因此,男女在能力上是没有差异的,更不可能存在管理职所需能力的性别差异。

管理职的权力表现在向员工给予的报酬和惩罚上。而这种权力所需的能力,一方面可以通过与工作相关的专业知识和影响力等个人魅力所形成,另一方面还能通过由管理者的指挥和命令而塑造公正的工作环境产生。更进一步讲,管理者所需的更重要的素质和能力,是对企业和下属的忠诚心和责任感,这由个人的人格和品格所造就。

女性就业意识与职业生涯发展

女性劳动力参与率与 M 形曲线

众所周知,从各年龄层女性劳动力参与率来看,结婚前达到工作高峰,之后随着结婚、生育、育儿下降至谷底,随后子女长到一定阶段时又开始进入工作的第二次高峰,这就是所谓的 M 形曲线。在泡沫经济期(1990 年),第一次工作高峰大约出现在 25 岁之前,但其后每年都向后推移,最近(2006 年)是 25 岁之后。并且,两次高峰也都比以前高,谷底部分也比以前升高很多,就像男性劳动力参与率一样,接近于较平坦的"高原型"。

从各年龄层女性劳动力参与率来看,在 1996—2006 年的十年间,最初工作高峰由 25 岁之前的 73.8% 变为 25 岁之后的 75.7%,其年龄越来越大。而且,工作谷底由 35 岁前的人数占 54.8% 变为 62.8%,这说明谷底也开始逐渐上升。其主要原因是,30—64 岁的未婚女性和 30 岁前的已婚女性劳动力参与率上升。在泡沫经济期,20—30 岁的女性结婚后进入家庭成为家庭主妇的超过了六成。随后,随着年龄的增长,专职主妇逐渐减少,在 45—49 岁年龄层中下降至约三成。一般来说,女性结婚后会有一段时期进入家庭当专职主妇,再过约 10 年的离职期后重新就职。但是,结婚之后继续留在同一企业或继续工作的女性较少,女性在 30 岁前从事工作的超过女性总数的六成多,但到了 40—44 岁重新就职时下降至一成左右。由此我们可以理解为什么已婚女性无法顺利发展自己的职业生涯。

最近,已婚女性劳动者不断增加,其平均工作年限为 8.8 年,这虽然比男性平均工作年限 13.5 年短 35%,但是从 35—44 岁和 45—54 岁年龄层的女性的工作年限来看,前者达 15—19 年的占 19.6%,而后者达 20 年以上的占 24.0%。这与 20 年前的泡沫经济期(1986 年)相比,分别增长了 7.8% 和 11.5%,这说明持续就业的女性人数正在增加。

据泡沫经济期的调查,当时正规员工约占七成,剩下的三成是非正规员工(钟点工占 22.6%,临时工或日工占 3.6%,短期合同工占 1.2%,派遣工占 1.0%,外调员工占 0.4%,其他占 1.1%)。从日本雇佣惯例来看,一个员工在同一企业长期工作对其职业生涯发展是有利的。然而,女性劳动者最盼望且最愿意选择的所谓结婚时放弃工作而待育儿结束后再继续工作的职业生涯模式,与日本雇佣惯例是相悖的。由此可见,这种女性工作的职业生涯模式对于女性职业生涯发展是非常不利的。

据2004年的调查,女性工作的理由中回答比例最高的是"为了经济上自立"(64.7%),其次是"想参与社会活动"和"为了发挥自身能力",而最低的是"为了生活必须工作"〔这是男性工作理由中回答比例最高(50.1%)的项目〕。这说明,女性参与劳动的目的与其说是为了生活,倒不如说是为了在经济上独立,充分发挥自己的能力。当然,上述工作理由是从正规员工的角度来说的;对于非正规员工来说,其工作的理由更是五花八门,如短期合同工是为了能够充分发挥自己获得的(专业)资格和技能,派遣劳动者是因为不能以正规员工身份工作,而钟点工则是为了赚得补贴家用的钱或学费等。

据2007年1—3月的数据,非正规员工数占被雇佣者总数的比例达到历来最高值33.7%,且其增加人数与上年同期相比超过了正规员工增加人数。其中,女性雇佣者中非正规员工所占的比例达54.1%,超过女性被雇佣者总数的一半。这部分女性选择非正规工作方式的理由(多选)中,"能够赚得补贴家用的钱或学费"约占35.0%,"可以在自己方便的时间工作"约占30.9%,"通勤时间短"约占28.1%,"没有能够以正规员工的身份工作的公司"约占25.8%。

而在泡沫经济期,多数女性甘愿当小时工(非正规员工)的理由是,"不依赖丈夫,而靠自己赚得零用钱""为了向社会学习"和"为了打发无聊的时间"等。而当时,美国女性就职者对此的回答是,不愿意被人当作"在家闲逛的不工作的人"。由此可见,泡沫经济期女性选择非正规工作的理由,与其说是为了赚得补贴家用的钱和学费,倒不如说更多地考虑了自身与社会的关系和自我价值的实现。

女性的生活方式与职业生涯模式

闲暇开发中心根据《新日本式生活方式》(1987—1988年)调查得到的数据,用传统型、边学习边工作型、人生反复型、第二职业生涯型、先忧后乐型和先乐后忧型等六种类型对泡沫经济期人们最期望的生活方式进行了分析。通过分析得知,最受欢迎的生活方式是传统型(35.6%),这是一种人生初期(6—22岁)接受教育,然后工作至60岁,最后退休的生活方式。这种生活方式在打零工主妇、专职主妇、无业女性群体中比在男性群体中更受欢迎。为了职业生涯发展,就业后边工作边继续学习的生活方式,即"边工作边学习型"(12.3%),在未就职过的专职主妇那里毫无吸引力。

并且,从事专业性、技术性、管理性职业的男性比起女性更多地推崇"边工作边学习型",多次放弃工作后又重新寻找学习新的知识和技术的机会的所谓工作和学习间反复选择的"人生反复型"(21.0%),以及工作至40—50岁再接受教育后转行的"第二职业生涯型"(10.1%)等生活方式。

那么,当时为什么较多的女性选择"传统型"生活方式?下面通过总务厅统计局的《社会生活基本调查》(1986年)来分析这个问题。据这一资料,每周工作35小时以上的双职工夫妻,除睡眠时间之外的时间分配情况如下:妻子的时间分配是,工作时间约五成多(7小时45分),做家务和育儿等时间约不足两成(3小时31分),闲暇时间约不足两成(2小时43分钟);而丈夫的时间分配是,工作时间七成(10小时01分)、闲暇时间三成(3小时06分)。也就是说,女性将从工作和闲暇时间中挤出家庭生产时间用在家务劳动中,这样她们只能选择没有充裕空隙的"传统型"生活方式。

然而,据2001年对上述同样问题的调查,每周工作35小时的双职工夫妻的时间分配如下:妻子的时间分配是,工作等约占五成(6小时26分),做家务、育儿和护理等约占两成(3小时27分钟),闲暇(自由时间)等约占三成(4小时13分钟);而丈夫的时间分配是工作时间占六成(10小时4分),闲暇时间占四成(5小时27分钟)。

从这15年间夫妻两个人的时间分配来看,可以归纳出如下特点:丈夫的工作时间没变,而妻子的工作时间缩短了;虽然夫妻双方的自由时间都增加了,但丈夫的睡眠、用餐时间相对减少,而妻子做家务、育儿和护理等时间几乎没有变化。男性在做家务、育儿和护理等方面分配的时间只有32分钟,与妻子相比极短,沉重的家务劳动由妻子来承担。

女性就业意识的形成

下面就为什么女性选择以角色分担为基础的传统型生活方式这个问题进行考察。

男性与女性生活方式的不同源于与工作相关联的职业生涯的差异,即是否继续职场生活。对女性而言,其生活路径包括升学、就职、结婚、生育、育儿等重要的环节。女性能够抱有持续职业生涯愿望的条件是:①继续工作能得到家庭的肯定和积极的支持;②幼少年期集体生活的体验;③青年期工作欲望的高涨;④就职后感受到的工作价值和晋升的可能性;⑤结婚后家庭和工作兼顾的可能性。

女性将自己作为职业人树立起来的过程受到内在因素和外在因素的影响,前者包括个人的欲望、价值观、兴趣和适应性等,而后者包括经验、家人的支持和社会趋势等。当然,在女性职业生涯发展期,结婚、生育、育儿等问题的出现,对于女性职业生涯带来了非常不利的影响。20—35岁的女性,如果选择结婚进入家庭而中断职业生涯,就不能将自己作为职业人树立起来。这样,她们要么放弃职场生活,要么选择育儿后再次走向工作岗位的职业生涯类型。

面对着结婚还是工作这一抉择的女性,不得不选择下面几种类型中的一个:①"专职主妇型",即结婚生子,并在结婚或生子时辞去工作,之后就不再工作;②"再就业型",即结婚生子时暂时辞去工作,待子女长大后再继续工作;③"家庭和工作兼顾型",即既结婚生子又继续工作;④"丁克型",即结婚但不生子,继续工作;⑤"非婚就业型",即不结婚而持续工作。总之,对于女性来说,由于每个人的生活设计不同,对于职业生涯发展的看法和就业意识与男性相比相当多样化。

据泡沫经济期的调查(1989年),半数女性为"再就业型",三成为"家庭和工作兼顾型",而一成为没有工作经历的女性进入家庭成为专职主妇后就职的类型。在这种状况下,作为正规员工重新就职的占 42.6%,而打零工、兼职的占 46.7%左右。女性一旦进入家庭,即使再就业,也不得不从事与以前的职业或工作关联度较低的辅助性工作。

另据 2004 年的调查,认为"家庭和工作兼顾型"是好的生活方式的女性占四成多(41.9%),而"再就业型"减少至不足四成。这说明,不用说女性,持有家庭和工作兼顾意识的男性也在逐年增加。

女性职业生涯发展的障碍和促进因素

女性管理者的职业生涯发展

在美国,自从 1977 年《职业女性——步入男性社会的挑战》(玛格丽特·亨宁著)出版以来,涌现出大量的女性管理者。然而,据《财富》杂志(1990 年 7 月 30 日)报道,当时出任社长和董事的女性比例也只有 0.5%。

如前所述,在日本泡沫经济期,尽管具有大学学历的女性中有 1/5 把未来成为管理者当作职业生涯发展的目标,且有 1/4 的公司任用了女性管理者,但在大企业中几乎没有女性高层管理者(或经营者)。这是因为女性管理者和男性管理者职业生涯发展的起点不同,女性管理者的职业生涯总是从基层开始的。即便是本科学历的女性跟男性做同样的工作,其晋升的机会也不同。大多数女性只能晋升至系长职位,而晋升至课长职位的却很少。同时,企业只向大专以上学历的女性提供选择不同职业生涯路径的机会和综合职。

研究者对男女在经营能力方面是否存在根本性的差异问题进行研究后指出,男女在领导风格和决策能力上确实存在差异,男性属于命令、专制型的领导风格,而女性则是属于参与型领导风格,但在领导者的素质、价值观和领导方式上没有多大差异。企业在任用女性管理者问题上应消除性别歧视,尽量缩小男女职业生涯上的不同点。

女性职业生涯发展的主要障碍因素

女性在职业生涯发展中重要的是要有明确的职业目标和职业人意识。同时,必须拥有把通过学校教育和在工作中学习和体验到的知识和经验在未来的工作中发挥的欲望和热情。但是,女性要想通过职业生涯实现经济的、社会的和自我实现的愿望,必须克服各种障碍。这些障碍可分为两类:一是必须通过自己的努力解决的问题,二是通过政府和企业共同采取措施解决的制度方面的问题。

女性能不能继续工作的关键在于,能否合理地解决家庭和工作之间的冲突。在现实中,多半女性以结婚和育儿为由退职。的确,女性职业生涯的中断而导致的工作年限缩短、职业意识淡薄和法律上的限制等,给企业留下对女性投资成本过高的印象。虽然不少企业的经营者想积极地任用女性管理者,但一线管理者和人事、教育担当者对任用女性的意识还是很薄弱,这说明高层管理者与一线管理者之间仍然存在意识上的差异。这些工作现场中的女性职业生涯环境,对女性的工作积极性起到了阻碍作用。因此,企业应制定女性能够发挥能力的各种制度,同时还应营造促使女性能够继续工作且有利于女性职业生涯发展的积极的、支持性政策环境。

女性职业生涯发展的促进因素

女性高学历化不仅给女性提供了职业生涯发展的良好条件,而且也促进了继续就业型女性数量的不断增加。女性不必因结婚、生育而中断职业生涯,放弃事业,可以在工作中充分发挥其掌握的专业知识和技能,追求自身事业的发展。松井赉夫于1990年7月份以东京都内共430名女性为对象进行的"职业意识调查"表明,女性高学历化是促使女性步入社会的很重要的因素,如在高学历者(四年制大学或硕士毕业或结业者)女性中结婚后想继续工作的占多数,而想成为专职主妇的比例相对较少。

很早以前就积极录用高学历者(本科毕业)女性的企业,具有如下共同特点:

> 企业需要女性特有的能力且发挥其能力的职位较多;
> 实施专门职制度和能力主义管理;
> 已建立短期工作年限不影响整体业务的体制;
> 工作调动的必要性不那么强烈;
> 未引进"综合职"、"一般职"等不同职能路径选择制;

> 在公司内已有不少成为典范的女性经营者和管理者。

只有建立完善的能够提高女性职业意识、发挥女性专业知识和技能等职业能力的人事待遇制度，才能说企业具备了促进女性职业生涯发展的良好环境。但是，也有人认为"女性间的嫉妒和钩心斗角"比起男性对女性的反感和不理解更常见，尤其是同年龄层女性间的不理解超过男性。

对于追求职业生涯发展的女性来说，接受高等教育或专门教育是首要条件。同时，正在工作的女性也应积极地接受职业生涯发展的援助。为了职业生涯发展，还要构筑人际关系网，让他人（不管是男性还是女性）了解自己想要达成的目标，并得到好上司或好领导的帮助。也就是说，除了本人的能力和态度之外，还要得到同事们的理解和认同，构筑良好的人际关系，这不管是在西方还是在东方，对于职业生涯发展都是必不可少的条件。

如果组织内外人际间良好的沟通对于职业生涯发展非常有利，则沟通相对容易的中小企业或许是女性职业生涯发展较好的场所。因为中小企业具有如下特点：有家族主义的氛围；难以留住年轻而有能力的男员工；自己管辖的范围较广；工作方式比较灵活，很容易做到家庭和工作兼顾。

女性比例相对较高或积极任用女性的企业一般其创始人或社长是女性，或者是有与女性管理者共同工作经历的男性管理者。《日经女性》杂志进行的"女性创业者调查"（1991年）显示，女性创业者企业大多从事调查、人才派遣、编辑之类的服务性行业，这类企业女性所占比例较高。此外，在以女性为消费对象生产商品（如女性服装或化妆品)的企业中,女性晋升的机会也较多。

结语:女性职业生涯发展的进一步考察

"不同路径雇佣管理制度"的功与过

按照终身雇佣制和年功序列制的雇佣惯例,日本企业常年雇佣人才并培育适合企业的员工。也就是说,日本企业采用"企业内人才"方式培养所需的人才,即在企业内部让员工从基层开始一边从事一定的业务一边掌握技能。这与欧美企业一开始就录用具备企业所需的、完成特定业务必需的资格和能力的人,即招聘"企业外人才"截然不同。

因此,在泡沫经济期,企业为了从具有职业生涯发展欲望的女性中选拔未来所需的女性管理者,采取如下措施完善了女性成长的环境:为职业生涯发展进行工作轮换;变革男员工的意识;对女性实施特殊培训;将女性安排在给予理解的上司手下;作为干部候选人任用女性。而为了职业生涯开发而实施的工作轮换政策,就采用了"不同路径雇佣管理制度"。这一制度将员工分成"综合职"和"一般职"进行管理。拥有5,000名以上员工的大企业中,有四成引进了这一制度。

虽然自1986年实施《机会均等法》以来引进该制度的企业有较多的增加,但该制度在当时却没有充分发挥其功能。其实,最初实行这一制度的宗旨是为了向女性开放同男性一样的晋升"综合职"的通道,但是很多企业在实际操作过程中一开始就把男女分开任用,即把男性配置在"综合职",而把女性配置在"一般职"。结果,不仅堵塞了女性通向"综合职"的路径,而且在女性中也出现了选择"综合职"与"一般职"时犹豫不定的现象。

最近的调查显示,有1/4的企业引进了"不同路径雇佣管理制度",且这一比例逐年上升。从企业实施率来看,在员工数量超过1,000人的企业中达四成(37.7%),而在员工数量为500—999人的企业中达两成(23.2%),这说明公司规模越大采用这一制度的概率越高。按产业类别来看,金融保险业、不动产业和建筑业中实施率较高。相反,在医疗、福利、教育和培训行业、运输业中约有九成以上企业没有引进这一制度。值得注意的是,规模越大其实施率也越高的同时,实施一段时期后放弃这一制度的企业比例也较高。例如,员工数量500人以上的企业中约有5%只实施了一段时期,这说明该制度本身也存在不合理的一面。

刚进入企业或工作一段时间后,选择一般职还是综合职对于女性的职业生涯发展来说非常重要,所以企业也必须要慎重考虑。按生活方式和职业生涯志向可以把职业女性分成四种类型:①管理职志向型——工作关心度高,但喜欢"变化(晋升或调职)";②专业志向型——工作关心度高,但追求稳定;③职业白领型——工作关心度低,但追求稳定;④临时工型——工作关心度低,但喜欢"变化(调职)"。企业需要了解职业女性的上述不同类型,尊重她们的职业生涯发展选择。

推动女性职业生涯发展的因素,除了较强的就业和职业人意识外,还有高学历、丰富的经验,以及促进职业生涯发展的环境等。特别是高学历、晋升和自我实现的欲望等,不论在什么环境中都是职业生涯发展必不可少的条件。

不管是男性还是女性,传统的职业生涯发展的主流都是克己奉公的出人头地型。但是,即使是在泡沫经济期,也已出现了各种不同的职业生涯发展类型。例如,"公司内职业人型"——某一领域的精通程度达到仿佛只有新设岗位才能满足其专业技能的水平;"形象改革型"——通过工作和家庭兼顾,顺利实现职业生涯目标;"育儿回归型"——若有孩子则暂时中断工作,专心育儿,待育儿期结束后再次就业;"留学挑战型"——充分利用公司内(国外)的学习机会,以便挑战未来。同时,当时各企业也提出了职业生涯发展的新方向和多种新女性形象。

建立工作与生活协调的支援体制

最后,探讨一下目前女性为了职业生涯发展所做的新尝试。一是工作与生活的协调,二是企业为促进女性能力发挥应采取的积极措施。

工作与生活协调的理念是随着20世纪80年代美国女性劳动参与率的提高、女性管理者的增加,以及技术革新引起的产业结构变化而产生的。当时根据职业女性的需求,特别是以职业母亲保育支援为中心所采取的措施就是所谓的工作与家庭协调政策。进入90年代后,这项措施超越了职业母亲这一狭小的范围,逐渐扩展至包括全体员工私生活的照料制度和计划方面,于是工作与生活协调制度应运而生。日本于 2007 年设立了专门调查会,研究工作与生活协调的意义和重要性,并提出了与此相关的方案。工作与生活协调制度,不仅仅是指本书中屡次提到的女性的工作与家庭兼顾,即消除妨碍"工作与生活协调"的因素,而且还包括面向男性在内的全体员工所采取的措施,如"完善适合每个员工人生不同阶段的多样而灵活的工作方式和实现其工作方式的支援体制"等。

这项措施至今仍处于起步阶段,要真正落实不仅需要公司和雇主的努力,而且还要得到政府、经济和劳动团体、民间团体和研究机构等多方的理解和协助。为此,专门调查会提出了如下应采取的措施:构建实现工作与生活协调的社会基础;实施多种人才能够创造高附加值的企业和组织的管理改革。并且,在此基础上,根据多种调查数据,研究个人、社会、企业和组织各自期望的能够协调各自利益的措施。在个人与组织、劳动者与雇主存在利益冲突的状态下,如何能使工作与生活协调起来,这是今后要解决的课题。

录用女性劳动者的制度性措施

政府为了谋求工作与生活协调,在探索有意义的较宽松的措施和方法的同时,也正在制定类似"录用女性劳动者是企业和雇主应履行的义务"的法律制度。这是为了改变雇主的传统观点,即"女性劳动者的素质比男性低"而采取的积极的制度性措施。也就是说,通过制度性措施消除过去因雇佣惯例和性别差异引起的工作分担意识,以及由此产生的男女劳动者之间的各种差异。

据厚生劳动省的调查(2000年、2003年和2006年),按企业规模(2006年度)考察,回答"已经采取措施"或"今后要采取措施"的企业,在员工数为1,000—4,999人和5,000人以上规模的企业中分别占49.7％和66.5％,这说明企业规模越大,已经或即将采取措施的企业就越多。但是,也有不少企业并没有采取"积极消除差别的措施"。例如,虽然回答"已经采取措施"或"今后要采取措施"的企业从2000年至2003年有所增加,但从2004年至2006年却有所减少。

不采取上述措施的理由是,"已经充分发挥了女性的能力,且非常积极"(56.7％),所以没有必要再采取"积极消除差别的措施"。与这一积极的理由相对比,消极的理由是,"因为日常业务太忙,没有时间采取'积极消除差别的措施'"(10.7％),"高层人员的意识跟不上"(5.1％)和"不知道'积极消除差别的措施'"(7.7％)等。企业规模越大,认为没有必要再采取"积极消除差别的措施"的企业的比例越高;相反,企业规模越小,不知道采取何种措施和方法的比例越高。同时,在推进女性能力发挥方面存在的问题中,虽然对于女性劳动力能力的错误看法如"女性平均工作年限相对较短"或"一般来说女性就业意识差"等正在改变,但"必须要考虑家庭责任""女性平均工作年限过短""难以加班或从事夜班工作"等看法还是根深蒂固。今后能够采取的措施是:为了让女性从事至今没有女性或很少有女性从事的工作或业务,应"积极实施教育训练"和"积极录用有工作热情、有能力的女性"。的确,在现实中,各部门或职位中不考虑性别而进行人员配置的比例较大,但在营业、信息处理和生产部门中仍有 15%—20% 的职位"只配置男性"。另外,"只配置女性"的部门或职位是"人事、总务、会计"等,但这类职位只占全部职位的 5%。总之,营销部门只配置男性,而人事、总务、会计部门只配置女性的情况还是较多。采取积极的政策措施解决这些领域中男女不均衡分布的状况将是今后的课题。

【参考文献】

Keown Jr., C. F., & Keown, A. L., "Success Factors for Corporate Woman Executive," *Group & Organization Studies*, Vol. 7、N. 4、1982.

Henning, Margaret, and Jardim, Anne., *The Managerial Women*, New York: Anchor Press/Doubleday, 1977.

秋山登代子「変貌する女性の生活と意識(女性は今＜特集＞)」『社会教育』第 45 巻第 12 号、全日本社会教育連合会、1990 年、7—13 頁。

天野剛三郎「女子社員の処遇と活性策—戦力となる中堅クラスの育成」『労働法学研究会報』第 37 巻第 44 号、労働開発研究会、1986 年、1—29 頁。

天野正子『転換期の女性と職業』学文社、1982 年。

井戸和男・野間敏子・石田英夫「どう生かす女性社員、どう変わる企業と職場」『労働法学研究会報』第 37 巻第 22 号、労働開発研究会、1986 年、1—27 頁。

小野公一『キャリア発達におけるメンターの役割』白桃書房、2003 年。

木本喜美子「婦人労働者の現状—『キャリア志向層』と『再就職型パート層』を中心として(階級の現在＜特集＞)」『現代社会学』第 20 巻、1985 年、127—150 頁。

雇用職業総合研究所編『女子労働の新時代』東京大学出版会、1987 年。

厚生労働省『平成 18 年版/婦人労働の実情』2007 年に掲載の総務省統計局「労働力調査」。

厚生労働省雇用均等・児童家庭局「平成 18 年度/女性雇用管理基本調査」、2007 年。

厚生労働省雇用均等・児童家庭局『平成16年版/女性労働白書－働く女性の実情－』21世紀職業財団、2005年。
厚生労働省雇用均等児童家庭局「平成18年度/女性雇用管理基本調査」、2007年。
国際女性学会・中小企業の女性を研究する分科会編『中小企業の女性たち－経営参画者と管理職者の案例研究－』、国際女性学会、1987年。
国立社会保障・人口問題研究所「第12回出生動向基本調査」、2002年。
坂田桐子『リーダーシップ過程における性差発現機序に関する研究』北大路書房、1998年。
総務省「平成17年度/労働力調査」、2005年。
総務省統計局「労働力調査」、2007年。
総務庁統計局「労働力調査特別調査」、1990年。
総理府内閣総理大臣官房広報室「女性の就業に関する世論調査」、1989年。
男女共同参画会議・仕事と生活の調和(ワーク・ライフ・バランス)に関する専門調査会編『「ワーク・ライフ・バランス」推進の基本的方向中間報告－多様性を尊重し仕事と生活が好循環を生む社会に向けて－』男女共同参画会議・仕事と生活の調和(ワーク・ライフ・バランス)に関する専門調査会編、2007年。
武石恵美子「雇用システムと女性のキャリア」勁草書房、2006年。
中小企業研究センター編『中小企業における女性管理者等の登用の実態と問題点』中小企業研究センター、1992年。
C. I. バーナード『経営者の役割』(山本安次郎・田杉競、飯野春樹訳)ダイヤモンド社、1968年。
東京中小企業育成会社「女性社員の活用状況調査」、1991年。
東京都産業労働局「改正・育児休業法への対応等企業における女性雇用管理に関す調査」『東京都男女雇用平等参画状況調査報告書』東京都産業労働局雇用就業部労働環境課、2005年。
東京都労働経済局「東京の女性労働事情」1990年。
TOMOE「日本とカナダのOL意識調査」1990年。
内閣府「男女共同参画社会に関する世論調査」2004年。
内閣府男女共同参画局編『企業社会で輝く女性たち－しなやかに生きる管理職女性の素顔』内閣府男女共同参画局、2007年。
中村雅子「女子大生のキャリア・パターン選択－中断型の増加とその問題

点』『横浜商科大学紀要』第 7 巻、1991 年、341－363 頁。
西山美瑳子「女性労働者と複線型人事管理、柔軟な労働生涯について」『社会学評論』第 39 巻第 3 号、1988 年、250－265 頁。
21 世紀職業財団「管理職のキャリア形成についてのアンケート結果概要」、2003 年。
21 世紀職業財団「企業の女性活用と経営業績との関係に関する調査」、2004 年。
21 世紀職業財団『女性管理職の育成と登用に関するアンケート結果報告書』21 世紀職業財団、2005 年。
21 世紀職業財団『女性管理職の育成と登用に関するアンケート結果報告書』21 世紀職業財団、2005 年。
日経ホーム出版社編「Q 管理職になりたくありません！」『日経ウーマン』日経ホーム出版社、1991 年。
日本経営開発協会編「特集・女性管理者のキャリア形成」『PD 研究』135 巻、日本経営開発協会、1983 年。
日本経営協会編「ワーキングレディ・レポート」1992 年。
「日本経済新聞」、日本経済新聞社、1992 年 4 月 20 日付。
日本経済新聞社編『働く女性の意識調査』日本経済新聞社、1990 年。
野畑真理子「女性役職者のキャリア形成過程と促進諸要因」『社会学評論』第 36 巻第 4 号、日本社会学会、1986 年、438－456 頁。
飽戸弘・桧田義幸「『ゆとり』時代のライフスタイル－7 タイプにみる生活意識と行動』日本経済新聞社、1989 年、143－144 頁。
ホーン川島堵子「それでも女の賃金は男の 6 割」『エコノミスト』第 64 巻第 44 号、毎日新聞社、1986 年、45－49 頁。
村松尚子「『豊かな社会』における女子労働」『大谷学報』第 67 巻、第 4 号、大谷学会、1988 年。
文部科学省「学校基本調査報告書」文部科学省、2005 年。
文部科学省「平成 17 年度/学校基本調査」、2005 年。
文部省大臣官房調査統計「学校基本調査」、1987 年。
文部省大臣官房調査統計課『教育指標の国際比較』文部省、1990 年。
森国貢「大卒女性の採用から処遇・活用戦略－総合職採用の戦略と人事管理の展開』『労働法学研究会報』第 41 巻、第 26 号、労働開発研究会、1990 年、1－17 頁。

労働省「就業形態の多様化に関する調査」1987年。
労働省『平成2年版/婦人労働の実情』1989年。
労働省大臣官房政策調査部労働経済課編『平成3年版/労働白書』、1991年。
労働省婦人局「平成元年度/女子雇用管理基本調査」、1989年。
労働省婦人局「平成元年度/女子雇用管理基本調査」、1989年。
労働省婦人局婦人政策課「女子管理職調査」、1989年。
労働省婦人局婦人福祉課「既婚女子労働者の生活実態調査の結果について－育児期の母親労働者の実態」『労働時報』第42巻第11号、第一法規、1989年、22－25頁。
若林満・冨安玲子・湯川隆子「民間企業における女性管理・監督職のキャリア形成－面接法に基づく類型化と質問紙データのパターン分類結果との対応関係について」『名古屋大学教育学部紀要』第30巻、名古屋大学教育学部、1983年、177－205頁。

附录 2
从"近江商人"看日本式 CSR 促进经营力
——以家训"三方得利"为中心

前言

2008年9月15日,以美国大证券公司雷曼兄弟经营破产为重要标志的美国金融危机,引发了股市、石油价格大跌,企业绩效恶化等,给世界经济带来了巨大的损失。日本首相称此次危机是"百年一遇的经济萧条"。虽然社会一直呼吁企业伦理和遵守法令的重要性,但经营者道德缺失的现象却依然存在,如财务造假、劣质食品等,企业丑闻不断出现。

2003年3月26日,社团法人经济同友会以"市场的演进与社会责任——树立企业信用品牌和持续创造价值"为题,发表了对"企业作为社会中的一员,对个人、社会负什么样的责任"问题的基本认识。也就是说,企业作为社会的公器应重新审视企业社会责任(corporate social responsibility, CSR)问题。如果企业把早些时候开始实施的慈善活动、对文学艺术事业的资助，以及最近的 CSR 之类的活动看作是为了追求企业收益而付出的代价的话，就有些言过其实了。

我们在东洋大学经营力促成研究中心，正以"通过日本式管理、市场营销、科学技术，创造新竞争力"为中心课题，对"市场营销与科学技术如何提升竞争力"进行研究。研究对象选择在对日本经济做出卓越贡献的产业及企业辈出的地区。其一是滨松地区，该地区孕育出代表日本企业的很多世界级企业，如丰田、本田、雅马哈、河合、滨松等；其二是京都地区，该地区涌现出很多优秀的创新型企业，这些企业积极进行产学联合，以优越的传统技术为基础开拓了世界市场；其三是滋贺县的近江地区，该地区是培育出众多世界级最优秀商社、百货店和纺织企业的近江和江州商人的发祥地。

本附录在上述三个地区中以近江地区为中心，通过相关资料和文献的分析，对近江和江州企业的创始者——近江商人的企业管理、商业活动、技术、技法和技能等进行实证研究。我们认为通过上述研究可以阐明日本经营力形成的源泉，即古往今来为了防止企业道德风险而受到重视的 CSR 经营理念。也就是说，从近江商人的家规、家训中可以找到现代 CSR 经营的起源。为此，本文着重分析近江商人的企业经营、经营实践、企业战略以及 CSR 经营的起源等。

近江商人的特征

所谓近江商人,是指江户时代(1603—1867年)初期,从现在的滋贺县近江地区发祥的商人团的总称。其他地区的人将从近江地区来的商人称为"近江商人",这就是这一称呼的由来。尽管如此,近江商人并不是分布在近江全部区域,而是极其有限的地区。近江商人的发祥地被分为高岛(大沟)、八幡、日野和湖东(丰乡、五个庄)四地(见附录2-图1)。各地商人的特征归纳如下:

> 高岛商人(或称大沟商人),出身于日本战国时代(1467—1590年)末期琵琶湖北岸的大沟,他们是进入京都后最早向东北地区发展的近江商人。特别是对东北地区南部(岩手县)的盛冈地区城镇的建设做出了重要贡献,并在当地集中开设店铺经营。他们的乡党意识非常强,后裔至今仍是盛冈经济发展的支柱。

> 在江户时代初期,八幡商人继高岛商人之后,从现在的近江八幡市的某一地区迁移至江户、京都、大阪等大都市。他们在"日本桥"的最好地域开设所谓"八幡大店"的大型商铺支店,发展了榻榻米、蚊帐、麻布、扇子等地域产业,并通过支店把这些商品批发给零售商。同时,为了扩大北海道商业圈,进行了渔法修改、食品开发等,对地域产业的发展也做出了贡献。

> 日野商人的产生比八幡商人晚了约百年,是起源于享保年

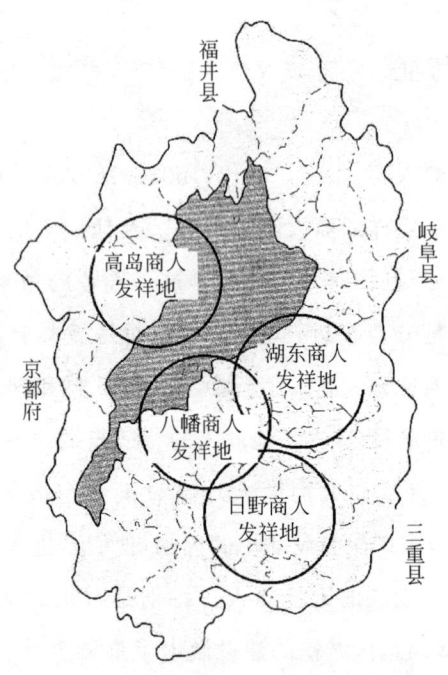

附录 2-图 1　近江商人的发祥地

资料来源：サンライズ出版編、2003、20 頁。

间(1716—1735 年)蒲生氏乡的城下町、日野町。他们在北关东和东北一带长期行商(走乡串户贩卖商品)涂碗和成药过程中确保了这一商业圈，并通过当地不断开设出店(门店)的形式进一步扩大了经营范围。所谓"若积攒千两就立刻开店"，就是指日野商人小规模多开铺的经营模式，为此也被人们嘲笑为"日野千两店"。

➢ 湖东商人的出现比日野商人又晚了将近百年，是在江户时代后期，其发祥地是彦根藩的丰乡町、五个庄町、湖东町。当时，由于八幡商人和日野商人已经在全国各地建立了商业圈，因此进入粗布衣料、纤维制品产业并非易事，但以明治维新为契机，充分发挥湖东商人企业家的魄力，在东京、京都、大阪经营零售批发业，并取得了较大的成功。湖东商人的后裔，建立了日本式综合商社和贸易公司的经营根基。

虽然都称为近江商人，但他们在产生的年代、地区、交易的商品类型，以及店铺拓展的途径与模式等方面都存在着微妙的差异。尽管如此，近江商人仍有一些共同点：

- 遵守创业者制定的家规、家训、店规、遗训等，店铺经营尽可能避免与当地经营者间的摩擦；
- 不仅将商品从产地向消费地流通和销售，而且还在当地采购原材料，培育和支援出身地及当地的地方产业和商品开发；
- 在近江地区开设总店，在消费地开设支店（出店或枝店），实行分散经营、分权管理制度；
- 拥有明确的资本概念，通过共同出资强化财务体制，以强制性的方式积累资本；
- 通过类似于现代复式簿记法的会计方式，既可靠又合理地经营支店。

近江商人的企业经营

近江商人在本地开设本家①(总店),然后以此为中心在其他各地开设支店②(元方店、出店、枝店)。近江商家③的本家经营组织职能(见附录2-图2)大致可分为三类:①管理;②采购、研究开发、生产、贩卖、市场营销;③财务、会计。

首先,在管理职能方面,以中井家(三代光熙)为例,基本经营政策是在每年召开一次的"和合寿福讲"④中通过主要管理层的协商决定。主要事项如下:

> 审议本家、支店的经营报告和店员的工作态度报告,并决定相应的论功行赏方法;
> 各店之间的相互评价并提出建议;
> 对本家主人(最高经营者)的品格及行为怠慢进谏言等。

主人拥有执行政策的指挥权,资金使用权和雇佣、解雇店员的人事权。通常,主人年轻时居住在支店,而妻子生活在家乡的本家。若是支店的数量增加较多,主人就住在本家管理财务。不过,

---

① 本家原指一家族或家庭的中心之家,即主家。这里是指商家的主干和代表,是由依附于主家的分家所构成。——译者注
② 一般本家(总店)下设元方店,元方店下设出店,出店下设枝店。——译者注
③ 商家是指江户时代在商人社会中占主流的经销各类商品的批发商店和从事货币兑换业务的钱庄。——译者注
④ 在京都的中井家每年举行一次的以主人及店员间和睦相处、增进相互理解为目的的集会上,参加人对主人及店员的工作表现进行评价,以此避免上司一人对下属评价所带来的片面性,保证评价的公平性。这种评价机制称作"和合寿福讲"。

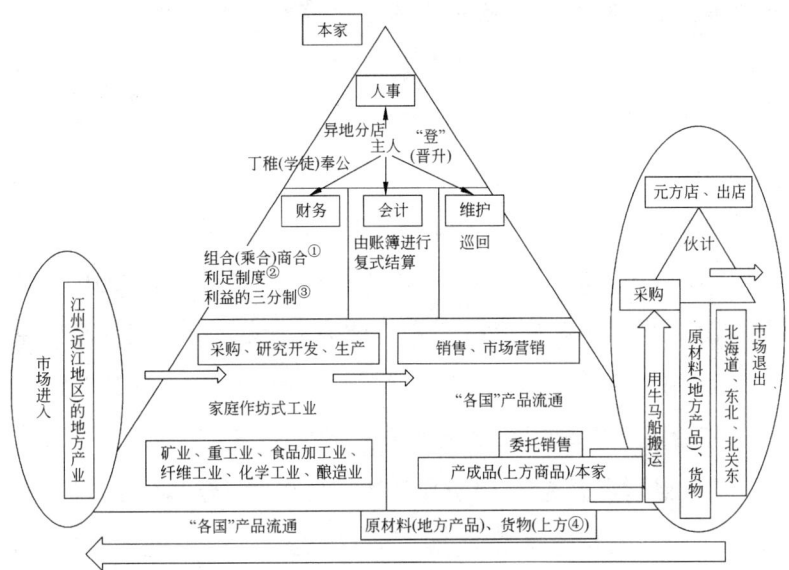

附录 2-图 2　按职能划分的近江商人组织结构示意图

注：①"组合（乘合）商合"是一种资金的筹资形态，是通过同行或一般人筹集资本的方法。②"利足制度"是一种强制性利润增值制度，就是每年必须将利润的 10% 转入资本金。③利益的三分制是指把利润分为三部分：一部分转入资本金，一部分分给管理责任者，另一部分分给出资者。④上方是江户时代京都和大孤等近畿地区的总称。

在近江商家中，初始经营中常见的企业（店）和家计看似比较明确地区分开来了。例如，在五个庄商人的"外村宇兵卫"店里，店与家计分开，店是由拥有营业决定权的"当役"（相当于掌柜）和修改规则权限的"勤番役"（相当于常勤人员），以及辅佐前两种人员的"相番役"（帮手）等管理职位所构成。并且，店实行由"丁稚"（相当于学徒）、"手代"（相当于杂务小吏）、"番头"（相当于掌柜）、"别家勤仕"（相当于新店管理者）、"正副支配人（相当于经营者）"的顺序构成的丁稚奉公制度①(见附录 2-图 3)。奉公人首先通过本家所在地的熟人介绍招募 10 岁左右的儿童,再经过 2—3 年的见习期后成为"丁稚"。在 10 年"丁稚"工作期间,经过"半元服"(即半大人)、"元服"(即大人)仪式后晋升"手代"(即伙计)。这时,丁稚时期的称呼就会改变,在名字的后面加上近江商人通用的所谓"兵卫"、"卫门"等似大人的称谓。做"手代"3—5 年后,便有机会晋升为"番头"。在"手代"中特别有声望和有能力的,就升格为能够辅佐主人、自主进行管理的店员,即职位较高的"番头"。担任"番头"2—3 年后,多位"番头"中的最优秀者成为"支配人",也就是成为出店的实际经营者。这样,当被雇佣达 20—25 年、年龄到了 35 岁左右时,如果能顺利完成工作,就认为其奉公期满,或让其用印有商家标志的"暖帘"(布帘)另立门户设立"别家"(类似于支店,但自己经营),或让其不开支店而继续留在商家担任要职,参与经营并工作至退休。但是,这种晋升制度一直奉行非常严格的能力主义。据末永国纪(同志社大学教授)考证,从江户时代到大正末年期间,以各种理由被解雇或辞职的人数达 56％。即使奉公期满,并不是所有的人都可以被允许用"暖帘"开设支店,还有的人回乡从事老本行——农业。

丁稚奉公与"寺子屋教育"(江户时代的私塾教育)一起构成了江户时代商人教育制度的支柱,相当于现在的职场内教育训练。

---

① "奉公"观念作为日本武士道德的重要内容影响到商人和其他社会阶层,"奉公"一词逐渐延伸至以主人服务之意。江户时代商家的奉公人制度被称为"丁稚奉公制度"。——译者注

附录2 从"近江商人"看日本式CSR促进经营力 | 251

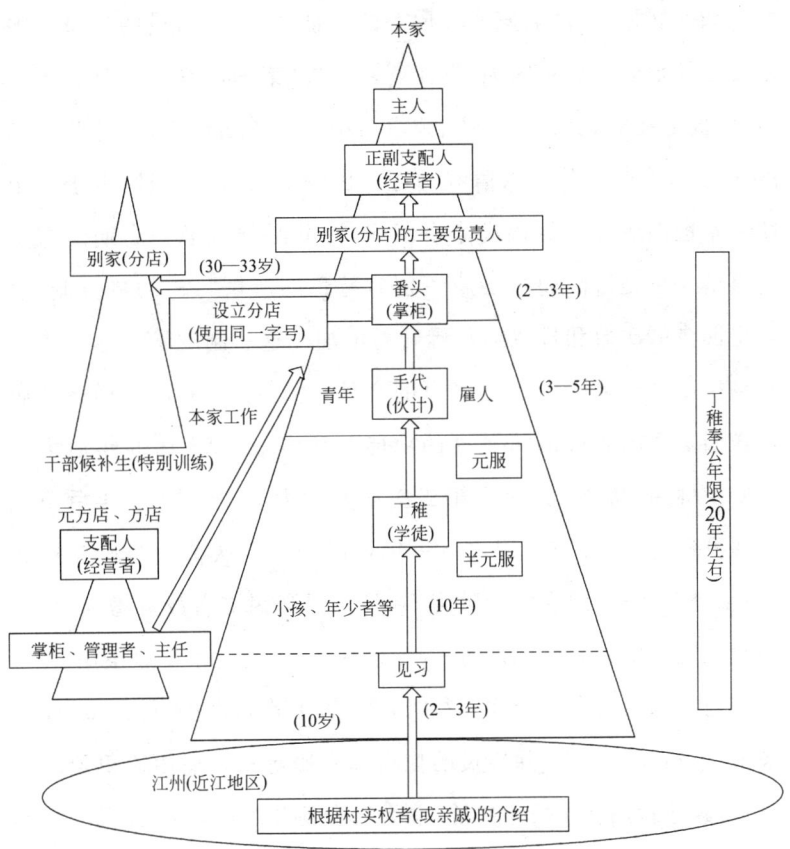

附录2-图3　按层级划分的近江商人组织结构示意图

从 6 岁至成为"丁稚"的 10 岁期间，在"寺子屋"学习日常生活所需的读写能力，然后出家奉公。自奉公开始，就从自己的上司那里，学习以读写、算盘、四书五经等儒教教育为中心的当时被推崇的基本修养知识。成为"手代"后，在奉公过程中掌握出纳、记账等会计专门知识。"丁稚"初期的教育由本家的夫人担任。

如前所述，近江商家雇佣形态的特征之一是，店员的出身地限定在近江地区。这是因为，近江商家实施"诸国产物周转"（见下一节）的商业模式，实行以出店、枝店为中心的支店经营、分权管理制度，因此，要求雇佣可以信赖的近江出身地店员。同时，由于妻子留在本地而店员自身远离家乡工作，因此必须考虑一定期间探亲的事情。于是近江商家实施了别有特色的所谓"登"的晋升制度，规定回乡的次数和日数随着晋升而增加。这一制度除了达到店员归乡探亲回到妻子旁的慰安目的之外，还行使一种将不合格的店员送回老家的店员淘汰制度的功能。具体来说，入店 5 年后第一次回乡称为"初登"，2 年后第二次回乡称为"二次登"，3 年后第三次回乡称为"三次登"，这之后每年可以回乡一次称为"隔年登"或"每年登"。每次回乡的天数为 50 日。但当因支店数量增加、扩大经营规模而出现人员不足时，为了确保人力，有时也中途录用。

当时的工资支付形式实行"给金"的年薪制，但不付现金，而是采用"店预存"方式。除店员的住宿和衣服等衣食住由店里给予保障外，其他费用从工资中扣除，剩余部分则以"店预存"方式积攒起来。"店预存"方式积攒起来的奉公人工资，待奉公期满或退职时一并向店员支付。这时，在支付金中加算退职金、赏金，还有勤勉奖（当有利润时，向出店的经营者支付其中的一部分，具有奖赏、提高效率和激励的功能）。此外，还实行了对"别家"及奉公人生活陷入贫困时给予救济的"养育金"制度。除此之外，对近江出身以外的雇工，本家也对其进行问候或祈祷生意兴隆；同时，还开展类似于娱乐的活动，如游览上方地区、伊势参拜、祭财神、欣赏歌舞等来解除忧愁,或用针灸进行"灸疗"等。

近江商人的"诸国产物周转"

提起近江商人,人们便想起在全国范围内用扁担挑着商品"行商"的姿态,但这只是近江商人最初零售商品"行商"时的形象。随着营业地商业圈的扩大,高岛商人在以盛冈为中心的东北地区,八幡商人和湖东商人在江户、京都、大阪等大都市,日野商人在北关东、东北、北海道等经济落后地区,经营批发零售业务。① 即近江商人的"行商"不是采取一般的挨家挨户访问、叫卖的形式,而是采取通过支店向周边的小店批发零售的店铺"行商"方式。同时,为了克服单个人"行商"带来的局限性,也通过当地的店铺和商贩委托销售。

近江商人把称作"持下荷"的上方地区②商品用牛、马、船等搬运到经销地,再把经销地称作"登荷"的当地土特产品作为原材料带回近江。通过这种方式,既把地方产业商品化,又将产品运送到需求地,从而发挥了现代商社的功能。这种生意方式是通过上方地区和消费地间的买卖进行的,所以也被称为"拉锯式买卖"。由于这种生意方式不单单涉及中介业者和经纪人,因此最近有很多研究者用"诸国产物周转"(见附录 2-图 4)这一术语对其进行表述。

---

① 在盛冈经营的高岛商人,由于乡党意识强,有较强的团结力,因此制定了称作"内和"的连锁化、系列化的制度。——译者注

② 上方地区是指江户时代以大阪和京都为首的日本近畿地区一带。——译者注

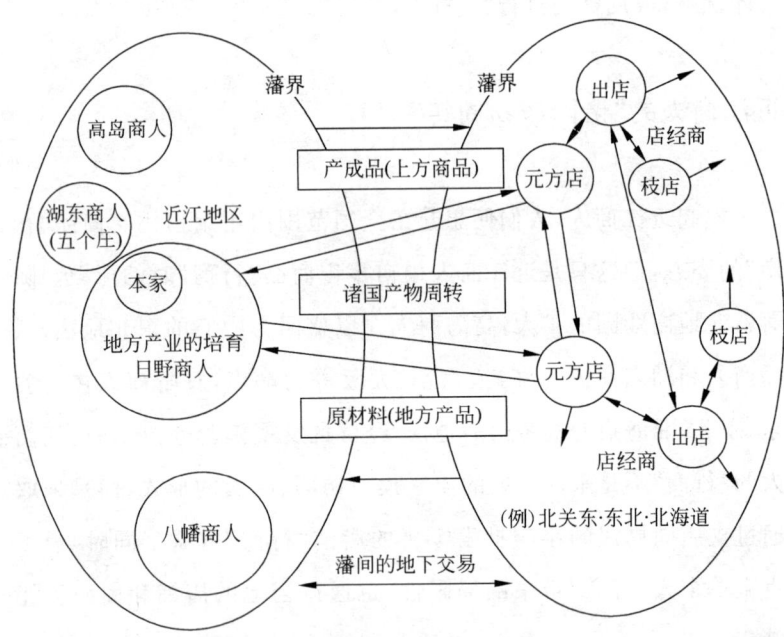

附录2-图4　近江商人"诸国产物周转"示意图

这种"诸国产物周转"是近江商人,特别是日野商人独特的经营特征,是通过当时较落后的北关东和东北地区的称作"千两店"的多店铺经营方式来实现的。也就是说,将北关东和东北地区的初级产品搬运到上方,通过第二产业将其商品化,然后再将其向关东诸国供应。从"东国"①采购青麻、红花、生丝、蛹、大小豆、漆树、蚕种等,而近江本地则利用农闲期间,即从事农业的同时搞副业,制作

---

① 东国是近代之前的日本的地理概念,主要地域范围是东海地区,即现在的从静冈县至南关东地区和甲信地区的区域。——译者注

蚊帐、麻布、近江上等亚麻制品、野州漂白布、日野碗、和药等。近江商人的本家，通过批发型家庭加工业方式，进行原料的调运、商品的企划和改良，批发和销售产品，进而培育了地方产业。在日野商人中，也有人购买酿酒产业的股份后从事酿酒业或酱油、豆酱制造业。

在当时的幕藩体制下，不用说自由的商业活动，就连其他藩的物资买卖，以及其他地域的旅游都受到了严格限制。但是，由于在近江地区"天领""飞地"①等地域较分散，领主（土地所有者）的统治松懈，这样就能够较自由地同外地进行交易和贩运活动。再加上该地区土壤肥沃，不仅有利于发展农业，而且农民也能够抽出时间从事副业，这增加了农民收入，使得他们都有了一定的储蓄。上述近江地区的特点，确保了富农、酿酒业者、批发商、酿酱油业者等富裕实业家所需的地方产业发展的劳动力，促成了农民与近江商人的结合，构筑了近江开设本家而外地开设支店的流通网络。

强制性资本积累和"帐合法"

近江商人多出身于比较富裕的当地富农、地方产业的批发商、酿酒业者和酿酱油业者等，他们把个人财产（自己的资本）和借入

---

① 天领是指江户时代幕府直接管辖的地域，飞地是指江户时代离城较远的土地。——译者注

金(他人的资本)作为本钱进行投资。① 近江商人实施多店铺经营模式,即在其他地区开设"元方店",并以此为营业基地不断设立了小规模的"出店"、"枝店"。近江商人在"行商"中,不是单独出资而是采取数个商家共同出资的方法。小仓荣一郎的研究表明,这种共同出资的合资形态有很多成功的例子。如中井家"行商"开始阶段就已经采用被称作"乘合商合(共同经商)"或"组合商合(合作经商)"的资本合资形态。

共同出资者也就是"乘合商合"的合作伙伴,不仅有近江商家,还有亲戚、行商地的商人,以及以出店形式被收购的原店主等。采用这种合资形态,不仅是为了筹集更多的资本,更重要的是为了联合可以信赖的合作伙伴,提升信用力。同时,对另立门户实行出店经营的支配人,不是以金钱而是以劳务出资的形式让其参加利润分配。这类出资者称作"相士"(相当于股东),将出资金分为20等级,当利润分配时,获得所持相当等级"持分"(份额)的利益。当利润分配时,不管盈亏与否都要以每年出资金的一定比例(约10%)以"利足"(利息)形式进行分配。当赢利时,便将其称作"德用"(经济利益),分配给"相士"。利润分配方式因商家的不同而有些差异,但大致采用了"三分法"。首先,不论盈亏与否按一定比例支付预定红利;其次,当赢利时,从剩余利润中向支配人按劳务出资额发放"勤奋奖";最后,把余额转入资本金。

---

① 当时还没有使用资本的概念,而使用"店贷"、"店存"、"入金"、"出金"等,如在中井源左卫门家使用"望性金",但这些特有用语都与资本金同义。——译者注

虽然有些商家一年进行两次决算,但大部分商家一年只进行一次,并根据最终绩效进行利润分配。相当于出资金额10％左右的"利足"不是以现金形式支付,而是全部都以资本金形式转入。并且,这部分资本金采取了强制优先留存的方式,因此资本金在每次决算时都会增加。这是一种对支配人来说具有明确利润目标和责任基准的严格的制度。当有利润的时候,向支配人支付褒赏金;反之,把赤字部分作为"损耗"(亏损),由各支店根据具体情况进行处理。具体处理方法有如下几种:①出资者根据所持"持分"填补"损耗"部分,同时罢免支配人;②出资者和支配人有"德用"(利润)时,按一定比例共同填补;③由支配人填补。

因此,本家为了掌握众多支店的资本管理和经营状况,要求支店提出正确的决算报告。支店则提交各种不同名目和种类的账簿,其中较典型的账簿是"大福帐"(流水账)。所谓"大福帐",是指记录所有采购和销售情况、钱款的收支以及顾客的赊销等账目的总账簿。支店以"大福帐"为基础制成记录支店账目的"店账目簿",并将此作为决算报告向本家提出。本家则把各支店提出的"店账目簿"合并整理制成本家的"店账目簿",进行像当今一样的本支店的"联接决算"(合并决算)。并且,通过这种财务及管理会计处理,实施本支店的资本管理,控制数量众多的支店。"店账目簿"由两部分组成:一部分是由"借用"(负债)和"有物"(资产)构成的类似于资产负债表的报表;另一部分是由"家内诸入用"(各种收入)、"利息取之部"(利息收入)、"利息払之部"(利息支出)、"德用之部"(利润)和"损之部"(亏损)构成的类似于损益表的报表。由此可知,"店账目簿"结构类似于明治以后从西洋引进的复式记账法。其实,日野商人早在江户时代中期,即元禄时代(1680—1709年)后期就已经确立起这种记账方式了。所有交易金额以复式方法被计入在账簿上,再在账簿上盖上对照核查印后就算完成复式记账。人们将此类步骤称为"帐合"(账目核查),因此这种簿记法也被称作"帐合法"。

通过以上财务及会计处理,能够实施如下方面的管理:

➢ 强制性增资——每次决算时将相当于"望性金"(资本金)10%的金额作为投资金强制转为资本金,以便于资本增值。

➢ 利润目标明确化——"望性金"利息部分原本应以利润来处理,但却以费用来处理。这种处理方式虽然对经营者施加了较大的压力,但由此便将期末利润目标顺利地确立起来,明确了支配人的责任。

➢ 对支配人的激励作用——承认支配人的劳务出资,并将剩余利润的一部分,即"德用"作为褒赏金给予支配人,这对当时的商人来说是一种荣誉,起到了鼓舞士气的激励作用。

➢ 本支店间资金的流动化——由于每次决算时原投资金增补10%的利息,起到了促使本支店间资金流动的作用。同时,由于这种方式增加了借款方的利息负担,支配人自然会谋求资金的转账。

➢ 无利息的存款——虽然店员的薪资已确定,但并不是以现金形式支付的,而是至奉公期满以无利息形式留存在店内,因而起到了筹集资金的作用。

近江商人的组织能力

以近江商人为鼻祖的老字号企业,从江户时代初期至现代的发展过程中逐渐转换为近代商业资本,建立了近江商人帮或江川帮企业,即便是在现代也依然作为日本企业的典范大显身手。例如,伊藤忠商事、丸红、丰田通商等商社,高岛屋、大丸、西武等百货店,日清坊、东洋坊等纺织企业,以及日本生命、洋马内燃机、西武集团等。当然,当时的商业体系和商业模式,在现代不可能依旧是通用的。但是,可以肯定的是近江商人帮企业继承了从创业时起所具有的优秀的组织能力。

近江商人的商业模式是在封建幕藩体制下与其他藩进行私下交易过程中产生的,具有非常独特的运作特色。当时,近江地区的"天领"或"飞地"等领地较分散,这为比较容易地与其他地区进行自由交易和流动提供了便利的地理条件。提起近江商人便联想起"行商",但采用"行商"方式的也有以卖药出名的越中富山商人,他们是在藩主的保护下行商,而且也没有开设出店。另外,京商人、伊势商人、松阪商人等,虽然也开设了出店,但局限在江户、大阪等大都市周围,其商圈与近江商人相比还是比较狭小。近江商人的"诸国产物周转",与不同地区间反复进行原材料采购和商品贩卖的所谓拉锯式商业模式不同,是指原材料供给、商品企划、物产集聚、运送、贩卖和金融等,贯穿于从物资筹集到供给的全过程。可以说,近江商人的商业模式也与现代综合商社在各国间的贸易形式相似。从上述分析中可知,近江商人的商业模式,其优势在于由超群的市场开拓力建立起来的物流网。

作为江户时代企业形态的近江商家,已经构筑了"诸国产物周转"的商业体系,支援这一体系的强制性资本积累体系,以"大福帐"为中心的"帐合法"等划时代的、崭新的财务、管理会计体系和以"丁稚奉公"为基础的人才管理体系。近江商人所拥有的这种系统地组织商业体系的能力被称作组织能力,且其优势还是非常明显的。

这种组织能力,包括企业拥有的各种能力,如商品开发能力、成本管理能力、生产技术能力、企划力和顾客管理能力等。如果从这一观点来考察的话,成功的近江商人有效且高效率地实施了BCG(波士顿咨询公司)所说的组织能力战略。组织要充分发挥这种能力的优越性,带来企业的革新性变化,必须把企业文化、人才、组织与体制相互协调起来发挥作用,并从整体上适应组织环境的变化。

首先,近江商家的企业文化,是由近江商人以家规、家训、店规、遗训等为基础形成的经营哲学和理念所构成的,并严格约束着近江商人的一切行为。其中,"三方得利"中的"社会得利"的理念是近江商家持续经营和繁荣的最关键原因。其次,人才,即店员,大多以录用当地10—35岁的少年或年轻者为主,其雇佣期约为20—25年。这意味着至退职年龄,虽说一直离家较远,需要在外地长期住宿和劳动,且劳动环境非常苛刻,但体力上是能承受得住的。最后,在组织与体制方面,把"丁稚奉公"作为雇佣制度,有效地发挥了职场内教育训练、晋升和福利的功能。并且,财务会计管理体系不仅起到了强制资本积累的作用,而且也发挥了复式记账的功能。同时,商家通过上述体系,将"三方得利"的企业社会责任贯穿于"诸国产物周转"中,构筑了具有市场营销功能的管理和控制系统。

结语:近江商人的 CSR 经营

老字号企业的经营特征可以举出如下三点:一是创业至今继承下来的"暖帘",如商号、字号和招牌的存续;二是有凝聚着创业者经营哲学和理念的家规、家训、店规;三是自始至终由创业者家族或同族掌握经营权。这是老字号企业的三大神器。近江商家这一老字号企业也流传下来很多被称作商业模式的精华,如重视采购时期、持续交易、行市的评价,以及对不测、不利时的处理方法等。在家规、家训、店规中也有很多精髓,如简洁的标语或短文,记录训诫的条款文,主人写给支店作为训示的书信体文等。

其中,值得注意的是,类似于现代 CSR 经营和经营者社会责任的故事也流传下来。代表性的有五个庄商人中村治兵卫的家训——"三方得利",即"卖方得利、买方得利、社会得利",也就是说不能只有卖家一方得利,同时还要考虑买家和社会两方的利益。其中"社会得利"是指,在经营地通过经济贡献和产业振兴,通过将利润投资于公共事业,将收益返还给社会。最近,很多近江商人的研究者高度评价"社会得利"理念,并认为这一理念与现代企业社会责任在观念上是相同的。研究者之一末永认为,在日本早有与外来语 CSR 非常雷同的企业生存的经营理念,这就是近江商人的"三方得利"经营理念,即卖方得利、买方得利、社会得利。

在幕藩体制下,近江商人在其他藩领地"行商"并不断开设和扩大支店的经营中,"三方得利"在避免与当地人发生摩擦、赢得当地人的信赖方面起到了"处世训"的作用。这一家法被看作是近江商人的"他国行商"之道,这是因为:一方面它最优先考虑"他国"人对商品的满意,另一方面它使近江商人克制自己追求高额利润的欲望。足立政男认为,正是"三方得利"的经营哲学和经营战略,才是支撑老字号店的法宝,它使得其商誉和招牌永续,并将其永存性和繁荣告示天下。

八幡商人西川利右卫门的家训"好富施其德"强调了商人对社会贡献的重要性,即商人在获得利益的同时必须积累被社会赞誉的品德,使利益财产与道德水平相平衡。湖东(丰乡)商人初代伊藤忠兵卫的"利真于勤",是指反对通过投机买卖、不正当竞争和垄断及与政界相勾结的手段来获取暴利,而应通过正当途径和手段获得利润,由此得到的利润才是真正的利益。还有,如"共存共荣"告诫人们,要优先考虑他人和社会利益,然后再考虑自身利益,只有这样才能永续经营。

与此相反,目前不论企业类型及规模大小,全国各地不断出现企业丑闻。为此,人们呼吁遵循企业伦理和法令,改革企业治理机制,依法经营,推进 CSR 经营实践。本研究中心的平田光弘研究员(星城大学教授)强调说,21 世纪的企业应将构建"社会信赖的企业"作为其经营宗旨。平田认为，经营者为构建"社会信赖的企业"必须做到以下三点：①通过企业治理机制建设透明度高的企业文化；②强化经营者哲学、企业理念和社会责任为一体的企业自我治理；③培育拥有优秀的人性理念和伦理观的革新型经营者和员工。

当然，近江商人在幕藩体制时代"士农工商"身份制的环境下实施的"丁稚奉公"学徒制度，对当时的劳动者施加了当今员工的劳动无法比拟的劳动强度。但是，如果暂且不论这一点，就近江商人的经营理念、经营哲学和经营实践来看，近江商人已具备了平田所说的"社会信赖的企业"的条件。可以说，日本式 CSR 经营实践的原型，就是近江商人的商道。

【参考文献】

足立政男『「シニセ」の経営―永続と繁栄の道に学ぶ―』広池出版、1993 年。
江南良三『近江商人列伝』サンライズ出版、2003 年。
近江商人博物館（五個荘歴史博物館）編（2004）『近江商人図表鑑―商いの道具―』近江商人博物館（五個荘歴史博物館）、2004 年。
奥村恒夫・奥村紀夫『商業教科教育法』改訂版、大明堂、1973 年。
小倉榮一郎『近江商人の経営』サンブライト出版、1988 年。
小倉榮一郎『近江商人の開発力―管理システムと北海道開発にみる近代経営―』中央経済社、1989 年。
小倉榮一郎『近江商人の経営管理』中央経済社、1991 年。
小倉榮一郎『近江商人の理念―近江商人家訓撰集―』サンライズ出版 2003 年。
片岡信之『日本経営学史序説』文眞堂、1990 年。
神田良・岩崎尚人『老舗の教え』日本能率協会マネジメントンセンター、1996 年。

五個荘・五個荘観光協会編『きてみて五個荘－近江商人発祥の地・てんびんの里の魅力－』サンライズ出版、2002年。
五個荘歴史博物館（近江商人博物館）編『近江商人博物館－展示案内－』五個荘町教育委員会、2002年。
小見山隆行「我が国の商業教育の変遷と商業道徳の考察」『商学研究』第47巻第1・2号、愛知学院大学商学会、2005年、39-63頁。
サンライズ出版編『近江商人に学ぶ』サンライズ出版、2003年。
サンライズ出版編『近江商人と北前船－北の幸を商品化した近代商人たち－』サンライズ出版、2005年。
末永國紀『近江商人－現代を生き抜くビジネスの指針－』中央公論新社、2000年。
末永國紀「近江商人の経営理念について－「三方よし」とCSR－」『同志社商学』第56巻第5・6号、同志社大学商学会、2005年、73-84頁。
野田信夫『日本近代経営史－その史的分析－』産業能率大学出版部、1987年。
東近江市観光協会五個荘支部編『五個荘商人を知る－近江商人発祥の地・てんびんの里・五個荘－』藤井協成会。
東近江市近江商人博物館編『商家の家訓－子どもたちに伝えたいこと－』東近江市近江商人博物館、2005年。
東近江市近江商人博物館編『東近江の商人群像』藤井協成会、2007年。
日野町立日野商人館編『日野商人館展示資料集－近江日野商人/天下に躍動した関東兵衛/300年の歴史－』日野町立日野商人館。
平田光弘「新たな企業競争力の創成を目指す日本の経営者の三つの課題」『経営力創成研究』第2号，東洋大学経営力創成研究センター、2006年、59-71頁。
藤井協成会編『藤井家家訓』藤井協成会、2007年。
ボストン・コンサルティング・グループ『ケイパビリティ・マネジメント』プレジデント社、1996年。
安岡重明・藤田貞一郎・石川健次郎編『近江商人の経営遺産－その再評価－』同文舘出版、2002年。

第二部分

实践篇

案例 1
JR 东日本公司技术经营人才的录用及培育过程
——基于问卷调查结果

研究目的与构成

东日本旅客铁路股份公司(以下简称 JR 东日本公司),继制订"创建可信赖的生活服务公司"中期经营构想的《新天地 21 计划》(2001—2005 年)之后,又策划制订了"创新与发展"的《新天地 2008 计划》(2005—2008 年)。在计划中提出了构建 21 世纪新车站和以业务效率化为目标的管理体制的设想及培育能提供周到服务的人才的必要性。实际上,早在《2006 年度 JR 东日本集团经营计划》(2006 年 3 月 15 日)中,就提出了具体的人才培育计划:

> 为了强化组织力,培育能独立思考、独立行动的人才,在继续推进"合格职业人"运动的同时,实施搞好小团队和提出建议等自主性的业务改善活动,建设以 OJT 为主的培育体系。

> 为了提升组织整体的技术、安全和服务水平,在努力确保人才的同时,不断加强对职场指导人员和骨干人员的教育和培训。生活服务部门要根据正在对"管理职"员工实施的以绩效为中心的评价制度,致力于人力资源培育。

> 为了创建女性乐于工作的环境,积极推进"F 计划"(后述)。

JR 东日本公司这样的技术核心型企业为了不断开拓新的经营领域和实现可持续发展,必须实施具有创新性、战略性的革新管理。这种管理一般称作"技术经营"或 MOT,而拥有能够实施 MOT 能力的人称作 MOT 人才。

在本案例中,以国铁(国营铁路)时代存在人事管理和劳动关系方面的众多问题,但民营化改革后东山再起并持续发展的 JR 东日本公司的人才培育为例,利用该公司进行的问卷调查资料,对该公司的核心力量——MOT 人才,特别是拥有市场营销意识的人才的培育过程进行分析。本案例通过研究回答如下问题:JR 东日本公司是如何录用和培育出所期望的 MOT 人才的?是建立了有效制度的结果,还是民营化改革的结果?

JR 东日本公司员工构成的特点

JR 东日本公司的员工数及历年新录用员工数的变化

1987 年 4 月 1 日,国铁民营化后的 JR 东日本公司的员工总数为 82,500 人,其中铁路事业部门员工 71,800 人,临时调职员工

1,700人,其他员工9,000人(见案例1-图1)。之后,员工总数逐年下降,20年间约减少了20%(17,120人),到2006年4月1日时,员工总数为65,380人。其中,减少的大部分是铁路事业部门的员工。在铁路事业部门,2005年每天列车车次与1986年相比约增加了20%,但从事铁路事业部门的员工数在1986年是73,300人,到2004年时是47,620人,减少了25,680人,预计人数还会进一步减少。

民营化后的第二年,即1988年,JR东日本公司只录用"潜力员工"①100人,但之后为了确保员工合理的年龄结构,每年都录用员工1,400人左右。其中,近八至九成是铁路事业部门员工的录用,其中"潜力员工"的录用只有一至二成(见案例1-图2)。

由于铁路事业是现场工作较多的职业,民营化开始时员工中男性占99.2%,也就是说,女性只有0.8%,其人数仅为680人。JR东日本公司从1989年开始录用大学毕业的女生,1991年还录用了短大、专门学校和高中毕业的女生。1999年,铁路事业部门也开始录用女性,从此女性员工的比例逐年增加,基本以每年1%—2%的速度增长,2004年增速约达5%。出现女性员工快速增长的现象与当时作为中长期经营计划的一环而实施的"F计划"有关。"F计划"是指《关于营造充分发挥女性能力环境的具体方案》,目标是在2005年以后将新录用员工中女性所占比例提高至20%以上。

---

① 潜力员工是指,虽然录用时觉得没有或很少具备实际业务能力,但通过相关潜在能力评价后认为具有较大发展潜力的员工。——译者注

270 | 日本人力资源管理理论与实践

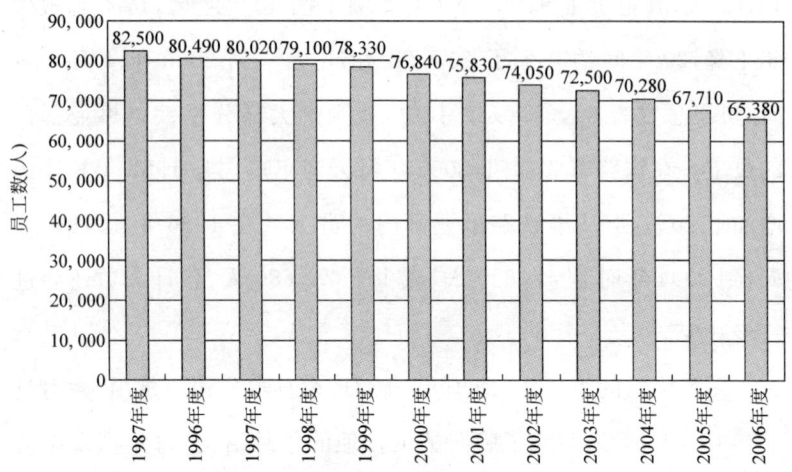

案例 1-图 1　JR 东日本公司历年员工数的变化

资料来源：JR 東日本『2006 会社要覧』広報部、2006 年 8 月、86 頁。

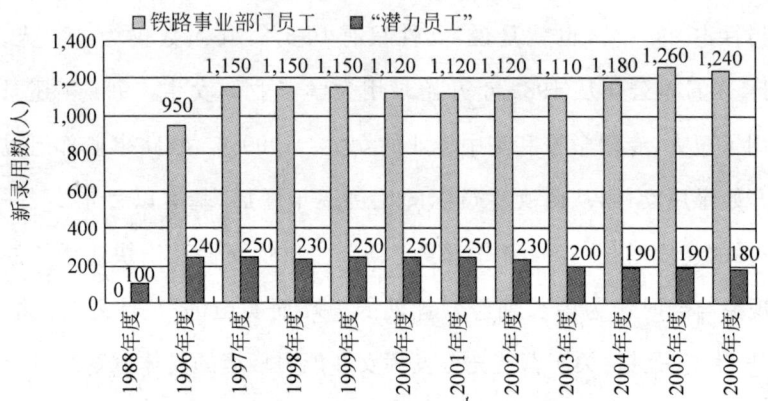

案例 1-图 2　JR 东日本公司历年新录用员工数的变化

资料来源：JR 東日本『2006 会社要覧』広報部、2006 年 8 月、86 頁。

实际上，2004 年录用的女性比例提高至将近 20％，甚至在列车员和火车司机中也开始任用女性。之后，2005 年和 2006 年女性员工在新录用员工中所占的比例分别达到了 20.9％（310 人）和 22.9％（328 人），目前虽说女性员工在总员工数中所占比例仍然较低，但已达到了 4.3％。

JR 东日本公司员工的年龄构成

JR 东日本公司 2006 年 4 月 1 日的资料（见案例 1-图 3）显示，员工的年龄结构呈 M 形曲线分布，即 25—29 岁为 7,330 人，45—49 岁为 16,540 人，这两个年龄层的员工数最多；而 19 岁以下为 650 人，35—39 岁为 1,720 人，这两个年龄层的员工数最少。员工数最多和最少的年龄层间的人数差异约 25 倍之多。特别是 45 岁以上的员工数 39,360 人，在全体员工数 65,380 人中所占比例超过六成，这部分是 20 世纪 60 年代前半期国铁时代大量录用的员工。这也表明公司员工年龄结构不合理，高龄化趋势非常严重。另外，35—39 岁年龄层的员工数只有前后两个年龄层员工数的 1/3 左右，这是 JR 东日本公司因人员过剩而进行雇佣调整的结果。

JR 东日本公司 55 岁以上年龄层员工数占全体员工数的 19.0％，仅次于 45—49 岁年龄层的 25.3％，位居第二位，这说明今后几年将迎来所谓"团块世代"①的退休潮。这次高龄员工的退出，

―――――――――

① 团块世代专指日本在 1947—1949 年间出生的一代人，是日本二战后出现的第一次婴儿潮人口。在日本，"团块世代"被看作是 20 世纪 60 年代中期推动经济腾飞的主力，是日本经济的脊梁。这一代约 700 万人将于 2007 年开始陆续退休。——译者注

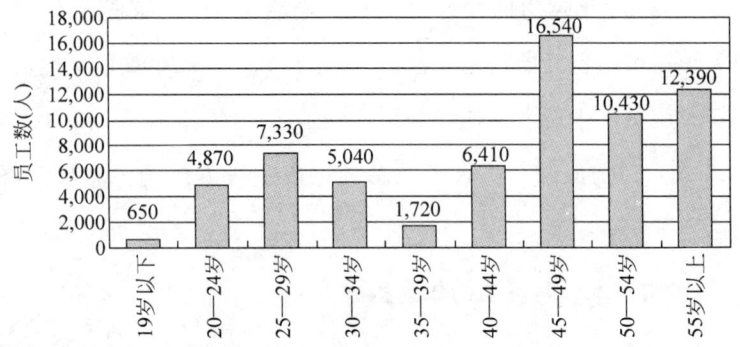

案例1-图3　JR东日本公司员工年龄构成（2006年4月1日）

资料来源：改编自JR東日本『2006会社要覧』広報部、2006年8月，86頁。

从新录用员工的角度来说，确实能降低高龄化程度，但从公司作为技术核心型企业应保持所需的技术的角度来说，大量人员退休离职而导致的技术和经验的丧失也令人担忧。关于这一点，问卷调查的结果也表明，"当前人事方面的重要课题之一是技术继承问题"。

其实，为了解决技术继承问题，公司早在2001年就实施了"再雇佣制度"，以便有效利用60—65岁的人才。同时，公司正在通过提供"新生活计划"、扩大停职休假机会，以及允许56岁以上的员工兼职等措施，努力弥补所谓2007年问题（"团块世代"的退休潮）所带来的负面影响。另外，JR东日本公司为了扩大员工自主选择的范围，也引进了提前退职优待制度、志愿者休职制度、护理休职期终了后以退休为前提的停职制度等。

另外，国铁时代呈现出人才地区分布的不均衡。也就是说，虽然公司的主要运营区域以首都圈为中心，但东京各车站有较多的地方籍员工。民营化后，为了改变这一状况，JR 东日本公司积极推进员工在区域间的调动。到 2006 年 4 月 1 日止，地区间调动的实际情况是：调动次数 144 次，调动总人数 11,620 人，正在调动中的有 630 人（见案例 1-图 4）。

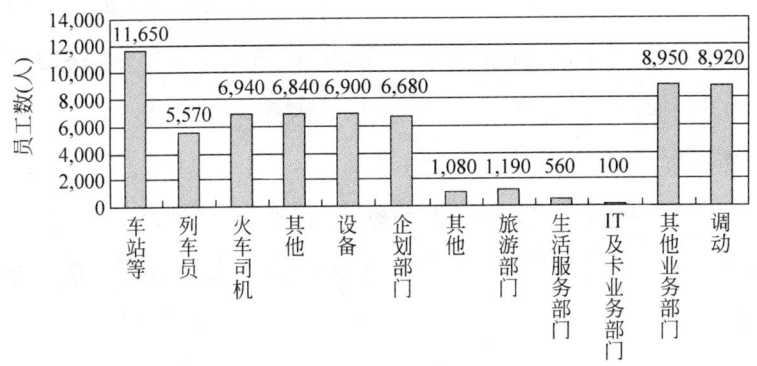

案例 1-图 4　JR 东日本公司各部门员工数（2006 年 4 月 1 日）

资料来源：改编自 JR 東日本『2006 会社要覽』広報部、2006 年 8 月、86 頁。

JR 东日本公司人事管理制度的现状

人事、工资管理的各项措施

JR 东日本公司的人事、工资制度沿用了国铁时代实施的以年功为基础的体系。其原因是，公司认为铁路相关的业务能力与经验有着非常密切的关系。所以，公司仍然采用定期加薪方法，但工资实行在某一职位等级上限定最高工资的"范围工资制"，晋升则不依赖年功而是采取考核的方法。并且,公司也没有采用很多企业普遍实施的职能工资制,这是因为人事调动频繁,每次调动工资都要进行调整,不适宜采用职能工资制。而由于实施目标管理,检查实际绩效与目标的达成情况,公司对管理层采用了年薪制。

铁路事业部门和铁路辅助部门的晋升路径(职业生涯通道)有所不同。铁路事业部门的晋升路径是,新员工培训结束后被安排到车站、乘务员工作区、车辆中心、设施关联技术中心、电气关联技术中心等部门工作,之后再晋升至列车员、火车司机、主任列车员、主任火车司机、助理站长、站长,或主管、所长;而辅助部门的晋升路线则是课员、主任等。目前,非运输部门(主要是生活服务部门)的营业收入和利润约占三成,已成为 JR 东日本公司的核心事业之一。因此,火车司机之后的晋升路径应如何规划,将是今后要解决的课题之一。

JR 东日本公司目前还没有以明确的形式设置制定和实施公司技术战略、研究开发方针的技术管理人员即 CTO(chief technology officer,可译为最高技术负责人)的职位。但是,企业迫切需要开辟管理人员学习技术或技术类研究人员学习管理的平台,培育既懂技术又懂管理的能够实施技术战略的所谓 MOT 人才。从技术继承的角度来看,20—35 岁的年轻人作为职业人必须继承和提高技术能力。当然,管理者也要把培育人、设计人性化的工作、创建适于工作的职场环境作为己任,将自己磨炼成技术革新的参与者,以便顺利实施 PDC(P=计划、D=实行、C=检查)管理,并且通过团队和谐和相互沟通圆满完成工作任务。同时,公司要引进客聊①训练方法,提高沟通技巧。

JR东日本公司通过企业内风险投资制度、人事交流和调动,努力向员工提供在公司内外接触新技术的机会,推进利用新技术的事业。生活服务部门实施了"J-Tomorrow"的内部风险投资制度,至今已有五项新技术被事业化。新技术的事业化一般通过项目标题、意向书、事业概要、事业实施规划和事业收支计划等审查来决定。当利用新技术顺利开展事业时,本人(将新技术转换为新事业的人)按实际绩效可获得丰厚的奖赏;而未能开展事业时,公司也尊重本人的意愿,安排今后的工作。此外,公司不局限于集团内部的人事交流,还把招募的员工向关联企业或不同行业派出,让他们学习不同的企业文化,或尝试引进新技术。JR东日本公司曾向索尼音乐、新津车辆制作所、三菱电器、住友金属等公司派出过员工。也有的员工被派到麻省理工学院留学,并取得了MBA学位。

铁路行业由于所需人员数和工厂生产线一样明确,因此不仅人员和定员管理相对容易,而且能够正确地提出雇佣调整的标准。以前在检票口检票人员的配置是每一个检票口一人,但使用自动检票机后,理论上检票口只安排一人就足够了。也就是说,机器的自动化促进了人员的替代。

---

① 这一概念源于英文单词"coaching"。客聊作为一种人才开发技术,通过互相提问的方式,激发人的潜在能力,自主提出解决问题的办法。——译者注

"工作和育儿兼顾的支援制度"——F计划

从2004年4月开始,JR东日本公司作为消除不平等行为的措施实施了所谓的F计划。这是自1999年《男女雇佣机会均等法》修正案颁布以来,为了让女性充分发挥其能力而改善工作环境的结果,这样女性就能够在以前被禁止的职业顺利就职。

时任JR东日本公司董事兼人事部部长的(现事业创造本部副部长)浅井克己,对F计划的宗旨做了如下陈述("问人事部经理",《日刊汽车新闻》,2004年6月12日,早刊第6版):

- 积极录用欲同男性在同一平台下竞争的女性;
- 对根本就不想录用女性的管理者进行意识的变革;
- 促进女性主导的新服务项目的开发,以此创造女性成功神话;
- 让初涉职场的女性对成功神话充满憧憬,让她们也跃跃欲试;
- 通过人事制度改革,使员工的职业生涯路径多样化。

F计划"虽然针对女性,但从更广泛的意义上来说,它是一种让每一个员工充分发挥能力的人才培育计划"。F计划的名称源于"Female(女性)""Family(家庭)"的首字母。F计划在女性怀孕、生育、育儿的每一个阶段都有相应的支援政策,当然男性员工也可利用。具体包括,延长产假,引进再就职支援制度,发放育儿补助金,发布工作和育儿兼顾的支援指南,实施优质的支援和电话协商制度等。

女性劳动者的雇佣曾经在法律上有很多限制。如,在女性夜间工作被禁止的时代,法律就有相关的规定,也就是说,即便是女性车站工作人员也不能在夜间工作。但是,1999年相关法律修正后,这些规定都被取消,可以说给女性创造了便于工作、充分发挥能力的环境。

F计划虽然偏向于福利保健,但也使女性职工的绝对数量增加。比如,女性不仅从事检票工作和列车员职业,而且也可以在企划部门等广泛的领域里工作。当然,F计划对女性MOT人才的录用和培育也起到了积极作用。

JR东日本公司的技术经营人才的确保和培育

MOT的构成

关于MOT的定义有诸多说法,但其基本功能可归纳为:①技术的选择和评价;②包含项目评价的R&D(研究与开发)管理;③技术在企业经营中的应用;④在产品或制造中使用新技术;⑤技术的废弃与更新。负责完成上述功能的人称作MOT人才。具体地说,MOT人才能够利用新技术开创新事业,能使新技术投资收益最大化。并且,MOT人才不仅熟悉技术,也熟悉企业经营,能够制定革新性、创造性、战略性的企业技术战略。

经济产业省《关于有效培育技术经营人才的"MOT教育指南"》(2006年8月11日),提出了MOT人才在产业界能够发挥的功能(见第三章)。

JR 东日本公司 MOT 人才的保证

如前所述，像 JR 东日本公司一样以技术为事业核心的企业，对 MOT 人才的需要是毋庸置疑的。那么，该公司是如何确保并培育 MOT 人才的呢？

这里与本章主题，即该公司 MOT 人才的培育过程联系起来，首先分析确保该公司人才的员工录用方法。

一类是铁路事业部门员工的录用。这类员工主要担任铁路事业基础性的现场作业工作，包括在运输部门工作的列车员、火车司机和在铁路维护部门从事车辆、线路设备、电气设备、机械设备、土木建筑等方面维护的技术人员。另一类是"潜力员工"的录用。这部分员工主要在铁路部门、生活服务部门从事与现场工作机构、分公司、总公司企划和规划相关的工作。无论是哪一种类型的人员，都涉及应届毕业生录用和社会人录用。

JR 东日本公司以保证公司 MOT 人才为目的录用的"潜力员工"，约占新录用者数的一至两成。录用部门涉及研究开发、工程、营业和企划等铁路部门和生活服务部门的 18 个职种。2006 年，铁路部门录用 154 人，生活服务部门录用 27 人，共计 181 人。

JR 东日本公司对录用后的新员工培训分为前期培训、分公司实习和后期培训等三种。首先，在前期培训阶段，让员工了解集团概况，掌握与公司经营相关的基础知识，学习作为社会人和员工应具备的基本心理修养等。其次，在分公司实习阶段，新员工被分配到 12 个分公司，利用约两个半月的时间，通过现场体验营业、运输、车辆、设施、电器、生活服务和分公司业务,加深理解各工作部门的职能和相互间的联系。最后,在后期培训阶段,再利用两周时间相互分享在分公司实习的体验和获得的信息。通过培训,员工能够全面了解公司及集团的各种业务,明确自己在专门领域中的任务,掌握工作方法。

该公司实施以下培训:员工应具备的基本修养培训,包括新员工培训、继续教育培训、现场工作部门员工培训、提高职场效率培训;知识和技能水平培训,包括服务质量培训、旅游业培训、业务知识培训和技术人员指导培训;职业生涯管理培训,包括管理部门员工培训和晋升考试合格者培训等公司内部培训,以及经营管理培训和异业种交流[①]培训等公司外培训。2004年,参加人才开发培训、知识和技能培训以及公司外培训的人数分别为34,900人、63,600人、4,400人,共计102,900人。

公司除了实施以提高员工知识和能力为目的的培训外,还实施了小团队活动和提案制度,以便提高职场效率,改善业务和提高能力。2004年,小团队活动约有5,900次,参加员工数约36,100人;在提案活动中提出各种提案约69万件,平均每人12.6件。

JR东日本公司MOT人才培育过程——基于问卷调查

公司的铁路事业部门(主要是运输业)的营业收入和利润约占公司营业收入和利润的七成,员工数也约占公司员工数的七成。而生

---

① 异业种交流是指,为了开发新产品和开展新业务,让员工与不同行业人员进行信息交流和共同研究的过程。——译者注。

活服务部门（主要是非运输业）承担其他三成业务，具体包括车站空间利用业务、售货和办公室业务及其他业务。但是，到 2006 年 4 月 1 日，生活服务部门和 IT、卡业务部门员工数只有 560 人和 100 人。

该公司虽然一直以铁路业与生活服务业作为经营的两大支柱领域，但最近计划把 SUICA①业打造成第三支柱产业，并致力于相应人才的培育。SUICA 部尽管在核心技术方面与铁路业本部的设备部、IT 经营本部的 IT 商业部和电子卡经营部，以及负责经营战略、促进车站空间利用事业的事业创造本部有很大的关联性，但至今仍是铁路事业本部的一个附属部门而已。而且，SUICA 关联部门仍然在各部门本部内设置，这说明国铁时代形成的纵向分割的组织体制至今依然存在。但是，由于在这种纵向分割的组织体制中一直由人事部门负责管理人力资源，因此 SUICA 部的管理者仍认为能够很好地管理所需人才。

这一点可以从 SUICA 部设立过程中人事部的作用来说明。SUICA 的开发，基于创造需求先于市场需求的理念。当上级决定开发电子乘车卡时，营业部组成项目开发小组，在项目实施过程中从各部门招募所需人才。1997 年，课长 1 人与员工 2 人组成了 IC 卡项目小组，第二年的 1998 年便增加了小组成员。从 1999 年到 2000 年准备营业，到 2001 年时就成立了营业部。2001 年 11 月 18 日终于成功开发 SUICA，并替代了 IO 卡。

---

① SUICA 是英文 Super Urban Intelligent Card 的简称。这是 JR 东日本公司开发的 IC 卡和自动售票机用无线连接并结算费用的系统。——译者注

公司的人事部门充分发挥了直线组织体制的优点，致力于多种人才的管理。例如，按专业分门别类培育人才，只要有部门向人事部提出人才需要，人事部就能够提供所需人才。据相关负责人说，由于"一切为了公司"的理念早已在公司内部渗透，当人事部为开发项目或实施项目而要求所需人才时，每个员工、每个部门为了公司都积极接受调动，这就能灵活快速地解决人才问题。由此可以看出，公司已形成一种非常畅通的良好的组织体制，即便是沿用直线组织，仍能进行较好的横向合作。

【参考文献】

浅井克巳「人事部長に聞く」『日刊自動車新聞』、2004年6月12日、朝刊6面。

経済産業省編『効果的な技術経営人材育成に向けた「MOT教育ガイドライン」について』経済産業省、2006年。

澤口学「企業のMOT教育におけるTRIZ手法の可能性－JR東日本建設工事部の案例」『TRIZ Letter』第21号、産業能率大学、2005年。

JR東日本「ニューフロンティア21計画」(2001年－2005年)。

―「ニューフロンティア2008」(2005年－2008年)。

―「JR東日本　社内ベンチャー制度　J-Tomorrow」(2006年度下期)。

―『2006 会社要覧』広報部、2006年8月。

―『Re:View』人事部、2005年11月。

―『FRONT×FRONTIER/最前線で、最善を生み出す仕事。』人事部。

―『会社案内　株式会社ジェイアール東日本パーソネルサービス』

中小企業金融公庫総合研究所編『中小企業の技術経営(MOT)と人材育成』中小公庫レポート、No. 2005-6、中小企業金融公庫総合研究所、2006年3月。

吉川智教「これからの技術者はどうあるべきか」『クオリティマネジメント』Vol. 55、No. 7、2004年、32-36頁。

思考题

1. 利用文中的资料，分析 JR 东日本公司与国铁时代相比在人事、雇佣、人才培育方针方面有哪些变化？

2. 从组织战略的视角，指出 JR 东日本公司组织机构（案例 1-图 5）的优缺点。另外，为了录用和培育"具有不惧风险、敢于挑战的能够自主思考和行动的自律型人才"，在人才战略上应注意什么？并提出具体方案。

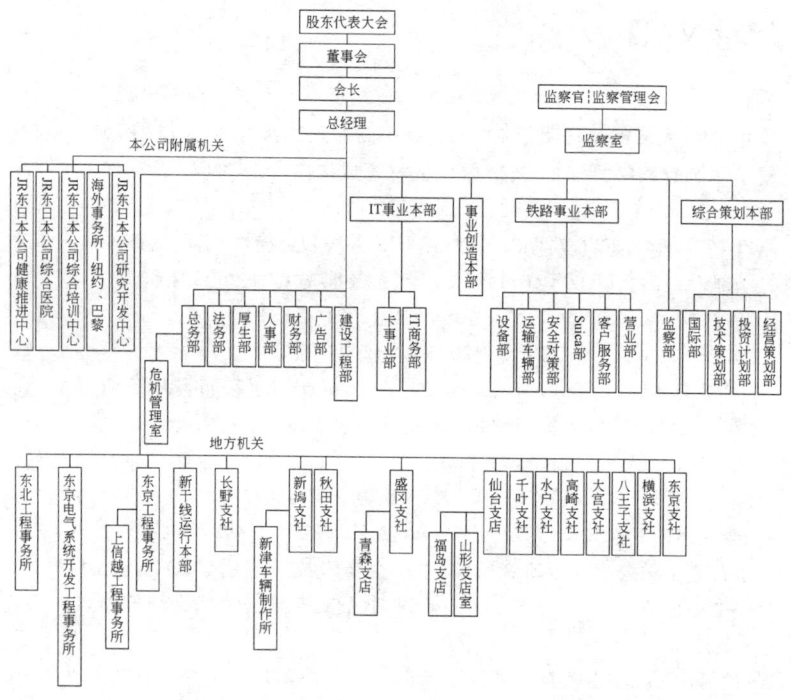

案例 1-图 5　JR 东日本股份公司组织图

3. 举例说明如何培育适合中小企业技术经营的 MOT 人才。并与 JR 东日本铁路公司(大企业)的案例进行比较,指出异同点和需要注意的地方。

读一读

岡本史紀『MOT イノベーション－進化する経営－』森北出版、2004 年。
出川通『技術経営の考え方－MOTと開発ベンチャーの現場から－』光文社、
　　　2004 年。
寺本義也・山本尚利『技術経営の挑戦』筑摩書房、2004 年。
山之内昭夫『新・技術経営論』日本経済新聞社、1984 年。
山田肇『技術経営－未来をイノベートする－』NTT 出版、2005 年。

案例 2
快餐业非正规员工的人力资源管理
——以快餐店非全时工和兼职工为例

研究目的与构成

在日本,目前非全时工和兼职工总数40％以上的劳动者在零售业、餐饮业中从事辅助性工作。据文部科学省的调查,国公私立大学"昼间部"[①]学生中约八成做兼职工,其中约有六成多的学生从事轻体力劳动。因此,本案例以主要依赖于非全时工和兼职工的餐饮业龙头企业之一的A公司为研究对象,对分析非正规员工的人力资源管理具有一定的现实意义。

本案例由以下几部分构成:
➢ A公司非全时工和兼职工的人事、工作、工资管理现状;
➢ 对A公司在东京和札幌的营业店店长及非正规员工(特别是

---

① 昼间部是指在高中或大学设置的白天授课的课程。——译者注

大学生、高中生等做兼职工的学生)进行的问卷调查的结果；
> 与非全时工和兼职工劳动相关的用语和统计资料；
> 参考文献、思考题。

下文按以上顺序分析案例。

A公司非全时工和兼职工的人事、工作和工资管理现状

A公司短期工的雇佣管理与就业规则

如前所述，在日本约四成以上的非全时工和兼职工就职于零售业或餐饮业中。特别是约八成大学生当兼职工，其中又有六成的学生从事轻体力劳动。总务省的《劳动力调查》显示，批发业、零售业、餐饮业中小时工的比例从1990年的20.5%增加至2001年的32.4%。如今在上述行业中，小时工占劳动者总数的1/3，而在餐饮业中这一比例更高，约占该行业劳动者总数的81.2%〔日本食品服务协会《餐饮业经营动向调查》(2001年度)〕。

下面通过A公司"非全时工和兼职工就业规则"中的各事项与劳资关系法规进行对比，分析学生兼职工的录用、人事、工作及工资管理问题。

所谓就业规则，顾名思义就是指在职场上必须遵守的规则和准则。法律规定，雇用10人以上的经营场所必须制定就业规则〔《劳动基准法》第89条〕。在就业规则中以条文的形式记载如下内容：每日工作时间、工作从何时开始至何时结束、工资计算方法、何时发放工资等一系列劳动条件，以及为了维持营业秩序而必须

遵守的一系列事项等。

"总则"

一般来说，在就业规则"第一章　总则"中记载就业整体的通则形式的规则，如就业规则的宗旨、目的，员工的定义，以及规则的适用范围，禁止歧视等内容。从法律的角度来看，上述这些内容不是必须记载事项。但是，如果企业雇佣正规员工之外的员工，如像A公司的非全时工和小时工等就业形态的非正规员工，就必须明确这部分员工能够适用的就业规则的范围。如果在就业规则中把特殊就业形态的员工排除在外，就必须制定适用于这部分特殊就业形态员工的就业规则。但是，如果在就业规则相关事项中已明确特殊就业形态员工的适用范围，则没有必要再另外制定适用于特殊就业形态员工的就业规则。

在总则中有时也规定《劳动基准法》中的第3条（平等待遇）、第4条（男女同工同酬原则）、第9条（劳动者的定义）等相关事项。如在案例2-资料1中第3条规定了"非全时工和兼职工的定义"。

案例2-资料1

非全时工和兼职工就业规则（节选）

第一章　总则

（目的）

第1条　本就业规则（以下简称"规则"）是日本肯德基股份公司（以下简称"公司"）对被雇佣的非全时工和兼职工制定的就业相关事项。

（遵守规则的义务）

> 第 2 条　非全时工和兼职工必须遵守此规则,齐心协力为公司的发展做出贡献。
>
> (非全时工和兼职工的定义)
>
> 第 3 条　本规则中非全时工和兼职工是指,经选拔合格,事先确定雇佣期间、特定工作日、工作时间和工资后被录用者。

"人事"

在案例 2-资料 2 "第二章　人事"中,规定了从录用到解雇、退职等人事相关的全部内容。具体内容包括:录用相关事项,即招聘方式、录用标准、选拔方式、必须提交的资料等;劳资关系履行和变更相关事项,即试用期、调动、停职、复职等;劳资关系解除和终止相关事项,即解雇、退休、退职等。

案例 2-资料 2

> 第二章　人事
>
> 第一节　录用
>
> 第 4 条　公司对应聘者进行选拔考试,合格者办理相关手续后被录用为短期兼职工。
>
> (不录用基准)
>
> 第 5 条　公司不录用未满 15 岁的短期兼职工。
>
> (录用后的手续)
>
> 第 6 条　录用人员到公司报到时,提交以下资料:
>
> 　(1) 简历;

> (2) 住民票记载事项证明书(相当于户籍证明);
>
> (3) 誓约书;
>
> (4) 身份保证书;
>
> (5) 其他公司所需要的资料。
>
> (雇佣合同及雇佣期间)
>
> 第 7 条　非全时工和兼职工的雇佣合同期为 6 个月以内,雇佣时要明确其雇佣期限。但必要时也可以根据情况改变合同内容。
>
> (工作场所及调动)
>
> 第 8 条　1. 非全时工和兼职工的工作场所及工作内容由公司规定。
>
> 　　　　2. 公司根据业务的需要,有时让非全时工和兼职工调动工作岗位。

在 A 公司中,如案例 2-资料 2 第 4 条所示,被录用为短期兼职工必须在规定的选拔考试(面试)中合格。在面试中,首先,要确认第 5 条中规定的基本事项,如年龄是否满足条件,如果是未成年人,则是否得到保护人的许可等;其次,双方协商第 7 条、第 8 条规定的雇佣期、特定的工作日、工作时间和工资等事项;最后,考察应聘者的仪表仪容(服装、发型、化妆)、态度(视线、笑容、姿势)、语言表达方式(敬语、回答、说话方式)等。

关于年龄,法律上规定禁止使用未满 15 岁的童工(《劳动基准法》第 56 条)。案例 2-资料 2 第 5 条也有同样的规定。如果录用时没有明确规定雇佣期,则认为是无固定期限劳动合同。这意味着,如果不是被解雇或自愿退职，则劳动合同至退休为止一直有效。A公司《非全时工和兼职工就业规则》中规定，劳动合同期为6个月以内，但根据情况可以改变。

面试合格，办理第6条列出的一系列手续后，可以以非全时工和兼职工身份开始工作。在店铺里，顾客对于正规员工与非全时工和兼职工的服务要求是一样的。为此，A公司为了提高非全时工和兼职工的自觉性和工作热情，向他们分发了《非全时工和兼职工工作指南》手册。在指南中，用浅显易懂的语言说明了总则第2条所规定的非全时工和兼职工工作为公司员工必须遵守的事项。

在指南中对非全时工和兼职工提出了严格的要求：遵守店铺的规则和规定，保持正确的仪表仪容，用正确的态度接待顾客，正确使用礼貌用语。以上也是面试时要考察的内容，但在指南中以"店规"，即就业规则的形式做了更加详细的说明。例如，对照图解检查自己的仪容仪表是否正确，详细列举头发、服装（衬衫、围裙、工作牌、便裤、皮带、短裙裤）、鞋、袜子、指甲、饰品等检查项目，还规定员工在上班前要接受仪容仪表的检查等，其规定非常严格。

在接待顾客时，员工的正确态度是始终保持明媚的笑容，其动作要生动灵活。此外，礼貌用语也非常重要。对顾客要说"欢迎光临"、"谢谢惠顾"、"对不起"，而对同事要说"早上好"、"您辛苦了"、"我明白了"等，在企业里所使用的是平时在家庭和学校里不太常用的语言，因此必须注意使用这些并不习惯的语言。

"解雇和退职"

案例2-资料3记载了与"解雇和退职"相关的劳资关系终止事

项。与解雇相关的规定必须要记载,它规定了解雇的程序、理由、限制等。解雇员工除了录用相关事项中规定的情况之外,原则上是自由的。但在实际操作中,一般出现案例2-资料3第9条规定的具体解雇情况时才能解雇员工。解雇时,如出现第9条规定的内容,在程序上必须选择下面的一种:或者向被解雇的员工至少提前30日告知,或者支付相当于30日以上平均工资作为预告津贴(《劳动基准法》第20条)。员工因自身原因退职时,即使在就业规则中没有特别的规定,也有提前14日向公司通知退职意愿的义务(《民法》第627条"无固定期限雇佣人员解除合同的申请")。

案例 2-资料 3

第二节 解雇和退职

(解雇)

第 9 条 公司对符合以下任一条件的非全时工和兼职工,经审议后将予以解雇。

(1) 当认为职务执行能力低下,无法胜任工作时;

(2) 当认为业绩不好,且无改善希望时;

(3) 当违反第 39 条(惩罚条款)应被解雇时;

(4) 因不得已的原因停止经营时;

(5) 另外,当发生类似上述事件,且认为继续雇佣非全时工和兼职工不合适时。

因上述原因予以解雇时,提前 30 日告知员工或支付 30 日的平均工资。但当告知期间缩短时,按日平均工资计算缩短日数的工资并以预告津贴形式支付。得到政府部门的许可时,将不限于此。

(退职)

第 10 条　当非全时工和兼职工符合以下任一条件时,即日当作退职日并立即取消其身份。

(1)当本人提出退职并被公司批准时;

(2)当雇佣合同期满时;

(3)当本人行踪不明,且超过一个月以上时。

(退职程序)

第 11 条　非全时工和兼职工因本人原因退职时,必须至少提前 30 日提交辞职报告。

"工作"

在案例 2-资料 4"第四章　工作"中规定了劳动条件。劳动时间、休息时间、休假日等劳动条件的规定是就业规则中的必须记载事项。劳动条件中的劳动时间,1987 年从原来的每周 48 小时、每日 8 小时缩短为每周 40 小时、每日 8 小时(《劳动基准法》第 32 条),之后又做了多次变更。一般来说,劳动时间是指"在经营者的指挥或命令下,劳动者正在从事劳动且不能自由支配的时间"。因此,休息时间并不包含在这里所说的劳动时间内。如案例 2-资料 4 第 17 条所示,劳动时间超过 6 小时未满 8 小时,休息时间为 45 分钟以上;而如果劳动时间超过 8 小时,则休息时间为 1 小时以上。

原则上所有劳动者都应该得到休息时间,但像 A 公司这种特定的行业,在劳资双方签订协议的情况下,有时也可以向劳动者给予个别休息时间。

虽然劳动时间原则上遵守法律所规定的每周 40 小时、每日 8 小时,但劳资双方也可以通过商议在一定期间内设定一个比较灵活的时间结构。例如,不规定上下班时间,以便劳动时间具有灵活性,或者在一定期间(1 周、1 个月、1 年)内不规定各劳动日的劳动时间,而只规定总劳动时间,或者虽然规定一定期间各劳动日的劳动时间,但其他期间只规定劳动日和总劳动时间。这种做法被称作弹性工作时间制或劳动时间变动制(《劳动基准法》第 32 条第 2 款第 5 项)。不过,休假日每周至少有 1 日,或者 4 周内必须有 4 日以上(《劳动基准法》第 35 条),而 A 公司第 18 条规定每周原则上给予劳动者 2 个休息日。

此外,年度带薪休假在第 19 条上虽然没有记载具体的天数,但在法律上有明确的规定:从工作开始之日起,持续工作 6 个月,在规定工作日出勤八成以上的员工应给予 10 个带薪休假日。这一规定也适用于非全时工和兼职工,其日数应按出勤日数的比例来确定(《劳动基准法》39 条)。

在 A 公司,将 1 个月分成前半月和后半月工作时间,每两周制定一个工作表。因为面试的时候已经确定了能够出勤的日期和可以工作的时间段和小时数,所以如果没有特殊情况就必须遵守。当然,因生病、身体不适,或者当不得已而迟到、早退时,必须尽早与相关人员联系。

案例 2-资料 4

第四章　工作

（出勤记录）

第 14 条　当非全时工和兼职工出勤时，必须按要求的程序进行记录。

（出勤时间）

第 15 条　1. 非全时工和兼职工的实际劳动时间原则上为每日 8 小时以内，每周 40 小时以内。

2. 工作日和工作时间根据前项规定分别确定。但根据工作需要，有时在前项规定范围内进行变更。

3. 未满 18 周岁者不得在晚 10 时至早 5 时的时间段内工作。

4. 营业开始或结束时间，可以根据工作需要提前或延长。

（规定时间外劳动）

第 16 条　根据公司业务的需要，有时让非全时工和兼职工在规定工作时间外劳动。此时，非全时工和兼职工若无正当理由不得拒绝。

（休息时间）

第 17 条　实际劳动时间超过 8 小时，则共休息 1 小时；而超过 6 小时，则共休息 45 分钟。具体如何实施。由上司根据交替工作的情况来决定。

（休假日）

第18条 非全时工和兼职工的休假日规定如下:
　　　　(1) 原则上每周2日;
　　　　(2) 由公司特别规定的日期。

(传休日)
第19条 公司根据工作需要,有时提前通知休假与工作日的交替情况。

(带薪休假)
第20条 根据《劳动基准法》的规定,非全时工和兼职工享有带薪休假的权利。

(其他休假)
第21条 非全时工和兼职工按下列规定可以休假。但这种休假不支付工资。
　　　　(1) 生理休假:当女性因生理原因确实无法工作时,应给予数日休假;
　　　　(2) 生育休假:根据《劳动基准法》的规定,产前产后应给予休假。

(休假的申请)
第22条 非全时工和兼职工请求本章程规定的休假时,必须提交休假申请书。

(迟到和早退)
第23条 1. 非全时工和兼职工因不得已的缘由迟到或早退时,必须向公司提出申请;
　　　　2. 因本人的原因迟到或早退时,不支付相应时间的工资。

> （疾病等原因缺勤）
>
> 第 24 条　非全时工和兼职工因疾病、负伤或不得已的缘由缺勤时，必须向公司提出缺勤的理由和缺勤天数。

"工资"

最后，分析案例 2-资料 5"第五章　工资"。首先，虽然与"工资"这一术语，相类似的称谓很多，如薪水、薪酬、津贴等，但不管其称谓如何，法律（《劳动基准法》第 11 条）上的规定是："作为劳动的代价，经营者向劳动者支付的所有报酬。"因此，奖金、退职金等也应包含在工资里面（"工资"这一术语包含所有内容，因此这里就使用它）。工资水平的确定、计算，工资的支付方式，支付最终期限，支付日，加薪等相关规定，在就业规则上是必须记载事项。由于大企业雇佣各种不同就业形态的劳动者，其与工资相关的规定比较复杂，因此一般也允许用"工资条例"或"工资规程"等名称制定各种规则。原则上，工资必须在规定日期每月一次以上以货币形式直接向本人全额支付，这就是工资支付五原则。这一原则在第 28 条（工资的计算期限、支付方式）中也有记载。

工资的基本部分即基本工资的计算方法，根据计算单位大致分为定额制和计件工资制。前者是以一定的劳动时间作为计算单位计算工资的形式，按照计算的期限可分为计时工资、日工资、周薪、月工资、年薪。而后者又称完全比例分配制，是按照合格产品的数量和预先规定的计件单位来计算的工资形式。对于大多数非全时工和兼职工普遍使用的工资形式是计时工资，A公司在第26条中也使用了计时工资。A公司根据能力等级规定了单价，即计时工资水平。工资水平随着实习生、初级员工、中级员工、高级员工、领班或初级管理者这样的级别的升高而提高。

规定工作时间外劳动，如休息日或夜间工作，则根据以正常工作时间工资为基础乘以一定工资补偿系数计算的额外工资形式支付(《劳动基准法》第37条)。若加班或夜间工作，必须支付按相应工作时间的基本工资乘以25％以上的额外工资；若休假日工作，则必须支付基本工资35％以上的额外工资(《劳动基准法》第37条)。所谓加班，是指职场规定劳动时间外的工作时间，在A公司被规定为每日工作8小时以上的劳动；所谓夜间工作是指，从夜间10时至第二天早上5点的工作。

关于奖金、退休金、最低工资等相关事项，若有必要则必须规定；若没有必要，则可以不规定。就像第31条规定非全时工和兼职工没有退休金一样，通常向这部分员工不支付退休金或津贴。另外，在第26条中虽然没有明确各能力等级的工资额，但这个金额不能低于法律规定的最低工资额。一般来说，最低工资由工作所在的地区或所处的行业分别确定。因此，即便是同一家A公司，因店铺所在地点不同计时工资额也会不同。除此之外，因为A公司经营食品生产和销售，所以安全和卫生管理特别重要。具体地说，为了向顾客提供安全的食品，经常保持店面的卫生清洁非常重要，因此首要的是严格执行洗手制度。同时，由于经常使用火或油，因此必须制定火灾、火伤等灾害的预防措施。

案例 2-资料 5

第五章　工资

（工资）

第 25 条　根据本人的能力、经验、技能和作业内容等，为每个人确定计时工资。

（工资体系）

第 26 条　工资体系如下：

(1) 基准内工资：基本工资（计时工资）；

(2) 规定工作时间外工资：规定工作时间外工作津贴和其他津贴。

（工作津贴）

第 27 条　若从事第 16 条规定的规定工作时间外工作，劳动时间超过 8 小时，或第 18 条规定的休假日工作，则根据《劳动基准法》的规定支付以计时工资为基础计算的额外工资。

（工资的计算期限及支付）

第 28 条　1. 工资计算时间原则上是当月的 1 日至当月的末日，支付时间为下月的 15 日；

2. 工资以货币形式直接支付给本人；

3. 支付工资时扣除法定扣除金。

（加薪）

> 第 29 条　对出勤状况和工作业绩良好者给予加薪。
>
> （临时加薪）
>
> 第 30 条　对出勤状况和工作业绩良好者有时给予临时加薪。支付标准根据情况确定。
>
> （退职金）
>
> 第 31 条　非全时工和兼职工不支付退职金。

A 公司问卷调查结果

东京 A 店店长

店铺位于市中心车站前的超繁华街道上。店长一个半月前从邻县（相当于省）的国道旁店铺调派到现在的店铺。以前工作的郊外型店铺是路边的小吃店，所以主要忙于外卖业务，而现在的站前店铺则以店铺就餐为主。在店内一楼有收银台、厨房和若干个就餐座位，二楼大部分是就餐座位（一部分是办公区）。在店铺附近有许多与其竞争的店铺。

店长的一天从清晨开始。每天从家到店铺需要花约一个半小时，到店的时间是早上 5 点半。也许他有一种"一国一城之主"的感觉，对店铺有着特别的爱恋，全身心地进行打扫和整理。店员、非全时工和兼职工学生的早会结束后，他要巡视收银台、厨房和店内，解决工作中出现的问题，进行轮班职工管理，确认营业额等，一直在店内忙碌。下午3点半之后，还要处理案头工作，所以实际回家的时间怎么也要到夜间了。

店长现年34岁，大学毕业已有11年。他到A公司工作与自家一直经营饮食店有关系，很早就想从事这一行业。其实，他找工作时，也收到过麦当劳的录用通知书。该公司在工资待遇方面也比较优厚，但他还是选择了A公司。当然，A公司的工资并不是很高，但他想工作并不只是为了工资，这样就选择了A公司。当前他觉得所做的工作很有意思，所以感到十分满意。当店长后深感用人的重要性，因为前台和厨房的工作团队，以及每个人的工作状态都如实地反映在成果上。他在人员的配置上深悟到，了解员工个性后让他们从事与其能力相匹配的工作，即适材适所是多么重要。

店长每天都会经历很多喜事和烦心事，但是当按照自己的计划顺利完成工作时，就会心满意足。例如，圣诞商战是一年中最忙、在营业方面也是最重要的时期，当看到店员们有条不紊地工作时，他就会非常开心。

公司员工在全国穿统一制服，这也许对经常使用油炸烹饪的员工来说，会给人留下系围裙、穿工作服的印象，但他觉得每个店应拿出点自己的个性会更好些。

目前，店长下面有2个副店长和30个兼职工。最近，正规员工大多是大学毕业生，非全时工和兼职工也是学生居多。因为是直接面对顾客，即该行业是接客业，所以他希望店员注意服装、仪表和仪容。在兼职工中也有染发的男学生，所以他就找机会向他解释为什么黑发是重要的。不过，这些兼职工的工作状况与其外表不同，非常认真，这让他感到很欣慰。比如，目前在公司当非全时工和兼职工上司的男大学生（大学1年级生）乍一看也像是很时髦的年轻人，但是从高中时代算起，他已是有4年工作经验的老手了，不仅能做收银台、厨房工作，而且还能做正规员工的工作。

店长想，自己将来的目标是积累更多的工作经验，挑战更高级别的资格并获得晋升。

东京A店的某男兼职工学生

近藤（假名）是东京都内一所大学理科系一名大一男性兼职工学生。他大学放学后，从傍晚开始工作到闭店，每周工作4—5天。他工作开始的契机是自家离店铺很近，从高中时代起就做过兼职工，今年已经是第四个年头。这家店的时薪（计时工资）从高中生850日元、大学生950日元起步，之后按能力加薪，但并不按年龄和工作年数增加工资或加薪。他在公司里已是名副其实的非全时工和兼职工领头，收款或厨房内的工作都做得很好，因此能领取附加工资，1个月有约7万日元的收入。在收银台或厨房作业并没有工资差异，但如果两种作业都能胜任就能得到较高的工资。在暑假等长假，如果满勤的话，有时每月收入达12万日元。他从父母那里可以得到学费，但没有零用钱，因此这笔工资对于大一学生来说是很大的一笔零用钱。他也许是花钱较多的学生之一，全部花在手机费、定期费用和买衣服等。

从近藤的帽子下面可以窥视到染发，耳垂上也有两个耳洞。虽然店长让他把头发染黑，但他好像还没有决定什么时候染（他想面试后,利用暑假的时间染发)。他虽然年轻,但由于在这个店的工作经验较丰富,因此有时也指导新员工或刚调来的员工工作,可以说他已是公司的老员工。从制度上看,可以从非全时工和兼职工转为正规员工,但是他将来还是想就职于能发挥能力的工作。他说,该店的人际关系好,易于工作,在工作中也能够与年长者一起愉快地工作,所以他非常喜欢当前的职场。

东京 B 店——某女兼职工学生

百合子(假名)已工作一年半,是大三的女生。她在寻找大学附近能做兼职工工作的时候,恰巧看到这家店的招聘海报,就立即报了名。面试她的是副店长,不久她就被录用了。和近藤君一样,她学习、工作两不误,至今没有以兼职工为由逃过课。

她每天放学后开始工作,一直工作至闭店为止,周六、周日休息,每周工作 5 天,每月大约有 9 万日元的收入。这些收入基本上用于购买衣服。在同年级生中,她是相当能自由支配零用钱的人。从入店以来时薪一直是 950 日元,虽然从事以接客为中心的工作,但是想到自己的体力,她也就感到知足了。

被店长表扬时,她会很高兴;但偶尔也会因不明理由被训斥,这时,她的情绪就会非常低落。她想将来从事教育工作,所以就不打算成为正规员工。虽然有人说兼职工的经验对教育工作没有帮助,但是她认为由于能够认识很多人,且能够掌握工作要领,所以还是很有意义的。

札幌 C 店——经理

田中(假名)先生,工龄 12 年,现年 31 岁。由于很早就对现在的这份工作感兴趣，因此，从札幌近郊的高中毕业后，立即到现在的公司就职了。目前，他管理高中生兼职工、自由打工者、非全时工主妇和1名副经理等34人的工作。店铺位于从札幌车站向东南乘车大约30分钟、离国道不远的大型超市内。在宽广的食品区内，章鱼小烤、拉面、咖喱等店铺鳞次栉比。各个饮食店顾客的餐桌都是统一的，在店铺里除了柜台和厨房外，还有兼职工休息和更衣兼用的办公室。

早上10点开店，但提前2小时即8点就要开始准备。被称为"开店非全时工和兼职工"的非全时工主妇负责开店。她是店长上班之前的实际负责人。经理的工作时间大约是从下午2点至闭店为止，晚上9点半之后兼职工高中生们也都陆续回家。田中从自家至店开车需15分钟左右，家与店铺的距离确实很近。

田中与兼职工高中生在年龄上正好是相差一轮，所以高中生就像兄长一样对待田中。餐饮业对于服饰、发型要求格外严格，但若是染发或耳洞没有给客人带来不快，田中就不会责备他们。虽然经常听到"如今的高中生……"这样的闲话，但这里的兼职工学生都很细心、周到，而且能够自主完成工作，所以他很满意。

附近有好几所大学和高中，但与东京等都市相比，这里的时薪对于大学生还是比较低。因此，目前还没有大学生兼职工，店里的中坚力量是高中生和自由打工者。店员中女性约占70%，但在工作上男、女员工都能熟练地完成柜台和厨房业务。虽然也有迟到的兼职工学生，但是没有无故缺勤的人，若有缺勤现象发生则会自己主动辞职。在他们当中，也有将来想成为正规员工的兼职工，但是还没有制定针对这部分人的优惠政策。

由于该店铺是特许经营店,商品和销售必须按规格化、标准化方式进行,因此像打折或追加服务等不能根据店铺独自的判断来进行,这让田中很困惑。但是,在这种经营环境下,如果想通过该店和店员拥有的特色服务方式来提高绩效,就要依靠管理者的能力。该店在全国"名人挑战赛"中,曾入围前几名,表现出较高的整体业务水平。并且,因绩效突出,该店的有些员工还被公司奖励到海外旅行。

田中特别喜欢"热情"、"沟通"等用语。其实,由于公司和店内的人际关系良好,所以他没有感觉到职场的艰辛。经过员工、副经理等职位阶梯后,他27岁时就担任了经理。他未来的职业生涯发展目标是管理数家店铺的地区管理者或者课长等高级职位,但是他认为首先在现任的岗位上脚踏实地地提高绩效才是最重要的。

札幌D店——男兼职工学生

中根君(假名)是在附近学校上学的18岁的高中三年级学生。在D店当兼职工已经有1年零9个月的时间。放学后下午4点至9点半是通常的工作时间,每周工作5天。他在兼职工学生中应该算是老手了。从时薪640日元开始,现在是690日元。从新人即实习生成长为较熟悉工作的"员工"时就涨了10日元;再晋升一级即"高级员工"时又涨了20日元;取得资格证后又增加10日元;之后又增薪10日元,现在已领时薪690日元。目前在店里拥有鸡肉加工能力的C资格证的只有四个人,他是其中之一。经理或副经理是 B 资格。

中根君当兼职工所赚得的 5 万—6 万日元用于伙食费、服装费和手机费。他已经是高中三年级，必须尽早准备升学，所以目前让他忧虑的是是否就这样继续兼职。

中根君在这家店当兼职工的契机是朋友的介绍。他性格内向且有点认生，但是自从做兼职工之后，性格变了很多。通过兼职工工作，中根君认识了领导的重要性。店里的伙伴大都努力工作，有时若发现有偷懒者他就想提醒，但还是没有勇气。店里有很多工作，但没有硬性规定每个人的职责，而要善于自己找活干。如果连续几天都很忙的话，还是会有体力上吃不消的时候，但想到时薪会提高、工作要领也会更熟练，他就会忘记疲劳继续工作。

札幌 E 店——女兼职工学生

文子（假名）是函授型高中四年级学生，现年 19 岁。她能够比较自由地支配时间，可以使学习和工作两不误。在 E 店工作已有 1 年零 3 个月，目前的工作时间是从中午 12 点到下午 5 点，每周工作 4—5 天，时薪从一开始的 640 日元，上涨 30 日元后变成 670 日元。

除了非全时工主妇，她在高中生中算得上学姐，她有好多朋友，工作也很快乐。不用说柜台，连厨房的工作也几乎都能做。虽然工作时没有什么特别难对付的事，但偶尔碰上发牢骚的顾客就有些费神。她在工作时，不是等着指示，而是有空或需要时就立刻去做。她喜欢这份工作，所以想继续干下去。

非全时工和兼职工劳动的相关术语及统计资料

非全时与兼职工的区别

非全时工与正规员工相比,除了劳动时间短之外,其他待遇相同;而兼职工没有正规员工所享受的基本待遇和保障,在繁忙时被临时雇佣且工作极其不稳定。《劳动基准法》第32条规定,劳动者劳动时间不超过每日8小时、每周40小时,每周工作时间未满35小时的被雇佣者称为"短期劳动者"。因此,每周工作时间未满35小时的非全时工和兼职工都可以称作"短时间劳动者"。当然,非全时工和兼职工也有每周工作超过35小时的。有时,用人单位不考虑工作时间的长短,把非正规员工的非全时工和兼职工统称为"非全时工"(见案例2-图1)。

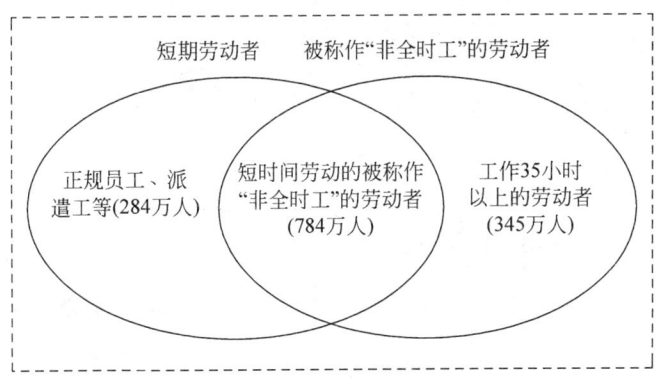

案例2-图1　短期劳动者与非全时工的关系

资料来源:总务省『労働力調査特別調査』(2001年2月)。

此外，还有与非全时工和兼职工容易混淆的称谓——"自由打工者"。"自由打工者"是指，年龄从 15 岁到 34 岁的中学、高中、大学毕业生以及未婚女性，或者在目前的工作场所被称呼为非全时工，或者目前既不做家务也不上学且没有就职，但本人希望找到短期兼职工工作的人（根据《平成 15 年版，厚生劳动白书》整理）。

就业形态多样化的背景

从劳动者方面看，就业形态多样化的主要原因是女性和高龄者在较长一段时间内或长期以非正规雇佣形态就职。从 1994 年开始，在男女 15—24 岁年龄层和男性 65 岁以上高龄者中，非全时工和兼职工的比例呈现出较大幅度的上升。从最近的情况来看，促使就业形态多样化的背景有二：一是随着年轻人就业观念的多样化，希望以非正规雇佣形态就业的年轻人增加；二是以正规员工形态被雇佣的机会减少，致使以非正规雇佣形态就职的人增加。劳动者选择非全时工的理由中，"想在自己方便的时间工作"依然占很高的比例，但有此想法者的数量已呈现出减少的倾向；而"没有以正规员工身份就职的公司"的人的比例正在上升。目前，除了在第三产业中非正规雇佣仍在增加外，其他产业中的很多企业也都在增加非正规雇佣人员的数量。另外，企业在经济景气很不明朗的状况下，为了削减劳务费用和保持雇佣的灵活性，也为了确保专门人才、拥有实战能力的人才，越来越倾向于使用非正规雇佣形态。

从最近的就业形态来看，当企业业务繁忙时，多采用小时工或兼职工的雇佣形式；而当企业为了完成专门业务或者确保实战能力的人才时，多采用非全时和兼职合同工、劳务派遣工、调转工等形式。

同时,在严峻的就业形势下,非自愿非全时工也在增加(这部分人虽然希望全日制工作,但不得已选择非全时工的就业形式)。根据总务省统计局《劳动力调查特别调查》,在 2001 年 2 月非自愿非全时工数量高达 117 万人(根据《平成 15 年版,厚生劳动白书》概要)。

小时工劳动的课题与对策

对于企业经营来说,对非全时工采取"与劳动相对应的待遇"的措施并不会给企业带来负面影响。在非全时工占雇佣者 20％ 的状况下,如果企业不解决与正规员工之间存在的不合理待遇问题,就可能削弱企业竞争力〔根据厚生劳动省《小时工劳动研究会最终报告》(2003 年)〕(见案例 2-图 2、案例 2-图 3、案例 2-表 1、案例 2-表 2)。

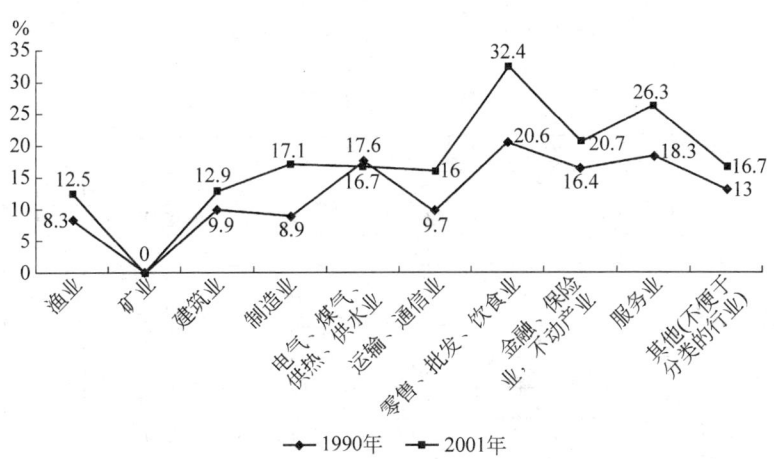

案例 2-图 2　各产业中小时工比例

注:1. 小时工是指周工作时间小于 35 小时的劳动者。

2. 小时工比例是指,在各产业中就业者数为 100 时小时工所占的比重。

资料来源:総務省『労働力調査』2000 年、2001 年。

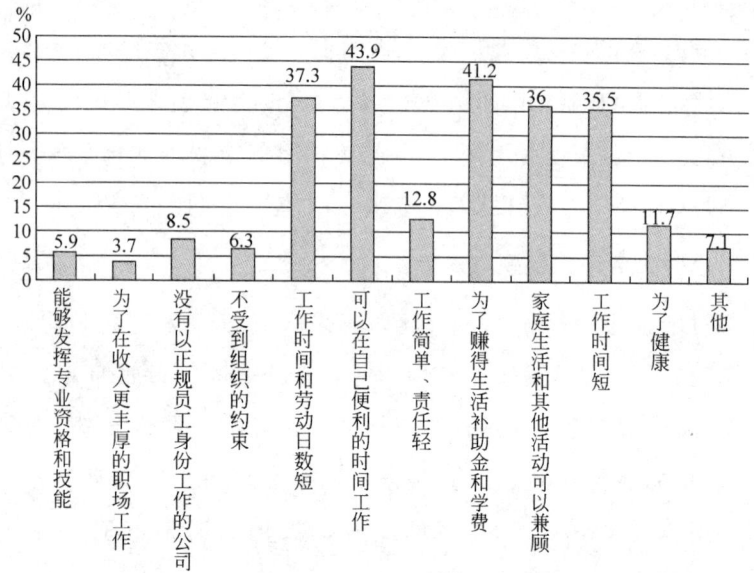

案例 2-图 3　小时工工作的理由（多选回答）

资料来源：厚生労働省『就業形態の多様化に関する総合実態調査報告』1999 年。

案例 2-表 1　2003 年度各地区最低工资额状况

都道府县名	单位时间最低工资额（单位：日元）	生效时间
北海道	637	2002 年 10 月 1 日
青森	605	2002 年 10 月 1 日
岩手	605	2002 年 10 月 1 日
宫城	617	2002 年 10 月 1 日
秋田	605	2002 年 10 月 1 日
山形	606	2003 年 10 月 1 日
福岛	610	2002 年 10 月 1 日
茨城	647	2002 年 10 月 1 日
枥木	648	2002 年 10 月 1 日
群马	644	2002 年 10 月 1 日
埼玉	678	2002 年 10 月 1 日
千叶	677	2002 年 10 月 1 日
东京	708	2002 年 10 月 1 日
神奈川	707	2003 年 10 月 1 日

(续表)

都道府县名	单位时间最低工资额（单位：日元）	生效时间
新潟	641	2002年10月1日
富山	644	2002年10月1日
石川	645	2002年10月1日
福井	642	2002年10月1日
山梨	647	2002年10月1日
长野	646	2002年10月1日
岐阜	668	2002年10月1日
静冈	671	2002年10月1日
爱知	681	2002年10月1日
三重	667	2002年10月1日
滋贺	651	2002年10月1日
京都	677	2002年10月1日
大阪	703	2002年10月1日
兵库	675	2002年10月1日
奈良	647	2002年10月1日
和歌山	645	2002年10月1日
鸟取	610	2002年10月1日
岛根	609	2002年10月1日
冈山	640	2002年10月1日
广岛	644	2002年10月1日
山口	637	2002年10月1日
德岛	611	2002年10月1日
香川	619	2003年10月1日
爱媛	611	2002年10月1日
高知	611	2002年10月1日
福冈	644	2003年10月1日
佐贺	605	2002年10月1日
长崎	605	2002年10月1日
熊本	606	2002年10月1日
大分	606	2002年10月1日
宫崎	605	2002年10月1日
鹿儿岛	605	2002年10月1日
冲绳	605	2003年10月1日
全国加权平均数	664	

资料来源：从厚生劳动省HP（主页）转载。

案例2-表2　普通劳动者和小时工标准小时工资额的变化

年	女 性 普通劳动者（单位：日元）	女 性 小时工（单位：日元）	女 性 差距(%)（普通为100时）	男 性 普通劳动者（单位：日元）	男 性 小时工（单位：日元）	男 性 差距(%)（普通为100时）
1989年	934	662	70.9	1,542	855	5,504
1990年	989	712	72.0	1,632	944	5,708
1991年	1,072	770	71.8	1,756	1,023	58.3
1992年	1,127	809	71.8	1,812	1,053	58.1
1993年	1,187	832	70.1	1,904	1,046	54.9
1994年	1,201	848	70.6	1,915	1,037	54.2
1995年	1,213	854	70.4	1,919	1,061	55.3
1996年	1,255	870	69.3	1,976	1,071	54.2
1997年	1,281	871	68.0	2,006	1,037	51.7
1998年	1,295	886	68.4	2,002	1,040	51.9
1999年	1,318	887	67.3	2,016	1,025	50.8
2000年	1,329	889	66.9	2,005	1,026	51.2
2001年	1,340	890	66.4	2,028	1,029	50.7

注：1. 普通劳动者和小时工之间，因为在工作年限、职种上存在区别，眼种上存在时间实际工作时间同数。
2. 普通劳动者标准小时工资额÷标准工资额÷标准工作时间简单进行比较。
3. 小时工的每小时工资额来源于工资额相关的统计报表。

资料来源：厚生劳动省「賃金構造基本統計調査」。

【参考文献】

厚生労働省監修『平成15年版　厚生労働白書』ぎょうせい、2003年。
厚生労働省大臣官房統計調査部『平成15年就労条件総合調査』2003年。
厚生労働省大臣官房統計調査部『平成15年賃金構造基本統計調査』2003年。
厚生労働省雇用均等・児童家庭局短時間・在宅労働課『パートタイム労働研究会最終報告』2002年。
厚東偉介・金子義幸編著『人事マネジメントの案例と理論』五絃舎、2001年。
佐々木力『就業規則・賃金規程のつくり方運用の仕方』中央経済社、1999年。
島袋嘉昌編著『労務管理小辞典』中央経済社、2000年。
全国労働基準関係団体連合会編『モデル就業規則』労働基準調査会、1994年。
東京都労働局職業安定部『平成15年3月新規学校卒業者の求人初任給調査』2003年。
中村厚史監修『活用労働統計/生産性・賃金・物価関連統計/2003年版』社会経済生産性本部生産性労働情報センター、2003年。
日本労働研究機構『労働力の非正社員化、外部化と労務管理に関するアンケート調査』2000年。
平野文彦・幸田浩文編著『人的資源管理』学文社、2003年。
藤本隆一『カーネル・サンダース』産能大学出版部、1998年。
毎日コミュニケーションズ『2003年度/大学生の就職意識調査結果報告』2003年。
文部省高等教育局学生課『平成12年度学生生活調査結果』2002年。
外井浩志『パートタイマー・外国人雇用』生産性出版、1998年。
平野文彦編著『人的資源管理論』税務経理協会、2000年。
山口廣太『最新　マクドナルド　パート・アルバイトマネジャー超短期育成ノウハウ』経林書房、2001年。
山口廣太『小売・サービス業のパータイマー戦力化マニュアル』経林書房、

1990 年。
吉川照芳『わかりやすい労働基準法入門－就業規則改定に役立つ！－』産労総合研究所出版部経営書院、2003 年。
労働省女性局女性労働課監修『改訂　チャートパートタイム労働法』労働調査会、2000 年。
労働省女性局編『短時間労働者の雇用管理の改善等に関する法律』労務行政研究所、2000 年。

思考题

1. 根据 A 公司非正规员工的工资管理、人事待遇制度的现状，请指出其中存在的问题，并提出改善方案。

2. 工资差距不仅在像 A 公司这样的企业内部存在，而且在不同地区间也存在。请根据这些现象，从不同的视角提出非正规员工人力资源管理存在的问题与对策。

3. 以与非正规员工相关的劳资关系法规，特别是《劳动基准法》为中心，提出存在的问题与改善方案。

案例 3
泡沫经济期工资和人事待遇制度改革的考察
——从属人、年功主义到日本式能力主义

研究目的与构成

在泡沫经济期,日本的大、中、小企业建立了以职能等级和职能资格制度为基础的综合人事系统,工资体系虽带有一些属人主义色彩,但其主流是以职能工资为核心的能力主义工资制度。然而,在泡沫经济崩溃后的平成萧条时期,职能工资因其带有属人主义性质(按连续工作年限自动加薪或凭借潜在能力预先支付工资等)的缘故,受到了人们的质疑。也就是说,人们强烈要求从潜在能力也作为评价标准的能力主义向只按显在能力作为评价标准的成果、绩效主义转换。成果、绩效主义的表现形式就是成果、绩效工资制或年薪制。

在泡沫经济期,政府陆续颁布了各种改善劳动环境的法律,政府监督机构也强烈要求企业引进能力主义工资和人事待遇制度。

本案例以创业百年以上的地方老字号中、小企业为例，分析在这一背景下引进能力主义工资和人事待遇制度的过程。从1985年至1990年的经济景气时期，也有些公司为了未来10年的发展引进了能力主义制度。在本案例中，对这些公司在平成不景气年代绩效如何等问题不进行分析。

在泡沫经济崩溃后的所谓"空白的十年"间，诸多日本企业实施了裁减或雇佣调整等减员政策。当然，随着经济环境的恶化，我们在本案例中所介绍的L公司和其他企业一样也实施了各种减员政策。

在本案例中，先介绍L公司工资、人事待遇制度改革的概况；然后，根据当时该公司的组织图，以及按不同年龄、不同职务制作的人员结构图，分析该公司存在的问题。最后，根据新工资体系、人事待遇制度评估工资成本，并将其结果用图表表示出来。

本案例有三个研究目的：一是利用相关资料，分析从十多年前就开始备受质疑的属人、年功主义工资、人事待遇制度如何向能力主义工资制度转变；二是剖析含有属人、年功主义性质的日本式能力主义制度；三是分析从属人、年功主义向日本式能力主义，又向成果、绩效主义转变的过程。

企业概况

L公司是一家老字号中小企业，明治40年（1907年）凭借在某县政府所在地火车站前经营食品、化妆品等起家，到泡沫经济最盛期的平成元年（1989年）时，已涉足儿童服装、妇女服装生意。当时资本金1,500万日元，员工131人，其中，男性员工为18人，女性员工为113人。1988年3月，该公司营业额为28亿日元，营业利润约7,000万日元，到平成元年（1989年）3月时，营业额达30亿日元，营业利润约8,000万日元。

L公司从1965年起，在儿童服装、妇女服装销售中实行连锁化，经营一直非常顺利，没有陷入过困境。进入平成年代后，在本店的一角开始经营快餐食品专门店，这样既保留了老字号店的形象，又涉足了新兴行业。

公司由于忙于推进经营连锁化，在以工资为主的人事待遇制度方面没有进行过认真研究，一直实施对员工极其温情的人事待遇制度。随着顾客需求多样化和顾客阶层的扩大，对员工知识和能力的要求也发生了变化。为此，作为员工教育的一环，公司举办了各种讲习会，对员工进行了市场营销方面的培训。但是，如果公司继续实施这种以属人为中心的人事待遇制度，就有可能出现经营方针与待遇制度不相称的局面。公司也曾多次从政府机构得到要求改善人事待遇制度的建议。在政府于1985年和1986年陆续颁布《男女雇佣机会均等法》、《60岁退休法（高龄者雇佣安定法）》等法律的情况下，该公司认为改革工资制度的时机已经成熟。于是，1991年终于以"60岁退休制"为目标，采取了一系列措施。在这一过程中，L公司逐渐认识到重新评价年功序列工资制的必要性和引进新人事管理制度的迫切性。

于是，L公司对引进能力主义工资制度问题进行了研究，并提出了具体的改革措施。首先,在公司内部还没有权责规程和与此相对应的其他制度的情况下,先进行职务调查和职务分析;其次,研究制定职能等级和职能资格制度,以及与此相配套的制度,如人事考核制度、能力开发制度、工资待遇制度等;最后,建设以60岁退休制为基础的公司综合人事待遇系统,创建"充满活力的职场"和"高效率的职场"。

人事待遇制度改革的准备阶段——实施职务分析和访谈调查

L公司为了实施以延长退休年龄为中心的人事待遇制度改革,先进行了职务调查和职务分析。L公司向各事务所和部门负责人发放"事务所调查表"和"职务分析表",对公司各课及每个员工的职务进行了详细调查。职务调查和职务分析按下列顺序进行:

- 在进行职务分析前,举办说明会,让员工掌握与职务相关的预备知识,并得到员工的理解和配合;
- 以明确各事务所和各部门职务为目的,进行事前调查;
- 制作"事务所调查表"和"职务分析表",向各调查对象及全体员工发放,并要求填写;
- 收回"事务所调查表"和"职务分析表",编号整理后归档;
- 根据收回的"职务分析表"确定调查对象的职务并进行分类,然后对相关的事务所进行巡回考察,最后确认其内容的正确与否;
- 与分析对象的职务担任者进行访谈;

> 整理分析结果,进行职务评价(设定等级),制作"职务分工表",按职务确定工作内容,明确"习熟"条件、"习得"条件①和资格条件,设计职业生涯规划。

职务分析、访谈调查的结果

如案例 3-图 1 所示,L 公司组织大体上分五个部门。第一,由社长或常务兼任部长或课长的管理部门;第二,总公司本部的总店本部;第三,以化妆品销售为主的支店本部;第四,管理各连锁店的连锁本部;第五,为总店和各连锁店制定商品价格的制品管理部。即使像这样在组织图上看似职责明确的部门,在职务分析和访谈调查中也显露出一些问题。

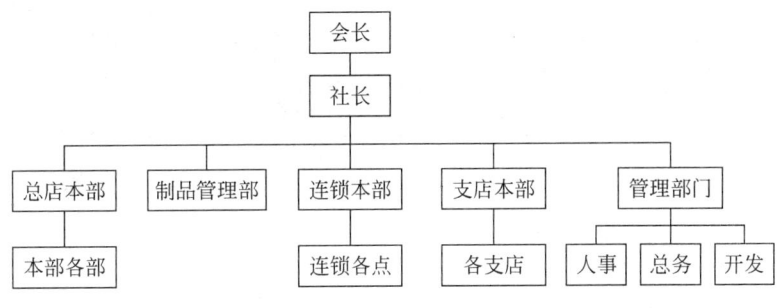

案例 3-图 1　L 公司组织图

首先,组织图上所显示的正式组织的指挥、命令系统没有发挥其职能。其中一例是,地区负责人不能发挥其职能。虽然连锁本

---

① 习熟是指通过工作锻炼获得的能力,而习得是指通过学习获得的能力。——译者注

部两名地区负责人分别管理县南部和县北部,但是地区店员不通过地区负责人而直接通过连锁本部长处理实际问题。还有一个问题是,连锁店化妆品部门的销售员有时因店长的指示与上级所属支店店长的指示不一致而感到困惑。

其次,女员工的职务与待遇不相称。如案例3-图2所示,L公司除经营层和"非常勤员工"(只在规定时日上班)之外的131名正规员工中有女员工113人,超过全体员工的80%,是典型的"女性职场"。值得注意的是,30岁以内的年轻人数和36—45岁的中年人数都达到"M"形中的最高位。另外,中年层员工数相对较多,并且在这些中年层员工中担任课长职务的人较多。从访谈调查中得知,在这部分女性管理者中,很多人没有发挥管理者应起的作用,没有履行其职责。

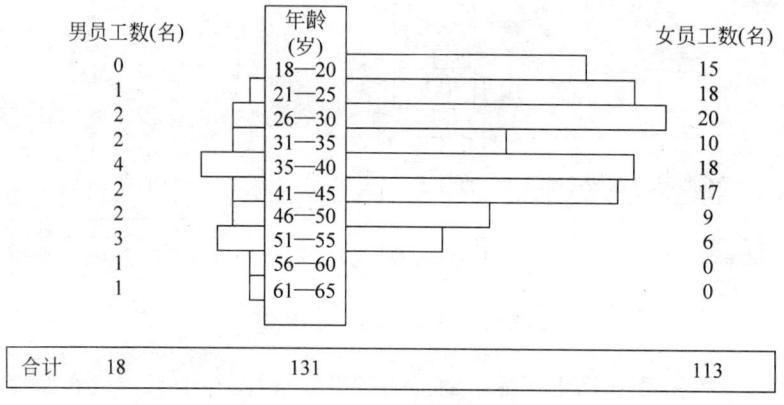

案例3-图2　按性别、年龄统计的人员构成(1989年3月)

最后,晋升速度快带来的弊端。职务分析结果显示,公司内从系长、课长至店长的晋升速度相当快。尽早提拔为管理者,对于加强经营层力量是有好处的,但是没有实质性直线管理权限的管理者人数的增加,反而会导致指挥、命令系统的混乱。比如,在男性员工中,除了两人外其余都是管理者,而在女性员工中,与销售员的数量相比店长的数量过多,这些都导致了很不均衡的人事结构(见案例 3-图 3)。

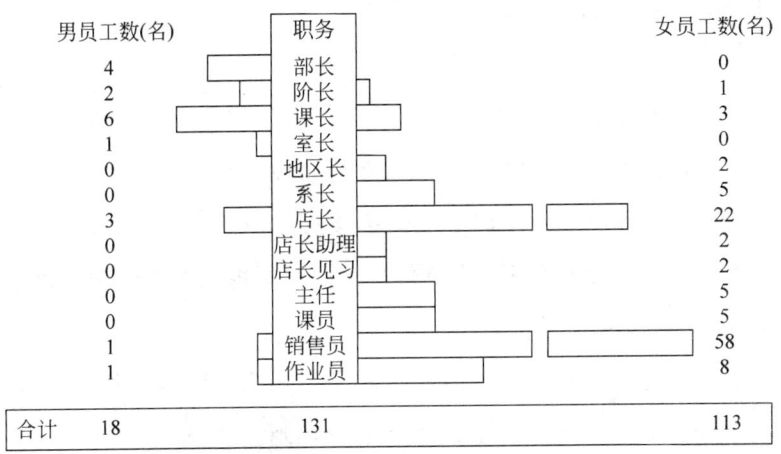

案例 3-图 3　按性别、职务统计的人员构成(1989 年 3 月)

传统的人事待遇制度以年功晋升制为基础,晋升路径是根据职务内容设定的。像儿童服装、妇女服装之类的职种,直线业务部门和职能部门的负责人由只占很小比例的男性来担任,而大部分女性员工职业生涯的最高层是店长。并且,女性管理者大多是仅仅挂名而已,拥有实质性直线管理权限的几乎没有。不过,她们从课员、销售员、作业员等职位晋升至最基层管理职位,如主任、实习店长等所需时间较短,只经过较短的工作经历就能完成。

为此,公司引进能力主义工资体系时,采用了复线型人事制度。即将员工的人事待遇设置综合职、一般职、短期职等多个职列,再根据条件(知识、能力、工作等)和通过必要的程序(上司的推荐、人事考核结果等)编入不同的职列。

引进职能工资的步骤

如前所述,职能工资是指,先把员工根据职务执行能力的种类和程度划分等级,再按划分出的等级支付相应报酬的工资形式,即按各职种或各职务设定的职能等级支付相应的工资。因此,职能分类是实行职能工资的前提条件。下面介绍根据职能分类制度引进职能工资的具体步骤:

➢ 职务(职种)分类:先把类似的职种归类,然后将职种分为作业职、事务职、监督职(基层管理职)和管理职;
➢ 职级的设定:根据职种的重要度、困难度划分职种的等级;
➢ 职能等级的设定:根据熟练度、"习熟度"和资格条件,再把职级按职务执行能力的不同划分为不同级别,即把职级进一步细化;
➢ 确定每一个员工的职能等级:对每一个员工进行能力等级评价,并将其与相应的职能等级对应起来;
➢ 设定工资等级:最后,按等级设定工资等级和工资额。

从以上分析可知,职能工资是职能资格制度的一项功能。职能工资不仅是一种工资形态,而是与人事考核、能力开发、人事待遇密切相关的系统。职能工资在实际运用中可能会产生如下问题：或者可能出现在一定职务等级范围内根据工作年限自动加薪、晋升和晋级的现象，或者在人事考核中评价或权重的确定可能被考核者的主观意志所左右。

能力主义工资体系运用上的注意事项

L公司的旧工资体系是以以年龄、学历为基础而设定的基本工资为中心，辅以几种津贴构成。目前，这种以属人工资为主体的工资制度已转变成部分反映能力主义的以能力工资为主体的工资制度（见案例3-图4）。其中最大的变化是：首先将原来以年龄、学历为基础设定的基本工资，分成年龄工资、职能工资、工龄工资、调整工资等工资项目，然后再根据各项目的工资标准计算其工资额。同时，各种津贴也进行了整理和调整，从原来的8种减少至5种。

下面介绍新工资体系中各工资项目在运用中的注意事项。

① 年龄工资

➢ 根据年龄工资表计算。

➢ 年龄是以每年的4月1日为准的周岁。

➢ 应届毕业生的年龄一般是高中毕业生为18岁、短期大学毕业生为20岁、大学毕业生22岁。但是，失学或留级等经历者在此基础上再加2年或3年视为实际年龄。

➢ 中途录用者原则上按实际年龄计算。但自学校毕业2年内的按上一条计算。

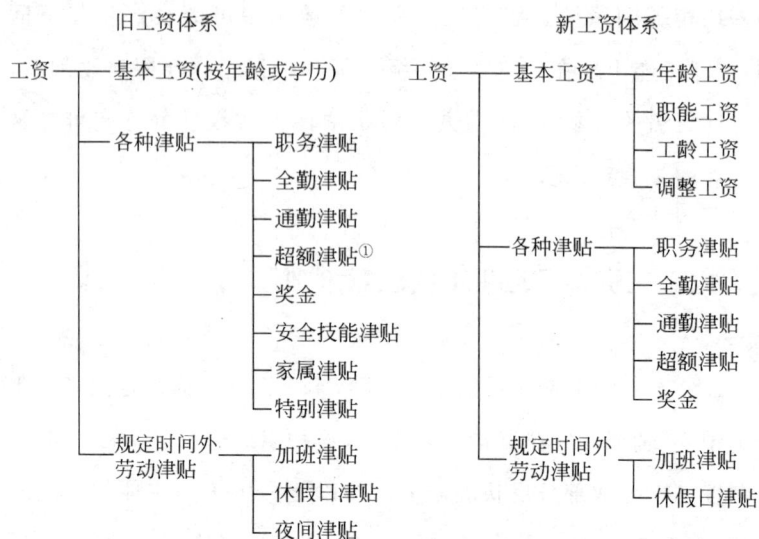

案例3-图4　L公司新旧工资体系比较

注：①超额津贴是指当销售额达到一定水平以上时向员工支付的一次性津贴。

- 年龄工资在一定范围内自动加薪。
- 年龄工资表原则上是可以根据物价变动、工资行情的变动进行调整（涨薪等）的。另外，因人员构成和工资成本变化而导致工资偏离正常水平时也要调整工资。

② 职能工资

- 根据人事考核结果决定每个员工的职能等级、等级内级别（档）。
- 职能工资根据职能工资表计算（见案例3-表1）。
- 加薪金额原则上以晋升（晋级）工资优先于等级内级别金额。
- 晋级后的等级内级别原则上定为1档。

案例 3-表 1 职能工资表

档	1级	2级	3级	4级	5级	6级	7级	8级	9级	10级	11级
1	23,200	26,300	34,600	43,280	51,980	60,880	74,530	88,480	107,480	127,010	150,340
2		28,900	37,300	46,080	54,880	63,880	77,630	91,680	110,780	130,410	153,740
3		31,500	40,000	48,880	57,780	66,880	80,730	98,080	114,080	133,810	157,140
4		33,580	42,160	51,120	60,100	69,880	83,830	101,280	117,380	137,210	160,540
5		35,400	44,050	53,080	62,130	72,280	86,310	103,840	120,680	140,610	163,940
6						74,380	88,480	106,080	123,320	144,010	167,340
7						75,880	90,030	108,680	125,630	146,730	170,060
8									127,280	149,110	172,440
9											
晋级程度	2,600	2,700	2,800	2,900	3,000	3,100	3,200	3,300	3,400	3,500	

注：—上方部分表示在该级别内应工作的年数；—上方表示在某一级别内此线以上的每一层级的加薪程度相同，如 2 级的 1 至 3 档加薪额都是 2,600（日元）；—下方部分表示特别加薪（对超过该级别内应工作年数的员工实施的加薪制度），而各层级的加薪程度分别是第 1 档（—下方部分开始算起的高一层级）80%（例如，2 级 4 档的加薪额是 2,600×80%=2,080 日元），第 2 档（—下方部分开始算起的高二层级）70%（例如，2 级 5 档的加薪额是 2,600×70%=1,820 日元），第 3 档 50%。一般职的最高级别为 5 级。

➢ 在某一等级内，人事考核成绩评价为 A 或者 B 的人，在同一等级内升档。

➢ 在某一等级内年数已满且人事考核成绩评估为 A 者，可以升级；升级、升档的评价依 A、B、C 的评价标准而定。

③ 工龄工资

➢ 每连续工作一年加 300 日元。

➢ 工龄工资根据至每年 4 月 1 日为止的连续工作年数来计算。6 个月以上未满 1 年者视为连续工作 1 年，而未满 6 个月者视为连续工作 0 年。

➢ 工龄工资最多计算至满 55 周岁，或连续工作累计时间为 37 年，超过部分不再加算。

➢ 工龄工资的变动与年龄工资一样。

④ 调整工资

➢ 调整工资是指因工资制度改革前的工资低于改革后的工资而向员工支付的差额。

➢ 调整工资在 5 年以内通过定期加薪的方法解决。

⑤ 职务津贴（根据职务和营业额的高低来决定）

➢ 大部门长、事务长层级（营业额 10 亿日元）——60,000 日元。

➢ 中部门长、采购人员 A 和员工 A 层级（营业额 5 亿日元）——50,000 日元。

➢ 小部门长、采购人员 B 和员工 B 层级（营业额 5 亿日元以下）——40,000 日元。

- 部门长助理、阶长、采购助理和准员工——30,000日元。
- 地区长——15,000日元。
- 店长——10,000日元。
- 店长助理——3,000日元。

L公司的工资体系除了奖金和退职金(一次性奖金)仍然延续传统的做法即根据连续工作年数等属人因素来决定外,基本工资改为职能工资等带有较浓厚的职能主义色彩的工资形式。

① 奖金的计算公式是:奖金＝基本工资×支付率×人事考核系数×在编系数[①]－缺勤扣除金＋加算金。

具体如下(见案例3-表2、案例3-表3):

- 作为奖金的计算基础即基本工资,只包括年龄工资和职能工资,而不包括工龄工资和调整工资;
- 继续使用改革前的奖金支付率标准,即约4.5个月份的工资额;
- 人事考核系数根据总体人事考核结果评价后确定;
- 在编系数只适用于未满1年的在编人员,且继续使用现行系数;
- 加算金是指对于在人事考核中没有反映的员工的贡献而额外支付的金额;
- 夏季奖金一般能够合理反映人事考核评价的结果,但年末奖金是以一年一次的人事考核作为依据,所以可能存在未

---

① 在编系数是根据工作年数确定的。如工作时间长则其在编系数大于1,反之小于1。

被评价的部分。此时,用普罗布斯特(J. B. Probst)评价法重新评价后确定系数或重新进行加算。

② 退职金的计算公式是:退职金＝(工龄点数＋职能点数)×每点单价×退职理由系数＋加算金额(见案例 3-表 4)。

具体如下:

> 在金额上维持现有水平,不做大幅度的增减;
> 计算连续工作年限,确定职能等级层次;
> 每个工作年设定点数,并将上述点数累计起来作为工龄点数;
> 以每个职能等级设定点数,并将上述点数累计起来作为职能点数;
> 每点单价为 9,000 日元;

案例 3-表 2　人事考核系数

人事考核"结果"	人事考核系数	100 分满分中:
S	1.12	S…85 分以上
A	1.06	A…70—85 分
B	1.00	B…55—70 分
C	0.95	C…45—55 分
D	0.88	D…45 分以下

案例 3-表 3　缺勤扣除金

	员工	兼职工	备考
缺勤扣除	5,000 日元/日	0	
早退扣除	100 日元/次	0	
迟到扣除	2,000 日元/次	1,000 日元/次	迟到 10 分以上时
	1,500 日元/次	750 日元/次	迟到 10 分以内时

案例 3-表 4　工龄点数与职能点数

—工龄点数—

工作年数	点数	备考
1—5	6	① 30 年是用旧方式计算的临界年数
6—10	7	
11—15	8	② 37 年是用旧方式计算时从 18 岁进公司到退休年龄 55 岁时的年数
16—20	9	
21—25	10	
26—30	11	
31—37	12	③ 37 年以后不加算。

—职能点数—

职能等级	点数	备考
1	1	
2	2	
3	3	① 满 55 岁后，1—7 等级为 1 点；
4	5	
5	7	
6	9	② 8、9 等级为 2 点；
7	12	
8	15	③ 10、11 等级为 3 点。
9	20	
10	25	
11	32	
每在级一年		

注：1. 一般来说，工龄点数和职能点数作为计算退职金的基础。如，退职金＝（工龄点数＋职能点数）×退职金系数（如，退职金系数 1 点＝9,000 日元）。

2. 工龄点数是每年获得的点数的总和。如案例 3-表 4 所示，第 1 年是 6 点，第 2 年也是 6 点……到第 5 年时工龄点数是 5×6 点＝30 点。

3. 职能点数是在各等级获得的点数的总和。如案例 3-表 4 所示，1 等级 1 年，其职能点数是 1 点，而 2 等级工作时间 5 年，其职能点数是 10 点〔5×2 点（每在级一年的点数）〕，于是工作 6 年的职能点数是 11 点（1 点＋10 点）。

➢ 退职理由系数按现行方法计算，即因公司原因退职和因个人原因退职采用不同的系数；

➢ 员工有特别贡献时支付加算金额；

➢ 奖金计算中的年数计算与现行方法相同；

➢ 在制度改革的情况下，目前在职员工的退职金计算方法是，改革前期的退职金用旧方法计算，而改革后期的退职金用新方法计算，将用上述两种计算方法算出的金额的合计额就是退职金总额。

最后,介绍定期加薪时的注意事项:

> 一般职员工的年龄工资计算至 23 岁,这之后以工龄工资方式计算加薪额。具体金额由人员构成的变动和工资行情来决定。
> 职能工资表的制定以能力提高为基础,但有时根据人员构成的变动对 4—7 等级进行调整。
> 定期加薪是指当加薪、升级、升档发生时工资曲线上工资的增加,而涨薪是指工资曲线整体的向上移动。

工资成本估算的要求

L 公司从以学历、年龄为基础的基本工资转换为具有浓厚能力主义色彩的职能工资。主要变化如下(见案例 3-表 5 至案例 3-表 9):

> 将学历区分转变为职列区分(综合职、一般职、短期职)。
> 将资格等级按职能等级(从员工 3 级到部长 1 级,共分 11 个等级)划分。
> 工资体系从属人工资向以职能工资为核心的"工作工资"转换。
> 改革各种津贴,废除了家属津贴和安全津贴。
> 标准工作时间由每月 200 小时缩短为 176 小时。
> 规定工作时间外的劳动时间与原来一样,每日 4 小时,其补偿率为 30%。

- 奖金支付率与原来一样,每年发放相当于 4.5 个月份工资的奖金。奖金计算以基本工资和职能工资为基础,而旧体制下是以基本工资为基础。
- 重新评价根据学历、年龄决定初任员工工资的做法,并增加其金额。
- 预测预计退职率。
- 预测预计入职人数。
- 将定期加薪率、涨薪率按原来的 4% 计算。
- 预测持续工作年数。
- 设定升级(升格)加薪后职能等级内的档数。

但是,从前两项变化可知,这次改革的目的,不是仅仅为了削减和消除以属人要素为基础的基本工资和各种津贴,追加职能工资项目,而是为了构建以职能工资为基础的职能等级资格制度。当然,实施以职务执行能力为基础的人事管理,首先必须将职能划分为几个等级。由第二项变化可知,L 公司将职能设定为 11 个等级。但其前提是,必须根据职务分析明确各个职务应具备的资格条件,即根据职务调查、职务分析,明确职务范围,建立新的指挥、命令系统。

案例 3-表 5　新旧体系下不同学历初薪表　单位:日元

	大学毕业生	短期大学毕业生	高中毕业生	中学毕业生
旧体系	138,000	121,000	117,000	102,000
新体系	141,900	130,300	116,000	—

案例 3-表 6　退职率预测

男		女	
18—25 岁	15%	18—23 岁	20%
26—35 岁	5%	24—28 岁	12%
36—45 岁	5%	29—32 岁	20%
		33—45 岁	8%

案例 3-表 7　入职人数预测

男　综合职	2 名	一般职	1 名	（短期工不清楚）
女　综合职	3 名	一般职	14 名	

案例 3-表 8　员工在各职能等级中的工作年数

职能等级		1级	2级	3级	4级	5级	6级	7级	8级	9级	10级	11级
男	综合职	1	2	2	2	2	3	3	4	4	5	～
	一般职	1	3	3	3	3	4	4	5	5	6	～
女	综合职	1	2	2	3	3	3	3	4	5	6	～
	一般职	1	3	3	4	4	6	6	8	8	～	～

案例 3-表 9　晋级后职能等级内的档数

男	综合职	晋级后	1 档
	一般职	晋级后	2 档
女	综合职	晋级后	1—4 级是 1 档；5 级以上是 2 档
	一般职	晋级后	2 档（与男员工一样比综合职慢的缘故）

工资成本估算的结果

L 公司根据以上各工资项目运用上的注意事项和主要改革内容，估算了向新工资体系过渡时的工资成本。即公司用图示形式估算了从 1987 年 4 月 1 日开始实施新工资制度至 1997 年止 10 年的工资成本情况。下面根据从案例 3-图 5.1.1 至案例 3-图 5.11 表示的资料,进一步考察从属人、年功主义的工资制度及人事待遇制度向能力主义,又向成果、绩效主义等各种制度转变的必要性和优缺点。

① 工资分布

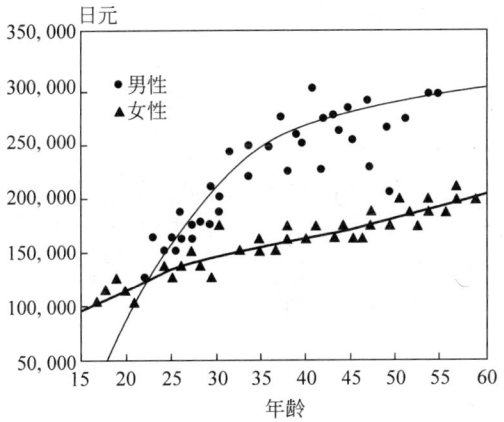

案例 3-图 5.1.1　旧工资体系

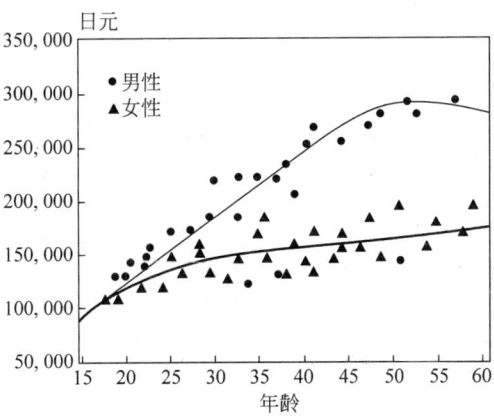

案例 3-图 5.1.2　新工资体系

② 职能等级工资分布

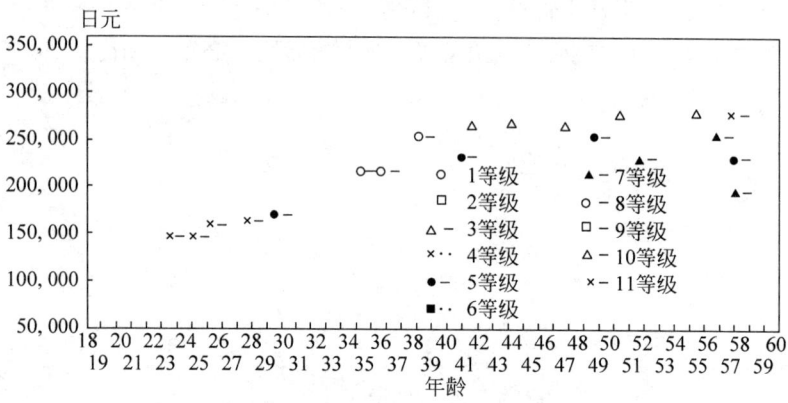

案例 3-图 5.2.1　男员工

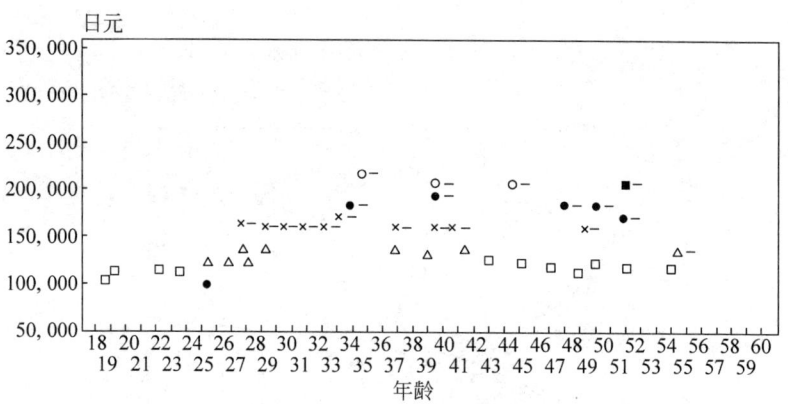

案例 3-图 5.2.2　女员工

③ 标准工资形态

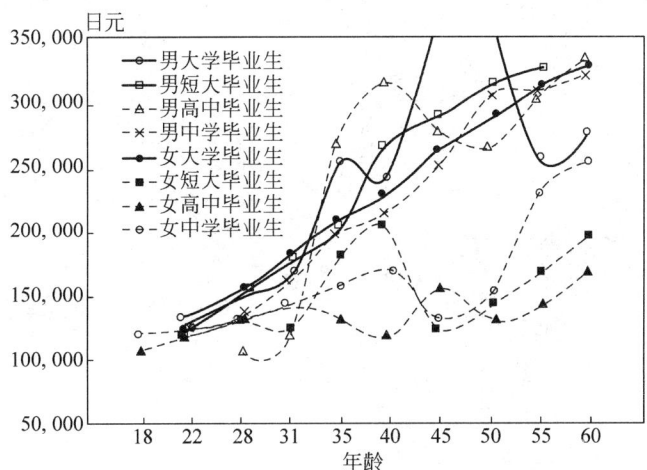

案例 3-图 5.3.1　旧工资体系

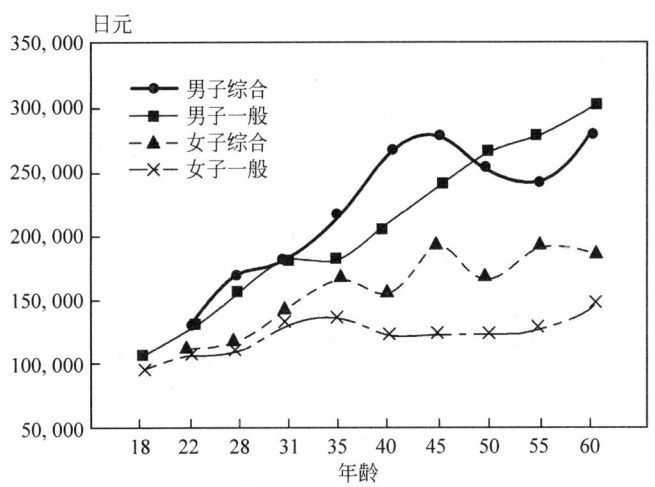

案例 3-图 5.3.2　新工资体系

④ 平均工资的变化

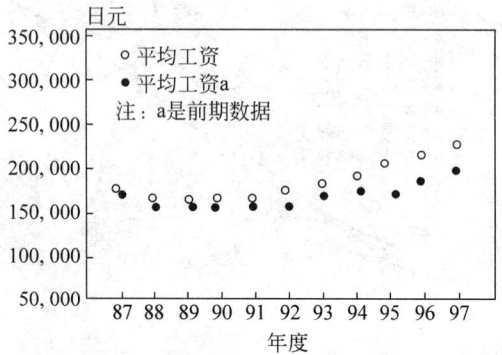

案例 3-图 5.4

⑤ 工资总额的变化

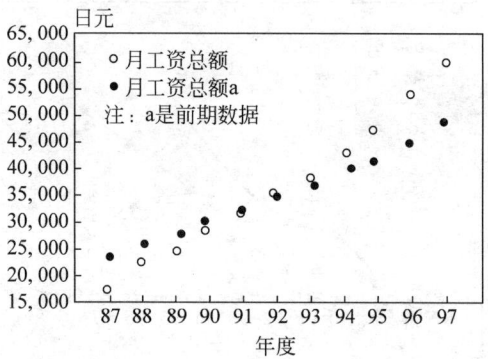

案例 3-图 5.5

⑥ 人工费总额的变化

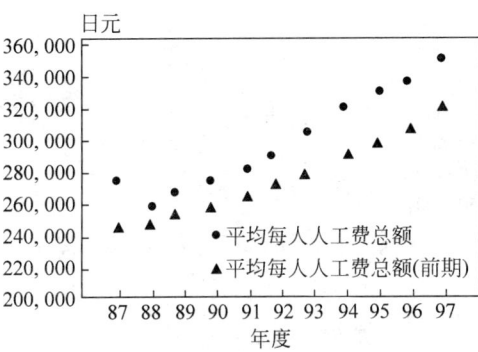

案例 3-图 5.6

⑦ 职能等级工资的变化

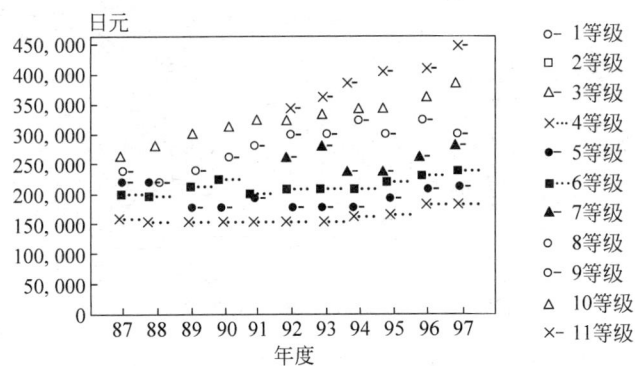

案例 3-图 5.7.1　男员工

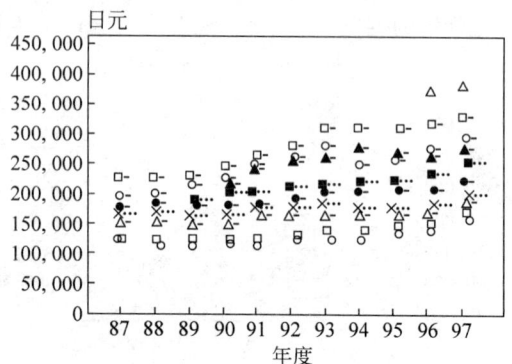

案例 3-图 5.7.2　女员工

⑧ 男性综合职员工工资总额构成的变化

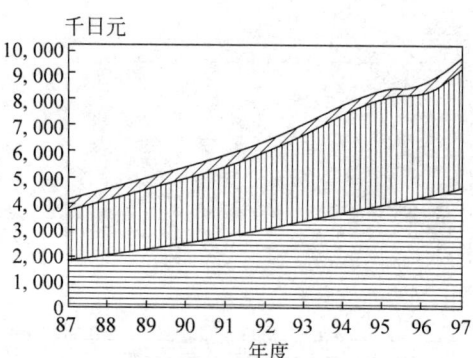

案例 3-图 5.8

⑨ 男性一般职员工工资总额构成的变化

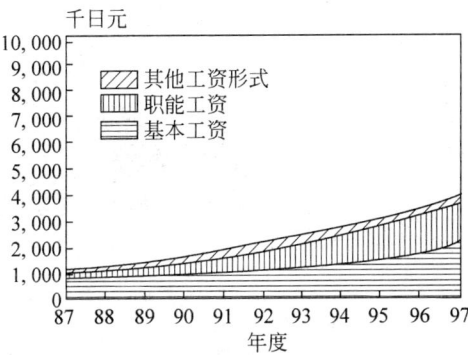

案例 3-图 5.9

⑩ 女性综合职员工工资总额构成的变化

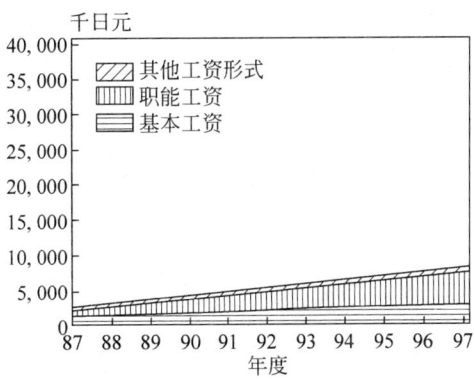

案例 3-图 5.10

⑪ 女性一般职员工工资总额构成的变化

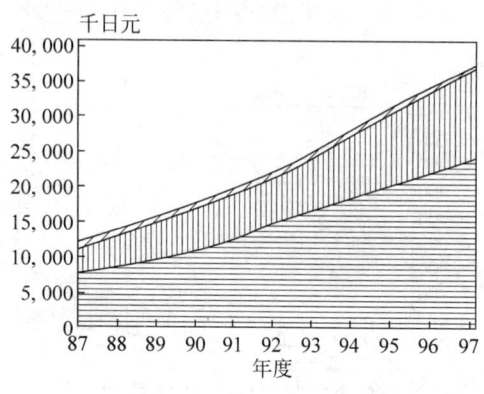

案例 3-图 5.11

思考题

1. 根据本章内容及案例 3-图 1 至案例 3-图 4,指出 L 公司组织图和工资体系中存在的问题,并提出改善方案。

2. 本案例总结了泡沫经济期 L 公司实施的工资人事待遇制度改革的原因和过程。试用人力资源开发与管理理论展望改革后可能出现的结果。

3. 请你根据下列条件估算 L 公司实施新工资体系后一年内的工资总额(从 1989 年 4 月 1 日至 1990 年 3 月 31 日),并根据结果分析该制度存在的问题。

① 从新工资体系中扣除的工资项目

➢ 从基本工资中扣除调整工资;

- 从各种津贴中扣除全勤津贴、通勤津贴、超额津贴和奖金；
- 扣除规定工作时间外津贴。

② 计算基本工资必需的工资项目
- 职能工资根据职能工资表和职能点数计算；
- 年龄工资根据连续工作点数计算；
- 根据不同学历和年龄决定的初薪为基本额，再加上"连续工作工资"计算学历、年龄工资。

③ 管理人员的职务津贴额
- 部长——40,000 日元；
- 阶长——30,000 日元；
- 课长——30,000 日元；
- 室长——30,000 日元；
- 地区长——15,000 日元；
- 组长——10,000 日元；
- 店长——10,000 日元；
- 店长助理——3,000 日元；
- 实习店长——3,000 日元；
- 主任——3,000 日元。

④ 从奖金计算式中扣除的项目
- 人事考核系数为 1.00；
- 在编系数为 1.00；
- 缺勤扣除和加算金为 0 日元。

⑤ 不考虑预计退职率。

⑥ 不考虑预计入职人数。

⑦ 不考虑定期加薪率和涨薪率。

⑧ 关于工作年数的设定：

➢ 因为晋级时男女有别,所以需要更正；

➢ 为方便起见,男女都以综合职计算；

➢ 为方便起见,工作年数以案例 3-表 8 中所示的男性综合职工作年数的 2 倍计算。

⑨ 不考虑晋升晋级后职能等级内档数的设定。

⑩ 人员构成的计算

➢ 把各年龄层的中位数作为该年龄层的平均年龄。如 18 岁至 20 岁年龄层将 19 岁视为该年龄层的平均年龄。

➢ 把男女按年龄大小从高职位开始排列。例如有 4 名男部长,具体是:63 岁 1 人,58 岁 1 人,53 岁 2 人。

⑪ 退职金的计算

➢ 把退职金计算式的退职理由系数设为 1；

➢ 把退职金计算式的加算金设为 0 日元；

➢ 退职员工:下一年度有 63 岁的男部长 1 人。

注意:本题为了估算简便起见,把一些条件做了较大的调整,所以年工资总额与工资成本估算结果可能出现差距。

读一读

幸田浩文「戦後わが国にみる賃金体系合理化の史的展開(3)－職能給の特質と問題点－」『経営論集』第 61 号、東洋大学経営学部、2003 年、11－

26頁。

幸田浩文「戦後わが国にみる賃金体系合理化の史的展開(2)－職能給の形成過程にみる職能概念と類型化－」『経営論集』第59号、東洋大学経営学部、2003年、29－41頁。

幸田浩文「戦後わが国にみる賃金体系合理化の史的展開(1)－職務給のいわゆる日本的修正過程を中心として－」『経営論集』第56号、東洋大学経営学部、2002、79－93頁。

幸田浩文「賃金と福利厚生」『人事マネジメントのケースと理論』(厚東偉介・金子義幸編)五絃舎、2001年、19－43頁。

齊藤毅憲・幸田浩文編著『女性のための経営学』中央経済社、1997年。

平野文彦編著『人的資源管理論』税務経理協会、2000年。

案例 4
日本外资企业女性的就业意识
——基于香奈儿(股份有限公司)的访谈调查

研究目的与构成

近年来,日本女性劳动者数量逐年增加。这与《男女雇佣机会均等法》的实施以及促进男女共同参与社会的各种措施是密不可分的。同时,由于女性的高学历化,越来越多的女性也想进入社会发挥自己的能力。未来的社会将不是工作和家庭二者选一,而是以工作和家庭兼顾为特征的社会。

一般认为,在日本国内的外资企业(以下简称外资企业)比日本国内的本国企业(以下简称日本企业)更积极地雇佣女性。因此,希望到外资企业就职的女性也会逐年增多。本案例通过外资企业的女性就业意识现状的分析,向即将成为正规员工的就职者介绍就职过程和就职后实际将要面临的问题,并提供就职所需的基本知识。

本案例分析香奈儿(CHANEL)股份有限公司(以下简称"香奈儿")的访谈调查结果。选择香奈儿作为研究对象有两个理由:一是香奈儿是著名品牌,且在其他研究报告或调查报告中作为案例分析的较少,因此选材较新颖;二是因为在外资企业中该企业女性劳动者所占的比例相当高,所以通过考察该公司女性的就业状况,就可以了解到女性劳动者的劳动意识。因此,选择香奈儿为研究对象进行案例分析是很有意义的。

本案例由以下四部分构成:①大学生就职情况;②外资企业的状况;③香奈儿股份有限公司访谈调查;④参考文献、思考题和读一读。

那么,下面就按顺序对案例进行分析。

大学生就职情况

E(学生)是某大学一年级学生。某一天,她在报纸上看到一则关于"大学生就职情况"的报道(案例4-资料1)后,深感大学生就业率之低和就业的严峻性。E希望在积极雇佣女性的外资企业就职,以便充分发挥自己的能力。面对自己即将步入社会的现实,她对女性就职情况以及外资企业的实际情况产生了诸多疑问。

1999年某月某日:某大学就职部

E(学生)在大学就职部向A氏对就职问题提出了几个问题。

E(学生):我读过关于大学生就业情况的新闻报道。今年的情况好像也很严峻呀！找工作从什么时候开始较好呢？

　　A氏：企业的录用工作有逐年早期化的趋势。为了选择职业，应先进行性格、能力、职业性向等自我分析。并且，对女性来说，有必要考虑自己的工作方式。

　　E(学生)：具体指的是什么？

　　A氏：对于女性来说，有结婚、生育、育儿等问题，所以会面临工作和家庭兼顾的问题。因此，不要轻率地认为"结婚或生育时辞职就可以"，而要从长期的、持续工作的角度考虑，制订长远计划。

案例4-资料1

大学生就业签约率的现状

【大学生就业签约率历年最低】

　　根据厚生劳动省和文部科学省14日的调查显示，明年春天即将毕业的大学生，到10月1日就业签约率为60.2%，为历年最低。厚生省独自调查结果也表明，到9月末高中生签约率为34.5%，与历年最低的前年相比提高1.1个百分点，但这是历年第二低的年份，尤其是女生就业签约率低于30%，也是历年最低。虽说有景气恢复的迹象，但年轻人的就业形势依然严峻。

　　关于即将毕业的大学生的调查，是以全国的大学、短大、专修学校等107所学校的5,840人为对象进行的。其签约率为60.2%，与前年同期相比下降了3.9个百分点，是1996年开始这一调查以来的最低水平。男生61.1%(与上年同期相比下降了5.9个百分点)，而女生是59.1%(与上年同期相比下降了1个百分点)，可见男生的就业形势更严峻。厚生省对此分析说："虽然企业对大学生的'求人'数比去年增加，但录用标准更加严格，所以如果没有达到'求人'标准，企业是不会允许滥竽充数的。"

> 【继续走低的就业签约率，让人很烦恼】
>
> 虽说已经有一些景气恢复的迹象，但就职形势依旧严峻。那些即将毕业，可是依然没有找到工作的学生，有较多的烦恼。东京都一所私立大学的一名大四男生（23岁）叹气说："我已经找工作一年多了！从演习学习小组的前辈那里听说找工作很难，所以我从去年秋天就开始找工作了。希望从事流通业相关的工作，但还没有找到。"这名学生的演习学习小组13人中已有8人在夏天之前找到了工作，而剩下的5人至今还在继续找。一名男学生说："我已经面试了十家公司，可是全部落选了。感觉自己被否定，很难受啊！"
>
> 《就职期刊》的富塚优主编对签约率低的问题做了如下分析："虽然企业招聘增多了，但当企业已录用预定人数的一半时，如果再没有合适人选，就会停止录用。对学生来说，也有两种极端：一种是不清楚自己想要从事什么职业，而另一种是很清楚自己想要从事的职业。"
>
> 资料来源：参考2003年11月15日『每日新聞』。

E（学生）：下一步呢？

A氏：为了寻找能够充分发挥自己能力的企业，就要深入研究自己要就职的行业或企业。这一过程称为行业研究或企业研究。

E（学生）：所谓行业研究，就是看报纸、出版物或企业网页吗？

A氏：除此之外，还要听取正在工作的员工的感受，并出席公司的说明会等。企业研究主要有两个方面：一是"企业力"，所谓企业力就是经营理念和工作内容、职种、未来性等；二是"人才和劳动条件"，特别是对于女性，工作年限自不必说，女性管理者数、人事评价系统、教育训练、育儿和护理休假获得的状况等，都是有必要去调查的。完成这一系列流程后,就要开始进行就职活动。一般来说,从大学三年级就应开始。

要点

就职活动逐年早期化。关于就职活动的准备,以下几点是非常重要的。

> 进行自我分析,考虑自己想从事的工作。
> 搜寻招聘信息,为了找到能充分发挥自己能力的企业,要进行行业研究和企业研究。
> 调查企业是否具备家庭与事业兼顾的职场环境。

外资企业的状况

E(学生)想在外资企业就职。她向老师咨询日本和外国女性劳动者的不同之处,以及外资企业的现状等问题。

平成某年某月某日:某大学

E(学生):我听说在外资企业就职的女性很多,实际情况如何?

老师:请看日本劳动研究机构发布的《外资企业工会会员及员工调查结果》(见案例4-图1)。这是针对当前在外资企业工作的员工与在日本企业工作的员工的不同之处所进行的调查的结果。调查结果表明:回答"女性被重用"的女性占30.8%。

E(学生):女性在日本企业工作与在外资企业工作的区别是什么?

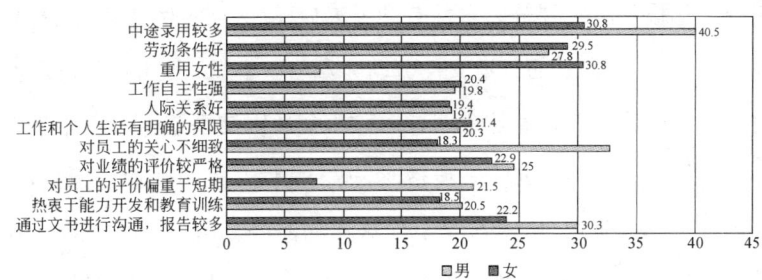

案例 4-图 1　男性和女性对外资企业的评价（单位：%）

注：选项是正在外资企业工作的女性认为与日本企业不同的项目，回答是以多项选择形式进行。

资料来源：http://wp.cao.go.jp/zenbun/seikatsu/wp-pl97/wp-pl97bun-1-2-29z.html.

老师：在日本企业中多数是以团队形式工作，而在外资企业中基本上是以个人为中心工作。如果绩效好，就有机会晋升和加薪。但如果绩效不好，则不管男女都必须要承担责任，晋升机会或加薪的可能性也就没有了，这就是现实。可以说，外资企业重视个人能力，没有男女区别。

E（学生）：我想了解一下，在外资企业工作需要掌握哪些必要的实际业务能力？

老师：一般来说，要想在外资企业谋求职业生涯发展，英语交际能力是必需的。同时，表达能力、判断能力和能够解释自己行为和想法的说服力也是很重要的。

E（学生）：我打算结婚、生育后继续工作，请问日本企业与外资企业在工作和家庭方面有何不同的认识？

老师：日本企业与外资企业对于家庭和事业的认识存在较大的

差异。从按年龄段划分的女性劳动力人口(见案例4-图2)可以看出，在用形 M 曲线表示的日本女性劳动力参与率中，30—34 岁年龄段凹进去的部分比较明显。这说明，在日本，女性因结婚或生育而中断工作，当子女的生育、育儿告一段落时，很多女性又重新就业。但是，在美国、加拿大、荷兰、德国却看不到这样的曲线。而且，对于"男人在外面工作，女人在家庭做家务"的看法也不同。根据调查结果显示，日本女性与美国女性相比，赞成或肯定此看法的较多。

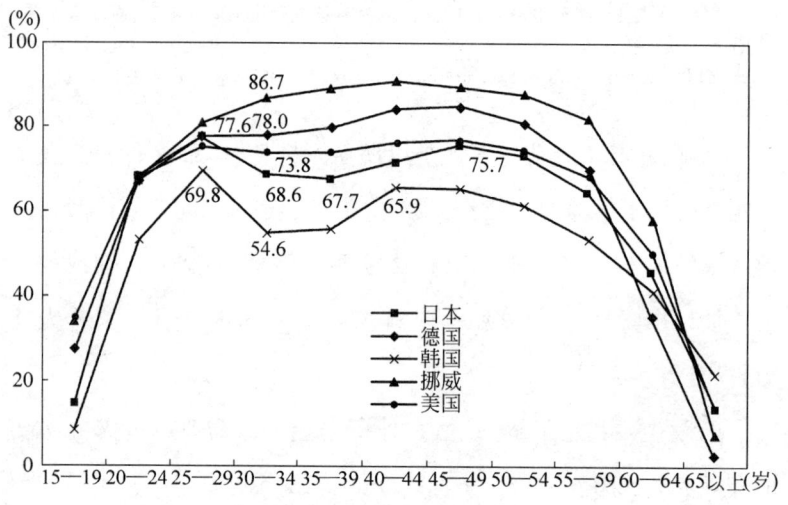

案例4-图2　各国按年龄段划分的女性劳动力参与率

注：1. 劳动力参与率是指，15 岁以上人口中劳动力人口(就业人口＋失业人口)所占的比重。

2. 美国"15—19 岁"是指 16—19 岁。

3. 日本资料是根据"劳动力调查(基本统计)"(2012 年)，其他国家是根据 ILO 的"LABORSTA"(劳动统计数据训)和"ILOSTAT"(国际劳工组织数据库)。

4. 日本的数据是 2012 年，其他国家的数据是 2010 年(但德国 65 岁以上人口的数据 2008 年)。

资料来源：内閣府男女共同参画局「女性の活躍促進について―最近の取組から―」2013 年 6 月 28 日。

E(学生):日本女性重视家庭的倾向较强。和外国人相比,要做到家庭和工作兼顾还是比较困难的。那么,女性劳动力参与率如何呢?

老师:和美国比较吧。日本女性劳动力参与率约40%,而美国在20世纪50年代开始女性进入职场的数量快速增加,如今女性劳动力参与率已超过了60%。

E(学生):日本与国外相比,男女工资差距怎么样?

老师:日本女性工资约为男性的66%,与国外比较日本是男女工资差距最大的国家(见案例4-图3)。虽然《劳动基准法》禁止男女工资差别,但由于生育、育儿等原因很多女性中断工作,导致在职工作年数与男性不同,最终会产生男女工资差距。

E(学生):我想谋求职业生涯发展,请问从事管理职位的女性所占的比例是多少?

老师:在日本,管理职位中女性所占的比例为8.2%,而美国为42.7%,英国为33.0%(见案例4-图4)。美国很早就着手解决"玻璃天花板"问题,于1991年就制定了《玻璃天花板法》。这项措施似乎取得了成果,女性管理者数量正在逐年增加。

E(学生):还是外资企业积极录用女性呀。虽然我国也实施了《男女雇佣机会均等法》,但和国外或外资企业相比,还是很落后呀!

老师:日本企业和外资企业的合作今后还会增加。但到时候,日本能否做到男女共同参与社会,则是今后要解决的课题。

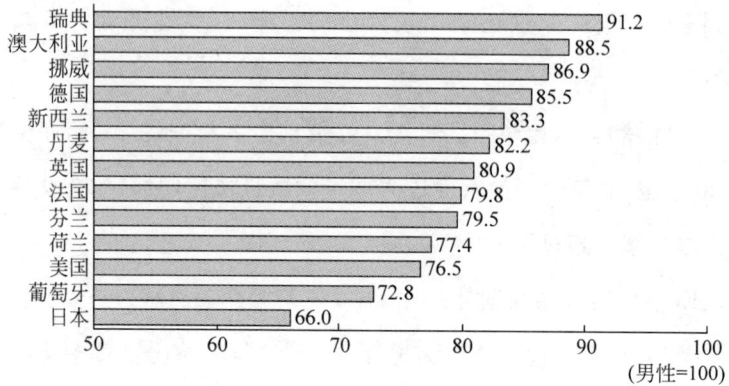

案例 4-图 3　男女工资差别的国际比较

注:1. 根据以下参考资料制作而成:ILO,"Yearbook of Labour Statistics"(2002 年);美国商务部,"Statistical Abstract of the United States"(2000 年);厚生劳动省,《工资结构基本统计调查报告》(2000 年)。

　　2. 图中数据是当男性员工工资为 100 时的女性员工工资额。

　　3. 工资是指一般劳动者的基本工资和奖金之和(以小时或月为单位)。

　　4. 日本是 2000 年的数据,挪威、新西兰、英国、美国是 1999 年的数据,其他的都是 1998 年的数据。

　　5. 劳动者的范围没有统一。

资料来源:http://www.city.ichihara.chiba.jp/p/i/prism/prizm10/01.html.

要点

外资企业的定义

所谓外资企业,是指向日本国内投入外国资本的企业。虽说是外资企业,也有多种多样的形态,像英特尔、微软、住友 3M、日本麦当劳等,都是具有代表性的企业。

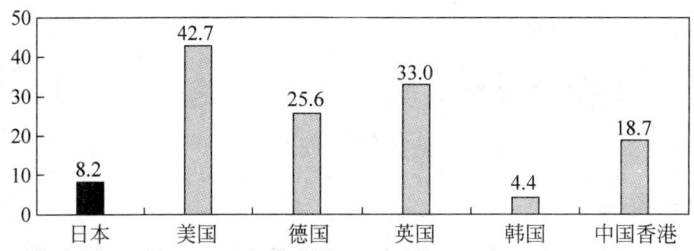

案例 4-图 4　各个国家或地区在管理职位中女性所占的比重

注:德国、英国是 1993 年版本。其他为 1995 年版本。
资料来源:経済企画厅「国民生活白書」、1997 年。http://www.city.ichihara.chiba.jp/p/i/prism/prizm10/01.html.

外资企业进入日本的过程

外资企业最初进入日本可以追溯至江户幕府末期,是一家以生产轩尼诗、白兰地等葡萄酒为主的企业——法国 LVMH 集团。明治时期,向日本投资的企业有以生产食品为主的雀巢公司和以生产化学医药品为主的拜尔公司;从大正进入昭和时期,到日本投资的有福特汽车、GM、日本 IBM 等。近年来,随着流通、饮食、时尚企业也踊跃向日本市场进入,像香奈儿和星巴克咖啡等也在日本市场迅速扩张起来。

外资企业的数量

外资企业共有 3,358 家。外资企业的所在地,按数量多少依次是东京都、神奈川县、大阪府(资料来自 2000 年度《外资企业总览》)。

各国外资企业比例

以前在日本的外资企业大多是美国企业,但近年来欧洲企业也不断增加。按地域来看,北美和欧洲占 43%,亚洲占 14%。

关于女性劳动者

日本和其他国家相比,在劳动生产率、工资差距和管理者数量方面,男女一直存在差异(见案例4-资料2)。

案例 4-资料 2

活跃在外资企业中的女性

【1】今村纪子女士(31 岁):在尤妮佳(东京·港)公司工作

今村纪子过了近 4 年的主妇生活后,于 2002 年 10 月担任了尤妮佳公司市场营销部的课长。尤妮佳是由原尤妮佳公司和瑞典一家企业组成的合资企业,主要经营以纸尿裤为中心的成人用护理用品。今村女士说:"学生时代就想要家庭和工作兼顾的。"她大学毕业后进了宝洁公司。结婚后也继续工作,但当她快要晋升至市场营销部课长职位时,有一天发现自己怀孕了。身为银行职员的丈夫眼看就要调动工作,自己也有亲自将孩子抚养到 3 岁的想法,所以她于 1998 年便辞职了。但是,她并非全身心地投入到家庭生活中。她和丈夫商量利用互联网在家办公的可能性。她自学建成了自己的网页,通过个人的邮购函售,抓住了数百名客户。实际上,这样的活动得到了企业的好评。作为尤妮佳录用今村的理由,公司方举出两点:她具备了市场营销活动所需的实际业务能力,而且在育婴期间也积极保持与社会的联系。今村为了工作和家庭兼顾,一直住在工作单位附近,复职前就在距公司约需 30—40 分钟车程的市中心购买了房子。同时,把母亲接到新居,帮助自己照看孩子。

【2】吉川美奈子(34 岁):在宝洁公司做管理工作

"美奈子,想听听你的想法。"在神户市东滩区宝洁会议室,吉川美奈子一边回答外国同僚的问题,一边轻轻地叹了一口气说:"我已经做好接受采访的准备了。"虽然吉川工作的领域是日本企业里所说的广告部，但从品牌宣传到生理用品的普及活动的策划，其工作范围十分广泛。"（上司）在会议上一定会听取大家的意见，不管你是男性还是女性。"如果保持沉默，则被认为对公司没有做出贡献的热情。吉川是在第一个孩子出生后到宝洁谋职的。面试官在面试时发现应聘者中有一位女性后感到很吃惊。她说："听到工作的事，我立刻就兴奋起来了。在日本企业总感觉被中年男性目不转睛地盯着，很不舒服。在宝洁，育婴、护理休假制度自不必说，若需要找人临时照看婴儿也可以向公司申请。还有，公司内有女性员工组织，可以进行沟通和信息交流。只是进公司后感觉压力很大，因为公司根本没有因为你是新员工或女性而给予特殊的照顾。还有，这家公司没有像日本公司那样'跟着上司学'的氛围。"

【3】莲池直美(35 岁)：在美国 GE 集团金融公司（日本）从事 GE 消费信贷

莲池直美女士，原作为一名短期合同工在某电池厂工作。但是，她想以正规员工的身份工作，并希望能在充分发挥女性实力的外资企业工作，所以她就换了工作。她进入公司的那一年，公司收购了消费者金融信贷项目。她担任负责交易业务的一名上司的助手兼翻译。她现在是在分析顾客信息、进行商品企划的团队里担任经理一职。她自豪地说："五年间我以惊人的速度被破格提拔了。"公司对于那些没有绩效的人非常严格。绩效一般时，工资也不涨，住房和儿童抚养津贴也没有。公司一直贯彻"工资与工作等价"原则，所有的事情都由自己负责。外资企业总是给人们"女性快乐工作的场所"的印象，但大部分企业没有特意去解决女性职务扩大的问题。女性在外资企业里努力工作是理所当然的事情。

资料来源：摘自『日本経済新聞』，2003 年 4 月 21 日；『産経新聞』，2003 年 3 月 22 日。

香奈儿公司访谈调查

平成某年某月某日：某大学

E（学生）打算向老师咨询就职相关事宜。

E（学生）：经过一番思考，我还是决定去外资企业就职。

老师：虽说是外资企业，也有各式各样的。

E（学生）：我很早就对高级品牌香奈儿充满憧憬。该公司不仅商品销量好，而且员工对顾客也非常热情。并且，我觉得外资企业没有男女差别，是女性充分发挥能力的职场。

老师：我给你介绍一位香奈儿员工，你自己和他直接面谈如何？

过几天后，通过老师的介绍，E（学生）对香奈儿公司进行了考察。

平成某年某月某日下午：香奈儿考察日

E（学生）前往的是惠比寿花园（楼）。香奈儿就在惠比寿花园的上层。E（学生）下电梯后，被眼前美丽的风景所震惊。面对咨询台，她一想到什么人会接受自己的采访，就感到十分紧张。此时，出现在她眼前的是董事会人事总务本部长——M先生。

E（学生）：香奈儿在全国有多少家店铺呢？

M先生：全国有时尚饰品店34家、珠宝店10家、香水和化妆品店170家。

E（学生）：香奈儿经营香水、化妆品、宝石、手表等时尚饰品,那么公司是何时成立、何时进入日本的呢？

M 先生：英国的利伯曼·威尔士（Libermann-Wälchli）公司从 1969 年开始将香奈儿产品向日本出口和销售。香奈儿公司于 1980 年 10 月 7 日创立,之后以香奈儿 K.K 公司形式独立,开始了独立的市场营销活动。即便是现在也有从利伯曼辞职后到香奈儿公司工作的人。

E（学生）：香奈儿的员工构成如何？

M 先生：直接由香奈儿支付工资的员工将近 1,200 人。销售香水、化妆品的 170 家店铺的营业员约 500 人,时尚饰品店和珠宝店的营业员约 400 人,物流部门的员工约 20 人,除此之外就是在办公室工作的员工。但是,如果把在商场用我公司柜台或店铺工作的 500 名员工以及承包物流部门的业务人员和物流部门的兼职人员约 120 人都包括在内的话,则每天约有 1,800 人从事与香奈儿业务密切相关的工作。你认为男女比例会是怎样的呢？

E（学生）：男女比例应是 1∶1 吧。

M 先生：目前,在香奈儿男性员工只有 90 人,而女性员工至少在 1,100 人以上,女性员工占绝大多数。

E（学生）：我经常在报纸或杂志上看到男女差别的相关报道,香奈儿在男女雇佣上有没有区别？

M 先生：香奈儿公司的员工各自做自己分担的工作,不存在因性别不同而给予不同待遇的情况。在我公司,担任领导、管理职务的女性也很多。既然没有差别,也就不许有因女性而给予照顾的事。因此，既没有男性、女性的偏见，也没有工作中责任、职务的区别，在所有事情上男女都是平等的。

E（学生）：生育、育儿和护理经常被视为女性问题，香奈儿是怎样认识这个问题的？

M先生：因为香奈儿公司女性较多，所以必须考虑因性别带来的一系列问题。当然，我公司有与生育、育儿、护理等相关的制度，但我们却不认为这是特殊制度。员工的待遇通过对公司所做出的贡献度来确定，因此不存在性别或年龄的差别，也没有所谓综合职和一般职的区分。

E（学生）：听说外资企业都积极地重用女性，关于这一点您是怎么看的？

M先生：虽然有些人把外资企业另眼看待，但我们却没有这种意识。因为都是在日本国内和日本文化氛围中开展工作，和日本企业也没有什么差别。经营环境和工作人员的劳动意识每天都在发生变化。既然工资和各种待遇都由个人的能力和对工作的贡献度来决定，职位的安排和职务的高低就不能通过性别、婚姻状况或有几个孩子等属人因素来决定。

我们认为，通过各种沟通手段将企业的愿景、使命和价值观渗透到组织内部，便形成了企业文化。此外，公司有企业内部招募制度。当某一职员辞职时，人事部门会向全体员工公开招募该职位，只要是被认为满足该职位资格要求的人，不论男女，都能成为候选人。当然也有不论男女都必须遵守的道德规范。香奈儿向全体员工导入MBO，即目标管理制度，支付绩效奖金。每位员工都必须理解公司的战略和目标,在此基础上确定个人目标。如果全体员工不通过各种系统和制度朝着同一个目标认真履行自己的职责,其结果最终还是返回到每一个员工身上。

E(学生):我想在香奈儿就职,您公司的录用标准是什么？首先想请教一下关于录用考试的问题。

M先生:录用考试是以职能资格等级制度为基础进行评价。简单地说,就是看你有没有完成工作的能力,是不是具有与香奈儿相同的价值观。即使你有较高的知识水平和能力,却与我公司理念和价值观相悖,我们也是不会录用的。同时,公司在全球范围内开展业务,所以要求具备相当水平的语言能力。

E(学生):TOEIC要求多少分呢？

M先生:从全球化需要出发,英语等语言能力也就成了评价的一个标准。我认为TOEIC大约在500分以上,管理职位的人需要700分以上。

E(学生):培训内容都有哪些呢？

M先生:新员工首先以公司情况介绍计划表为中心接受为期两天的培训,了解公司概要、组织等。开始培训时,不分营销、管理、时尚饰品等部门,全员都在一起学习。之后,到各部门再进行培训。

E(学生):香奈儿正在开展适宜女性工作的职场活动吗？

M先生:我们公司没有女性特有的规则,可是我认为在个人生活中,工作和生活的平衡是很重要的。为了实现公司的愿景,我们正在努力建设一个谁都想工作的公司。为此,我们定期进行员工的意识调查,并以此结果为基础,开展具体的活动。我们根据企业利益相关者的需求,决定应做什么,然后再开展每天的活动。

要点

> 在香奈儿,女性占绝大多数,但在各种场合都没有因为是男性还是女性而存在差别。重要的是员工各司其职。
> 香奈儿重视所有员工的个人生活与工作协调。
> 录用考试采用职能资格等级制度。香奈儿的员工要具备共同的价值观,企业所需的知识、技能和 TOEIC 等语言能力。

案例 4-资料 3

女性劳动者相关的法律

【男女雇佣机会均等法】

○ 在《男女雇佣机会均等法》中明确规定,禁止在招聘、录用、岗位配置、晋升、教育训练,以及福利、退休、退职、解雇等方面,实行男女差别对待。

○ 性骚扰分两种:一是伴随经济利益的性骚扰。利用职场地位,对(女)下属要求违反其意识的性行为,如果下属不接受,对其进行报复,如拒绝晋升、解雇、岗位调动等。若下属接受,则作为条件对其给予雇佣上的好处。另一种是不伴随经济利益的性骚扰。雇佣者、上司、管理层、同僚等的性行为给劳动者带来精神上的压力和屈辱感,使其在职场中感觉很不舒服。为了防止职场中的性骚扰,雇主必须采取有效的措施。

[参考]

目前,女性占雇佣者总数约四成,但还没有完全解决晋升、工资差别和性骚扰等问题。日本虽是世界上的工业发达国家,但在晋升、晋级方面,却没有解决对女性的雇佣歧视,为此日本也受到了国际社会的批评。目前,从管理职中女性所占的比例来看,部长、课长、系长各占10%以下。据调查,女性在职场中受到性骚扰的比例仍然有六成左右。因此,经营者和企业方要努力改善职场环境,特别是要让男性树立起女性是工作伙伴的观念。

【劳动基准法】

○ 在工资方面,不能因为是女性,而与男性差别对待。

○ 规定产前休假6周(多胎妊娠的情况下是14周)、产后休假8周。

○ 关于生理休假制度方面,《劳动基准法》第68条规定:"当生理日不便于安排休假时,如果女性要求休息,则在职场上不应安排工作。"这也是母性保护的一种措施。

【育儿、护理休业制度】

○ 对正在养育未满1岁婴儿的劳动者,其在婴儿满1岁前可以取得育儿休假。

○ 当劳动者需要护理家人时,可以取得连续三个月以内的护理休假。

○ 雇主为了让劳动者一边育儿(或护理)一边继续工作,要制定短期工作制或弹性工作时间制等,这是雇主的义务。

○ 如果劳动者家庭有需要养育和护理的未上学的幼儿,则可以申请不从事规定时间外的劳动和夜间劳动。

[参考]

在推行育儿、护理休假制度的过程中,也出现了劳动者权利意识低、制度难以落实的现象。制定该法律的目的是为了让男性和女性都能做到家庭和工作兼顾。但是,从目前的情况来看,女性较积极地利用,而男性的利用率较低。

资料来源:笔者从《学生就业指导书》中整理而成。

案例4-资料4

香奈儿公司概况

【公司概况】

商　　号:香奈儿股份有限公司(Chanel K. K.)

资　　金:34.6亿日元

股　　东:香奈儿国际BV

创立时间:1980年10月7日

经营项目:①化妆品、香水、化妆用具、基础化妆品等;②女士服装、领带、腰带、手提包、手表、宝石、首饰等。

发 展 史:1969年6月——通过利伯曼·威尔士公司,向日本输出香奈儿制品,并开始销售。

1980年10月——成立香奈儿股份有限公司。

【公司经营理念】

香奈儿是员工的骄傲,员工是香奈儿的骄傲。

香奈儿是为顾客梦想和幸福而服务的公司。

香奈儿是充满激情的员工的聚集地,始终追求行业领导地位。

香奈儿重视历史与传统,充分发挥员工的创造性和积极性。

【历史与传统培育出来的崭新的经营方式】

公司使命——继承香奈儿女士的遗产和她的不断创新的能力,倾听顾客的心声,了解顾客的需求,在向顾客展示高品质奢侈品最优雅的一面的同时,让人感受到亲切的氛围,全心全意为顾客提供服务。

公司价值观——创新精神、一贯性、尊敬、相互协作、品质。

公司目标——向顾客提供与公司得到的最高支持和评价相称的品牌商品,为此经常想应做什么,并为此努力。

【香奈儿】

香奈儿(CHANEL)是根据一位叫香奈儿(昵称 COCO)的女性的名字命名的。

资料来源:摘选自香奈儿股份有限公司手册。

【参考文献】

1. 著作

安達智子・室山晴美「大卒女性の就労意識－理想とする就労パターン・職業価値観・職業生活満足感について－」『進路指導研究』第 18 巻第 2 号、日本進路指導学会、1998 年、1-7 頁。

井上輝子・上野千鶴・江原由美・大沢真理・加納実紀代編『岩波女性学事典』岩波書店、2002 年。

上田純子・小川由美子・森川麗子『女と法とジェンダー』成文堂、1996 年。

江上節子「雇用機会均等法の今日的意義と課題」『法律のひろば』第 48 巻第 8 号、ぎょうせい、1995 年、4-10 頁。

大沢真里『男女共同参画社会をつくる』日本放送出版協会、2002 年。

大森真紀『現代日本の女性労働』日本評論社、1990 年。

奥山明良「雇用機会均等法－法施行の現状と課題－」『ジュリスト』No.1000、有斐閣、1992 年、266-274 頁。

厚生労働省雇用均等・児童家庭局編『働く女性と母性保護管理労働調査会』労働調査会、2001年。
齊藤毅憲・幸田浩文編『女性のための経営学』中央経済社、1993年。
柴川林也編『経営用語辞典』東洋経済新報社、1992年。
シャネル㈱(パンフレット)。
女性職業財団編『女性管理職調査結果報告』女性職業財団、1990年。
中馬宏之・駿河輝和編『雇用慣行の変化と女性労働』東京大学出版会、1997年。
東京都労働経済局労政部編『東京の女性労働事情』東京都労働経済局労政部。
東洋大学『就職活動ガイドブック』東洋大学、2003年。
中島通子・福沢恵子編『ワーキング・ウーマンのためのQ&A』亜紀書房、1997年。
日本労務研究会編『労務年鑑2000年版』日本労務研究会、1999年。
西嶋美那子「企業戦略としてのワーク・ライフ・バランス」『日本労働研究雑誌』No.503、日本労働研究機構、2002年、1頁。
平野文彦・幸田浩文編『人的資源管理論』学文社、2003年。
藤井治枝・渡辺峻編『現代企業経営の女性労働』ミネルヴァ書房、1999年。
内閣府大臣官房府広報編『平成13年版・世論調査年鑑-全国の実情-』内閣府大臣官房府広報室編、2001年。
前田信彦『仕事と家庭生活の調和-日本・オランダ・アメリカの国債比較-』日本労働研究機構、2000年。
山岡熙子『新雇用管理論』中央経済社、1995年。
山岡熙子「女性の平等参画理念の現時点と経営変革-日本企業の中の女性像に関する実態調査と男女共同参画経営実現のための諸施策(特集"日本の中の女性")-」『組織科学』第30巻第2号、組織学会・白桃書房、1996年、14-26頁。
山岡熙子「わが国初期"パートタイマー"の導入過程とその特徴」『日本労働協会雑誌』No.359、日本労働研究機構、1989年、37-42頁。
山下洋史『人的資源管理の理論と実践』東京経済情報出版、2000年。
労働省女性局編『平成14年版・働く女性の実情』21世紀職業財団、2002年。
労働省女性局編『改正男女雇用機会均等法の解説』21世紀職業団、1999年。
労働法令協会編『賃金・労務通信』第54巻第18号、労働法令協会、2001年。

労働法令研究会編『改定育児・介護休業法便覧』労働法令協会、2000年。
労務行政研究所『福利厚生事情』労務行政研究所、1998年。
脇坂明『職場類型と女性のキャリア形成』御茶の水書房、1998年。

2. 报纸

『日本経済新聞』2002年10月21日。
『日本経済新聞』2003年4月21日。
『毎日新聞』2003年11月15日。
『産経新聞』2003年3月22日。

3. 网站

市原市役所企画部企画調整課男女共同参画室
http://www.city.ichihara.chiba.jp/p/i/prism/prizm10/01.html
経済・社会データランキング先進国（OECD）編
http://web.hhs.se/personal/Suzuki/index.html
国民生活白書
http://wp.cao.go.jp/zenbun/seikatsu/wp-pl97/wp-pl97-01206.html
自治体国際化協会
http://www.clair.or.jp/index.html
就職基礎情報
http://www.so-net.ne.jp/university/recruit/kiso/gaishi/005.html
Japan Times Jobsホームページ
http://job.japantimes.com/index_j.php?
女子学生のための就職ガイドブック
http://www.miraikan.go.jp/shien/shien_shushoku/sentaku02/sentaku02_h15.html
女子教育奨励会
http://www.jksk.jp/j/advice/200205.htm
東洋経済新報社就職四季報 WEB
http://job.toyokeizai.co.jp/gaishi/index.html
日本貿易振興会ジェトロ
http://www.jetro.go.jp/ged/j/press/2002/pdf/1022.pdf
日本経済新聞社
http://www.nikkei.co.jp/fudo/ritti/20030221.html

思考题

1. 比较外资企业与日本企业的人事工资待遇制度,并指出假设你到外资企业工作应注意哪些方面?
2. 以本案例为例,论述外资企业女性员工人力资源开发与管理的特征,并提出能够在日本企业采取的措施。
3. 利用各种资料,论述泡沫经济后女性劳动者和女性管理者的就业意识和职业生涯发展的变化。

读一读

幸田浩文「わが国のバブル経済期以降にみる女性労働者と女性管理者の就業意識とキャリア形成過程の変化」『経営論集』第 70 号、2007 年 11 月、29-49 頁。

大沢真里『男女共同参画社会をつくる』日本放送出版協会、2002 年。

案例 5
东京圆顶酒店人事制度、人才培育和教育训练

研究目的与构成

现代人以各种目的利用酒店,如住宿、开会、举行婚礼仪式、就餐、举行大型活动、购物、接待客人等。

酒店的功能很多,如为企业提供商务活动的场所,向个人和家庭提供各种服务等。

现代的酒店多种多样,从商业类型的酒店到豪华类型的酒店。在以东京为代表的大城市,酒店间的竞争非常激烈。在激烈的酒店业竞争中,为了生存和发展所采取的战略之一就是诚信款待客户。

然而,能否做好诚信款待客户,其关键是人。对于酒店经营来说,人力资源的充分利用是最重要的人才战略。

酒店是服务性行业,可以说酒店的价值在于向人们提供服务。本案例所举的东京圆顶酒店位于东洋大学白山校园附近,邻

近的娱乐设施非常受东京市民喜爱。本案例以把游乐作为战略的新型都市型酒店——东京圆顶酒店为对象,分析该酒店的人事制度和人才教育的特征,提出未来人才战略方向。

企业概况

东京圆顶酒店位于日本职业棒球队之一读卖巨人队主场——东京圆顶旁,是 5 年前开业的。东京圆顶酒店的概况如下:

- 商号:东京圆顶酒店股份有限公司。
- 设立时间:1999 年 2 月 1 日。
- 酒店开业日:2000 年 6 月 1 日。
- 资本金:资本金投资额为 4.8 亿日元(授权资本金 19.2 亿日元)
- 员工数:400 名;其中,男性 294 名,女性 106 名(2003 年 4 月 1 日)。
- 地址:〒邮编 112-8562,东京都京文区后乐 1 丁目 3 番 61 号。
- 东京圆顶集团:①东京圆顶旗舰酒店;②札幌后乐园酒店;③舞子后乐园酒店;④热海后乐园酒店;⑤城岛后乐园酒店。

东京圆顶酒店设施:地上 43 层、地下 3 层,高 155 米,客房数 1,006 间,设有西餐厅和休息室 10 间、宴会厅 18 间。

东京圆顶酒店与东京圆顶邻接的设施,整体效果非常好,这里我们将这一地域总称为东京圆顶城(见案例5-图1)。

东京圆顶城以东京圆顶为中心,配备体育健身设施、室外游乐场和室内游乐场等多功能娱乐场所。这与东京圆顶酒店规模庞大的住宿功能融合在一起,能够举行大规模集会、表彰大会和各种大型活动。可以说,这里是东京都规模最大的集会场所。

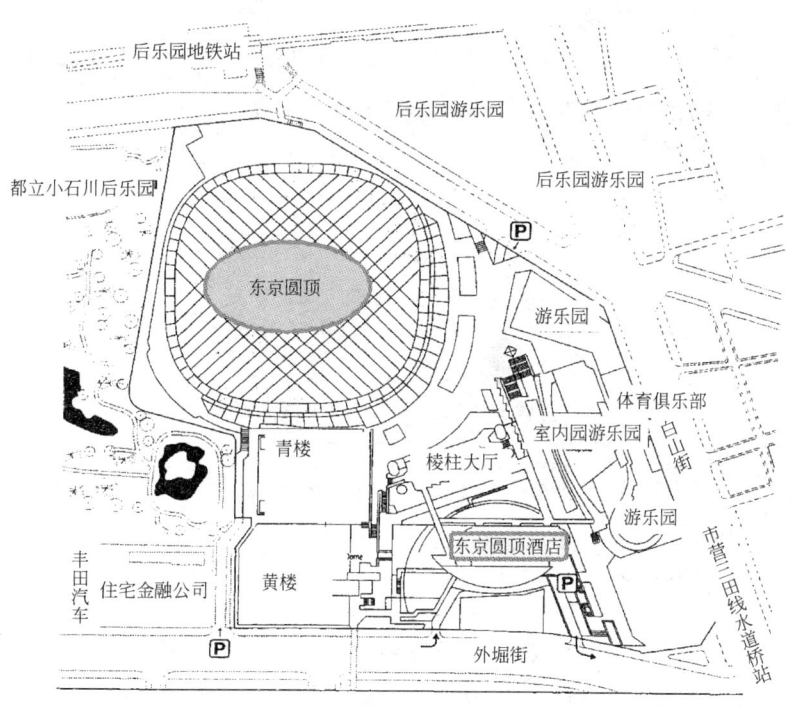

案例5-图1　东京圆顶城略图

酒店业的规模

据日本经济新闻的推算,酒店业 2002 年度销售额达 14,500 亿日元,比前一年下降了 2%(日本经济新闻 2003 年 8 月 21 日)。如果将中小商务酒店的销售额都加上去,则日本酒店业整体销售额约达 20,000 亿日元。

这与同处于服务业中的餐饮业(销售额 280,000 亿日元)相比,规模上差距还是很大(见案例 5-图 2)。

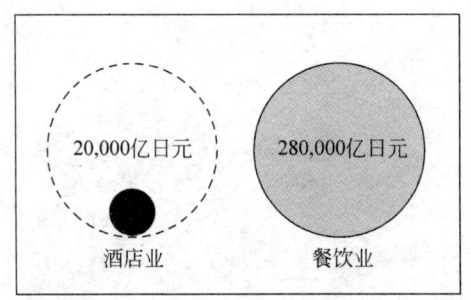

案例 5-图 2　从销售额看行业规模

资料来源:每日就職ナビ・BASICホテル業界入門。http:///job.mycom.co.jp/05/pc/visitor/2005conts/tok/bot/001basic/。

目前,日本国内酒店客房数约有 63.8 万间,而旅馆客房数约有 100 万间。但是,1965 年时,酒店客房数仅有 2.4 万间,而旅馆客房数为 60.8 万间。由此可知,在这 40 年间,酒店客房数以惊人的速度增长(见案例 5-图 3)。

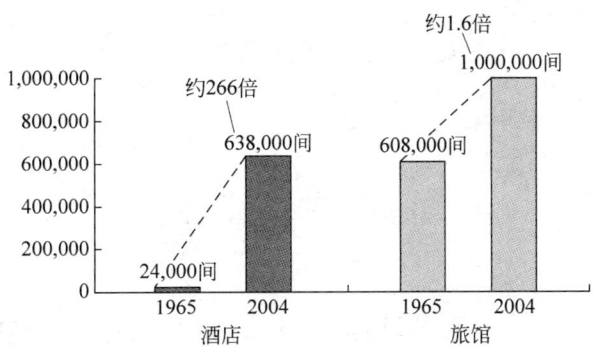

案例 5-图 3　酒店与旅馆客房数的增长率

资料来源：毎日就職ナビ・BASICホテル業界入門。http://job.mycom.co.jp/05/pc/visitor/2005conts/tok/hot/001basic/。

经营理念与组织图

东京圆顶酒店一直创造新的酒店文化，不论是客户还是员工，都以"快乐度第一"作为其经营目标。经营理念由三部分构成：

① 愿景——快乐度第一的酒店。快乐度＝娱乐度，这是该酒店的核心理念。

② 使命——温馨而祥和的酒店，员工和善的面容，重视心灵的沟通，提高顾客的快乐度。

③ 经营意识：

➢ 服务意识——以顾客满意为指导行为的准则；

➢ 市场意识——以满足顾客需求为指导行为的准则；

➢ 商业意识——以提高绩效为指导行为的准则。

组织图（2003 年 5 月 1 日）请参见案例 5-图 4。

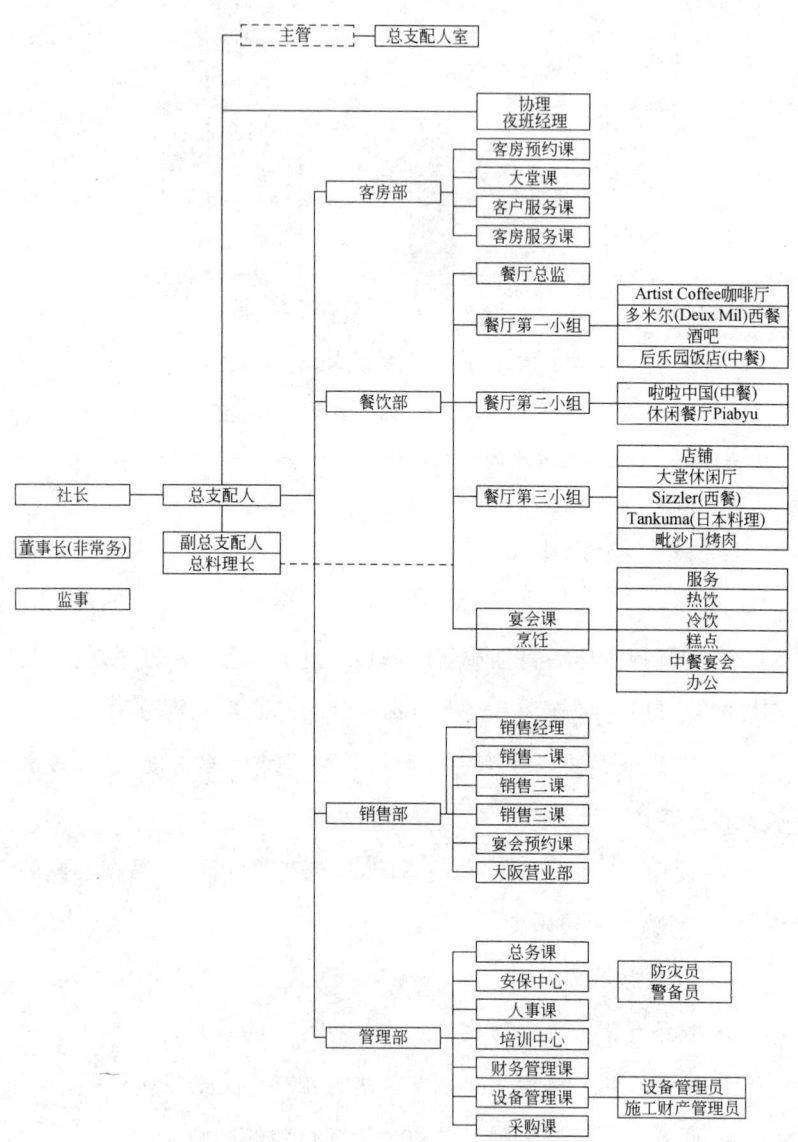

案例 5-图 4 东京圆顶酒店组织图

经营业绩与营业资料

① 2001年度(第二期)经营业绩如下:

	本期业绩	构成比	前期业绩
总销售额	13,999,546	100.0	9,450,754
住宿	4,843,307	34.6	2,831,147
西餐	4,145,578	29.6	2,788,985
婚礼宴会	2,366,793	16.9	1,775,588
一般宴会	2,292,273	16.4	1,821,183
其他	351,434	2.5	233,849
营业利润	247,581	—	43,588

(注)单位:千日元,%。

② 2001年度(第二期)营业资料如下:

客房平均入住率	71.1%
客房平均住宿费(ADR)	15,658日元
住宿代理比例	37.6%
外国人住宿比例	18.7%
住宿网上预约率	14.7%
婚礼签约件数	740组
一般宴会件数	2,178件

开业第二年的2001年(第二期),营业利润率较高的住宿部门在酒店总营业额中的比例成功地提高至35%,年客房入住率也达到了70%。东京圆顶酒店取得如此好的业绩是因为酒店为了确保

稳定的客房入住率,将住宿作为支柱业务,采取了提高住宿收入的一系列措施,并强化了营销体制。

开业两三年的繁荣,也许只是开业初期的景气现象,或者是因顾客被新鲜感吸引而入住所致,所以今后的经营业绩将取决于第四年之后是否依然有很多回头客。

教育制度

与销售产品的行业不同,对服务行业来说人才尤为重要。这是因为对这一行业来说,得到顾客较高评价的判断标准不是设备与机械,而是与顾客直接面对面的员工本身。其中,非正规员工的作用特别大。因为现代服务业中的骨干劳动力,不是少数的正规员工,而是占较大比重的非正规员工。所以,服务行业的业绩取决于非正规员工,而能否提高非正规员工的附加价值又取决于对非正规员工的教育投资的多少。

在东京圆顶酒店,从开业之初就积极录用兼职工,并实施了内容丰富的教育项目。

该酒店录用兼职工约 350 人。具体情况是,在校大学生占 60%,无业人员和有工作经历者占 40%,其中女性占总员工数的 60%。

OJT 培训员培养项目

从 2000 年秋季开始,酒店引进了旨在提高职场服务质量的

"OJT培训员培养项目"。在职场工作人员每日必需的技能无法通过一次性培训传授的状况下，为了保证标准的服务质量，酒店引进了所有职场进行统一训练的培训项目。具体目标是，先把有5年以上职场经验且具有管理职潜力的骨干员工培养成培训员，然后再通过他们在各职场中实施对下属和兼职工的教育训练。实施该项目还有如下目的：向调入新职场的员工传授新职场所需的技能，通过指导方法的训练提高自身的工作积极性，学习跨部门人际沟通的方法。

培训日程每日8小时，共实施4天。培训对象是从住宿部、餐饮部和销售部等部门选拔的10名左右的员工。一般每月进行一次。

OJT训练的内容包括：

➢ 对下属、后辈、兼职工指导训练技巧的必要性和目的；
➢ OJT培训员应具备的必要条件；
➢ Off-JT的含义；
➢ 教育训练所需器材的使用技巧；
➢ 培训行动计划的制订方法；
➢ OJT培训内容的组织方法；
➢ 实践训练；
➢ 总结（考核参加训练者的理解程度）；
➢ 恳谈会（公司内沟通）。

前六项是在现场训练之前进行的，是通过讲授的方式学习培训员应具备的知识和理念；而第七项实践训练则通过演示方式学习各自在实际职场中对下属或兼职工指导的具体内容。

具体例子

> 法式西餐厅斟酒服务员的"葡萄酒瓶开启方法";
> 宴会服务员的"宴会正餐饭桌安排方法";
> 客户关系部员工的"当顾客请求时的文书制作方法";
> 宴会预约部员工的"婚礼招待书中招待人姓名确认方法"。

这种培训,虽然在忙碌的职场中每次只进行 15—20 分钟,但通过不断的反复训练最终获得了成功。每次培训的最后一天进行考试,根据参加者全员的评判取得 70 分以上者才能获得"公司内培训师结业证"。

负责培训师的相关人员在培训结束后的一个月内对培训师在实际现场中对下属培训的情况进行考察,由总支配人(总管)向合格者正式颁发认定书和镶有红宝石的银色培训师徽章。

在东京圆顶酒店,除了 OJT 培训师项目外,还有很多不定期进行的培训项目,如新员工培训、GCT(Guest Courtesy Training 的缩写)项目(接待顾客礼节训练)、管理能力开发讲座、各种外国语会话培训等,其目的是提高全公司的服务水平和质量。

对兼职工教育训练的特点

> 实施与正规员工一样的教育训练项目;
> 进行 16 人以内的小组教育训练;
> 取消讲座形式的教育训练项目,而大部分教育训练项目采用员工参与方式;

- 除语言类培训外,其他项目从制定到实施都由企业内教育中心来负责;
- 选拔具有 5 年以上工作经历(包括在其他酒店的经历)的骨干员工,培养成 OJT 培训师。目前,约有 100 名培训师在各职场中进行兼职工教育。

兼职工教育的内容

如果被录用为兼职工,则应在一日内接受新员工培训(10:30—18:30)。然后,被安排到各部门后,再接受 OJT 培训师的部门新员工培训。之后,根据培训项目的内容在教育中心接受各种培训(Off-JT)。企业内培训作为工作业务的一环,培训中所花费的时间也算作工作时间而需要向员工支付工资。目前,对兼职工进行的培训项目有:

- 酒店内设施的说明与介绍;
- 员工的义务;
- 企业规则(仪容仪表的规定);
- 基本服务内容;
- 接待顾客的心态;
- 顾客优先制度;
- 接待顾客理论;
- 酒店电话使用方法;
- 食品卫生,食物中毒防止方法;
- 暴力团应对演习;

> 可疑物识别演习；

> 反犯罪演习；

> 消防训练。

其中，企业规则是员工应掌握的与酒店工作人员仪容仪表相关的规定，这一规定每年修订，其内容详细至头发颜色。顾客优先制度和接待顾客理论分别用 3 小时和 4 小时进行培训。其中，接待顾客理论是通过小组讨论进行培训，这对于员工认识在酒店工作的意义，以及提高工作积极性是很有好处的。

关于食品卫生和暴力团应对等内容，有时聘请酒店外专家来讲授。但 OJT、Off-JT 等基本上都由酒店员工进行计划和实施，可以说实施这种非常细致的培训也是该酒店的特征之一。

人事制度

东京圆顶酒店的工资实行年薪制，其内容大体上分为职务工资和生活工资，每月只支付基本工资额。因此，奖金、退职金、家庭津贴、住房津贴和职务津贴等各种津贴都包含在年收入中，这是极其有特色的工资形态。

但是，当酒店有利润时，就以利润分配金的方式发放奖金。此外，通勤津贴以现金形式支付。

工资系统引进了不以年龄而以能力为重点的"计分评价系统"（见案例 5-图 5），该系统按 1 分 = 10,000 日元来换算。

职务工资（也称作工作分）根据不同的职务内容从 0 到 10 分成

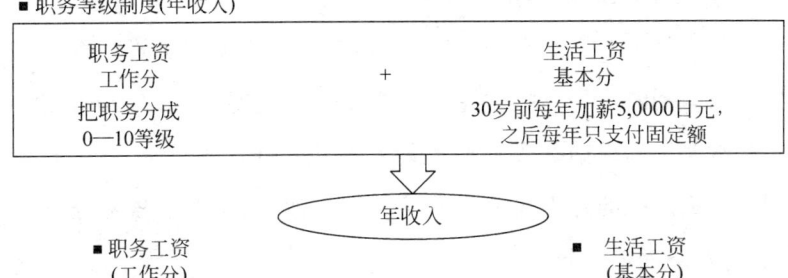

案例5-图5　计分系统

不同的等级,最低等级0为5分,最高等级10为58分。

生活工资(也称作基本分),30岁前每年定期加薪5,000日元,但30岁之后则只支付相当于规定分数14分的金额。因此,也称作

30 岁前的定期加薪制度。

如上所述,东京圆顶酒店工资体系主要由职务工资和生活工资构成。同时,每年对个人目标的完成情况进行一次综合评价(目标挑战制度),根据其结果确定核定分(也称作激励分)。核定分是根据前面所述的各工作分中的等级分成四类,且这一核定分没有负分数,最高加 6 分。

东京圆顶酒店认为,员工与公司同等重要,并将这一理念反映在实践中。这意味着,公司将要取消各种对员工无意义的束缚,停止各种根据公司状况制定的雇佣制度。

人事评价系统采用的评价方法,不是上司评价下属的传统方式,而是全员评价一人的 360 度评价方式。这一制度是从企业使命清单中提炼出优秀员工"素质模型"的 10 个项目,然后通过全员投票(新员工除外)选出每一个项目中贡献度最高的员工,并将被选出的员工的等级提升一级。这一制度不仅透明性高,而且能够让人心服口服。实施这一制度,就是为了激发员工的工作积极性。当然,人们普遍认为该制度不是热闹一番的投票,而是充分考虑上司的评价和小组评价的综合加算的结果(见案例 5-图 6)。

通常,实施 360 度评价不是为了评价而评价,而是为了找出"不足",其评价结果不反映在"计分"中,但东京圆顶酒店把评价的结果作为核定分反映在工资中,这也是该酒店的特色之一。

公司的目标挑战制度是让每个员工都要制定目标,并对目标完成程度进行综合评价。更有特色的是,将各课当作一个小组,计算各小组的个人核定分指数的平均值。然后将各小组平均值综合起来进行比较分析后,提出核定分指数反馈给各部门。各部门部长和课长,根据反馈来的具有挑战性的核定分指数调整各小组的个人核定分,以此决定个人应努力达到的核定分。在每个员工制定个人目标的过程中,人事课只管理系统的应用,而不参与评价或调整。

① 个人评价

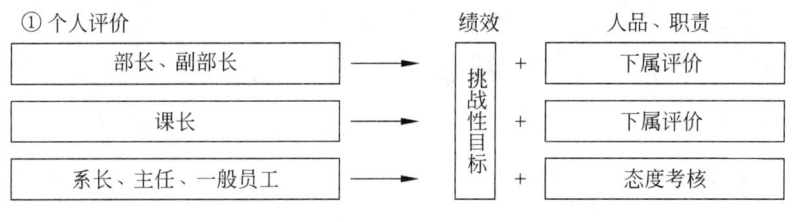

② 小组(课)评价
- 各课计算个人核定分指数的平均值。
- 分析各课的平均值后提出要达到的核定分指数并反馈给各部门。
- 各部门的部长和课长根据反馈来的核定分指数调整每个员工的核定分。

案例 5-图 6　人事评价体系

结论

东京圆顶酒店的定位是以住宿运营为主的酒店。主要的顾客是中国大陆或中国台湾等亚洲旅行团体,而欧洲或美国的住宿旅客较少。

自 2000 年 6 月 1 日开业后的两三年间,受所谓的开业景气现象和新鲜感的影响,顾客纷至沓来。但第四年之后原先的顾客是否还会光顾是该酒店最关心的问题。

  作为酒店人的职业生涯,一般有两类路径可以选择。一类是像调酒师或接待员等现场工作的专业人员,而另一类是全方位进行管理的管理者。对酒店工作人员或者愿意在酒店工作的人来说,事前规划职业生涯通道,对今后职业生涯的发展是非常有益的。

  不管选择哪一个职业生涯路径,今后的酒店经营,不是传统的经营模式①,而将是基于商业设施融合在一起的、富有个性、殷勤服务理念下的、协调一致的新商业模式。

  为了实现这一目标,要培育具有灵活的思维和行动力以及奉献精神的职业人。

附:短期工基本就业规则(标准格式)(节选)

第1章 总则(短期工)

(目的)

  第3条 根据××公司就业规则第×条,规定短期工的劳动条件、服务规则以及其他就业相关事项。

  (短期工的定义)

  第8条 该规则中的短期工是指,在劳动合同中规定了工作时间(如6个月),每日或每周工作时间比正规员工短的劳动者。

---

  ① 因为日本酒店营业收入除了住宿之外,更多地依赖于宴会、结婚仪式等,所以在酒店内经常开设美容院、西餐厅和酒吧等,这种老一套经营方式被称作传统经营模式。——译者注

(适用范围)

第 10 条　该规则原则上适用于短期工。

第二章　人事

(劳动条件的明示)

第 15 条　1. 公司录用员工时,向员工提供劳动合同书、劳动条件告知书和该规则的复印件,明示录用时的劳动条件。

2. 工作场所、劳动时间、休息时间和工作日等,原则上应在劳动合同书、劳动条件告知书中写明,在上述文书中不能写明的可以在工作表中明示。

(个人原因退职)

第 36 条　1. 短期工因个人原因需要解除劳动合同时,原则上提前一个月向公司提交退职申请书,并得到公司许可。

2. 提交退职申请书后,直至公司同意解除合同退职为止,必须在原来的岗位工作。

(解雇)

第 43 条　符合下列任意一个条件时,公司都可以解雇短期工。

(1) 因精神或身体原因不能工作时;

(2) 缺乏职务执行能力时;

(3) 玩忽职守,工作绩效极差时;

(4) 因绩效极差,难以维持雇佣关系时;

(5) 受到惩戒解雇处分时;

(6) 无法控制的业务情况发生时(经营萧条);

(7) 其他,不属于前项的不得已情况发生时。

(解雇限制)

第45条　1.下列情况下不能解雇短期工：

(1)业务上的原因负伤或患病休息期间,以及其后的30日内；

(2)女性短期工在产前产后的休假期间,以及其后的30日内。

2.因自然灾害或其他不得已的原因不能继续经营时,不限于前项。

(解雇通知)

第47条　1.公司解雇短期工时,或者提前30日通知本人,或者支付按日平均工资计算的相当于30日的补偿金。但符合下列条件者或条件时,不用通知就可以立即解雇短期工。

(1)每日雇佣且不超过一个月者；

(2)雇佣期限为2个月以内者；

(3)雇佣期限为4个月以内的从事季节性工作者；

(4)在试用期内,录用后不超过14日者；

(5)惩戒解雇或者因员工的过失给公司带来损失被解雇时；

(6)公司因自然灾害或其他不得已的原因不能继续经营时。

2.当缩短前项所说的通知期间时,支付按日平均工资计算的与缩短日数相当的补偿金。

第四章　劳动时间

(劳动时间和休息)

第84条　1.上下班时间和休息时间的规定如下：

上班时间：上午9时

下班时间：下午5时45分

休息时间:中午12时至12时45分(45分钟)

2.因业务上的原因难以遵守前项规定时,保证每周工作时间不超过40小时的情况下,在劳动合同书中规定上下班时间、休息时间和劳动时间。

3.根据业务情况,可以调整第一项的上下班时间和休息时间。

(休息日)

第85条 1.休息日每周至少一日,或者4周内休息4日,并在劳动合同书中规定。

2.因业务发生变化或在不得已的情况下,可以调整前项的休息日。

(规定时间外劳动及休息日工作)

第95条 因业务上的需要,有时让短期工从事规定时间外劳动、休息日劳动和深夜劳动(22时至第二天5时间的劳动)。

第5章 休假

(年带薪休假)

第100条 1.连续工作6个月以上,且出勤日数达到公司规定劳动日数八成以上时,给予如表所示的年带薪休假。

2.若想要获得年带薪休假,应在确定带薪休假日期后提前提交申请书。

3.如果本人确定的年带薪休假日期对正常经营活动带来较大的影响,则可以更改为其他日期。

4.当年度年带薪休假未休的剩余日数,可以转入第二年。

5.年带薪休假工资:应支付合同中规定的每日规定时间劳动

应支付的工资额。

年带薪休假日数 （单位：日）

周规定工作日数	年规定工作日数	雇佣日开始计算的连续工作期间					
		6个月	1年6个月	2年6个月	3年6个月	4年6个月	5年6个月	6年6个月以上
4	169—216	**7**	**8**	**9**	**10**	**12**	**13**	**15**
3	121—168	**5**	**6**	**6**	**8**	**9**	**10**	**11**
2	73—120	**3**	**4**	**4**	**5**	**6**	**6**	**7**
1	48—72	**1**	**2**	**2**	**2**	**3**	**3**	**3**

注：用黑体表示的日数就是年带薪休假日数。

（法定休假）

第108条 对于法律所规定的育儿时间、看病休假、公民权行使时间、产前产后休假、生理休假，以及因育儿或护理而缩短的工作时间，原则上不支付工资。但是，因育儿或护理选择较灵活的工作类型，或为了育儿和护理不能进行规定时间外劳动或深夜劳动者，其待遇根据相应的育儿或护理休业规定处理。

第6章 工资

（工资）

第111条 工资构成如下：

（1）基本工资——采用计时工资形式，根据每个人的工作时间、职种、职务内容、技能、资格、经验等综合考虑后决定。

（2）通勤津贴——根据住所和工作场所之间的合理的通勤路线或利用的交通工具，用现金支付通勤津贴。

(3)规定时间外工作津贴——当工作时间超过每日 8 小时或每周 40 小时时,根据下面的计算公式支付额外津贴。

额外津贴＝计时工资计算的小时单价×0.25×超工作时间

(4)休息日工作津贴——自劳动合同签订后起 4 周内不能确保 4 个休息日时,根据下面的公式计算并支付额外津贴。

额外津贴＝计时工资计算的小时单价×0.35×休息日工作时间

(5)深夜工作津贴——从晚上 10 时至第二天凌晨 5 时劳动时,根据下面的公式计算并支付额外津贴。

额外津贴＝计时工资计算的小时单价×0.25×深夜工作时间

(休息津贴)

第 112 条　因公司原因休业时,休业期间每日支付平均工资的 60％。

(休假等的工资)

第 113 条　1. 因法定休假而不工作时,不支付工资。

2. 年带薪休假时,支付合同中规定的每日规定时间劳动应支付的工资额。

(工资的支付)

第 114 条　1. 工资用货币形式全额直接支付给本人。但得到本人同意后可以划拨至本人在指定金融机构的存折上。

2. 前项的工资是指从上月 16 日到当月 15 日工作期间的工资,于当月 25 日划拨。但遇到休息日时提前一天划拨,如果前一天又是休息日时,则再提前一日划拨。

（加薪）

第115条　加薪根据工作绩效和技能的提高随时进行。

（奖金）

第116条　奖金原则上不支付。

（损害赔偿）

第177条　当故意或因重大的过失给公司造成损害时,本人或本人的保证人赔偿全部或部分损失。并且,不能因惩戒免予损害赔偿。

（附则）

本规则,从平成×年×月×日开始执行。

资料来源:根据富塚祥子《就業規則解体書》日本法令出版社（2003年）引用或节选。

【参考文献】

鈴木博・大庭祺一郎『基本ホテル経営教本』柴田書店、2002年。

産労総合研究所編『企業と人材 2003/11/20』第826号、産労総合研究所、2003年。

富塚祥子『就業規則解体書』日本法令、2003年。

東京ドームホテル広報事務局「東京ドームホテルニュースレター」2001年。

東京ドームホテル社内資料、2003年。

中村厚史監修『活用労働統計/生産性・賃金・物価関連統計/2003年版』社会経済生産性本部生産性労働情報センター、2003年。

思考题

1. 用案例说明 OJT、Off-JT 的不同点。
2. 日本人事制度的特征是什么？试述日本人事制度与东京圆顶酒店人事制度的区别。
3. 试述酒店工作中非正规员工的作用。
4. 请整理就业规则中的必须记载事项和相对记载事项。
5. 年功工资是日本雇佣惯例之一，请试述其与东京圆顶酒店职务工资的区别。

读一读

楠田丘『日本型成果主義』生産性出版、2002年。
人事マネジメントハンドブック制作委員会編『人事マネジメントハンドブック』日本労務研究会、2004年。
二神恭一編著『これからの賃金・退職金・企業年金』中央経済社、2004年。
北島雅則『ビジュアル　人事の基本』日本経済新聞社、1995年。
平野文彦編著『人的資源管理論』税務経理協会、2003年。
山田雄一『社内教育入門』日経文庫、1984年。
雇用開発センター編『フロー型雇用の動態』雇用開発センター、2001年。
石嵜信憲『パートタイマー・契約社員等の法律実務』中央経済社、2002年。

译 后 记

本书作者幸田浩文毕业于早稻田大学，长期从事日本人力资源管理的研究和教学，是日本著名的人力资源管理专家。他现任东洋大学经营学部主任。他的著述较多，在人力资源管理理论和实践方面都颇有创见，本书是其代表作之一。在本书中，作者以其丰富的人力资源管理经验，结合近年来人力资源管理实践方面的新成果，对日本工资及人事待遇制度、人力资源管理理念和作业体系，员工教育与能力开发理论与方法，创建舒适职场必需的劳动安全管理及劳动卫生管理，女性管理者职业生涯发展，"三方得利"理念等进行了全面的分析和论述。

从20世纪90年代以来，中国企业主要引进美国式人力资源管理方法，但实践证明其"水土不服"、效果欠佳，其适用性越来越受到人们的质疑。在这种现实背景下，人们也想从和中国地域相邻、文化相近的日本的人力资源管理中"取经"。我想这次幸田浩文先生的著作《日本人力资源管理理论与实践》的出版，在一定程度上能够起到帮助中国企业了解和借鉴日本式人力资源管理的"桥梁"作用，这也是翻译本书的目的所在。

由于本书论述面广，涉及的学科多，因而在翻译中遇到了较多困难，每当此时在大学从事日语教学的我的妻子和曾在北京第二外国语大学就读的儿子都会及时地提出修改建议，借此表示由衷的感谢。正在青岛大学读硕士研究生的我的学生王彩虹和王莹雪帮助校对了部分译稿，青岛大学的老师和学生对本书的翻译也给予了支持和帮助，这里一并致谢。

即将出版《日本人力资源管理理论与实践》一书之际，特别感谢商务印书馆的责任编辑李彬老师，他用严谨的态度和精湛的学识为我纠正了不少译文中的疏漏和错误。当然，同时也要感谢商务印书馆的同人们，是大家的支持和帮助使本书以较高的质量出版。

由于本人的水平有限，难免有翻译不当之处，敬请读者批评指正。

徐哲根

2014 年 5 月于青岛大学